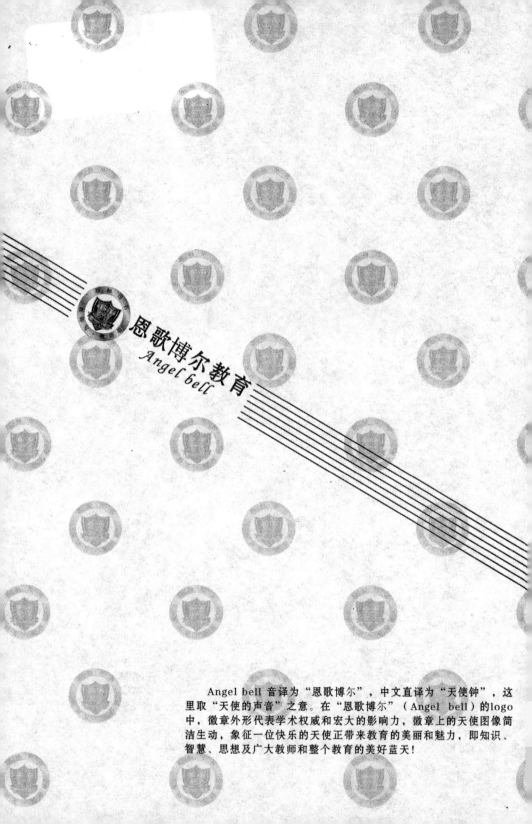

恩歌博尔教育
Angel bell

Angel bell 音译为"恩歌博尔",中文直译为"天使钟",这里取"天使的声音"之意。在"恩歌博尔"(Angel bell)的logo中,徽章外形代表学术权威和宏大的影响力,徽章上的天使图像简洁生动,象征一位快乐的天使正带来教育的美丽和魅力,即知识、智慧、思想及广大教师和整个教育的美好蓝天!

ZHONG XUE BAN ZHU REN GONG ZUO GE NAN DIAN JI QI DUI CE

中学班主任工作
20个难点及其对策

主编◎赵海霞

东北师范大学出版社
NORTHEAST NORMAL UNIVERSITY PRESS
WWW.NENUP.COM

图书在版编目(CIP)数据

中学班主任工作 20 个难点及其对策/赵海霞主编.
—长春:东北师范大学出版社,2010.6
ISBN 978-7-5602-6254-3

Ⅰ.①中… Ⅱ.①赵… Ⅲ.①中学-班主任-工作
Ⅳ.①G635.1

中国版本图书馆 CIP 数据核字(2010)第 116214 号

□责任编辑:刘永枚
□责任校对:谢欣儒
□封面设计:子 小
□责任印制:张 林

东北师范大学出版社出版发行
长春市净月开发区金宝街 118 号(邮政编码:130117)
电话:0431-85601108
传真:0431-85693386
网址:www.nenup.com
电子函件:SXXX_3@163.com

北京通州运河印刷厂印装
2010 年 6 月第 1 版
2012 年 2 月第 2 次印刷
开本:650×960 1/16 印张:16 字数:308 千

定价:28.00 元

前言

  班主任担负着为未成年人生命成长指路的重大责任，这是一项艰巨而崇高的使命。人的一生有机会引领未成年人的人生方向，这是一种幸运，一种幸福。因为在目前学校班级授课制的背景下，宏观的教育思想、教育理念和教育规则，微观的教育措施、教育智慧和教育艺术都必须通过一位位班主任的具体行为才能转化为影响中小学学生的实际因素。近几年来，我国十分重视中小学班主任队伍的建设，在政策导向、制度规定、实践指导及舆论宣传上关注中小学班主任队伍。

  本书分五篇，共二十个小节，论述了中学班主任工作的二十个难点及其对策。我们力求理论与实践相结合，使本书具有科学性、指导性和可操作性。

  在自我定位篇中，论述了四个难点。包括中学班主任如何扮演好自己的角色，如何提高自身修养，如何掌握班主任工作艺术以及如何与各方教育力量相互合作。

  在班级管理篇中，论述了班主任如何加强班集体建设，如何进行班级日常管理，如何开展班级活动以及如何掌握各种班级管理艺术。目的是提高班主任管理班级的水平，掌握一些管理班级的技巧。

  在关注学生篇中，论述了班主任如何全面了解学生，如何对学生进行心理健康教育，如何对学生进行道德法制教育以及如何对学生进行师爱的传导。目的是强调班主任要关爱

1

每一名学生，促进每一名学生的全面发展。

在语言艺术篇中，论述了班主任如何掌握讲话技巧，如何与学生进行谈心，如何对学生进行表扬以及如何对学生进行批评。目的是让班主任掌握一些语言方面的技巧，更好地与学生进行交流。

在教育机智篇中，论述了班主任如何巧妙地处理班级突发事件，如何巧妙地对学生进行青春期教育，如何巧妙地与学生进行沟通以及如何巧妙地评价学生。目的是提高班主任教师随机应变的能力，更好地了解学生，更好地帮助学生成长。

希望每一位班主任都能够掌握较高的教育学和心理学的理论，掌握好实际而有效的教育艺术和技巧，走进学生的心田，读懂学生的感情，成为学生的良师益友。

编　者

目　录

自我定位篇

难点一 如何扮演好中学班主任的角色

一、中学班主任的角色特点

（一）班主任的工作对象

班主任的工作对象是学生，他们的发展方向还不确定，受社会的影响还很大，而且会"选择"班主任的教育内容、教育方式和活动模式，以自己的思想情感和行为，对班主任的工作和班主任本人的人格进行评价。班主任工作对象的这种主动性与制约性，决定了班主任工作策划和采取教育对策及教育措施的基本点。班主任不能眼中没有学生，更不能没有"变化着的学生"。班主任要认识并注意到学生是发展变化的，认识并注意到学生是受教育的主体。班主任工作对象的主动性，就必然使这种工作复杂艰巨，同时，班主任工作绝不是一蹴而就的，它是繁重的。学生动态的表现使得班主任工作常常无规可循，即使是以前使用过并行之有效的方法也可能不为"现在的"学生所欢迎，所以班主任工作又是创造性极强的工作。班主任不仅要不断学习，还要不断地创造，这样才能使自己的工作有声有色，为学生所欢迎。

（二）班主任的工作手段

班主任工作要想对学生产生作用，就必须运用必要手段向学生施加教育影响。班主任向学生传道、授业、解惑是以班主任教育手段的主体化来体现的。班主任教育培养学生做人成才，要先行的对教育的内容有所理

1

解，这种理解要达到"透"与"化"的水平，这种理解是教育的前提，即真正地把握和融会贯通，把教育内容转化为班主任自己的情感与智能，转化为对学生强烈的责任感。这一过程，就是主体化的过程。这种主体化的程度越高，释放出来的影响就越强，学生所受的教育就越深，班主任工作的价值就越大。班主任的自身因素，构成了班主任工作的组成部分；而班主任的工作成果，既取决于班主任的知识和学识，又与班主任的思想修养、道德修养、心理素质和教育艺术密不可分。

班主任教育和管理一个班级的学生，还要在工作中发挥主导作用，使学生的主动性按班主任的教育意图来发挥。解决两者矛盾，其根本之点就是班主任教育手段主体化的成熟程度。班主任工作手段主体化，还要扣紧"教育"来施展，要从教育的主导作用上来发挥，使学生愿意并积极地选择班主任的教育内容和方式，使学生的主动性随着班主任的教育意图来展开，这也是班主任工作手段主体化的方向和要求。

（三）班主任的工作成果

班主任的工作成果取决于自身工作中努力的程度，但班主任工作又不全是靠自己的力量能做好的，它受各种条件的制约，有时某些制约条件能起到抵消班主任工作成果的作用。这是因为学生也是受多位教师和其他人教育的，班主任仅仅是这个"教育群体"中重要的一员。

制约班主任的工作成果，大致有以下几种因素：一是社会的大环境，指社会的政治、经济、文化环境以及社会的风气等。这种大环境能够对学生产生各种影响，形成一种与学校教育不同的结果，这种"结果"制约着班主任的工作。二是学校的环境，指学校风气、学校教育的力度、学校文化环境等。它直接影响着班级的面貌，也熏陶着学生。三是家庭的环境，指家庭的教育环境和文化环境以及家庭成员的关系。很少有学生不存有家庭的烙印，好的家庭教育与不良的家庭教育，都影响着班主任的工作。还有些其他因素，比如，学生的友谊交往、某种特殊的遭遇以及意外事件等，都可能对班主任工作产生制约作用。班主任面对这么多的制约因素，就给其工作带来了特殊性。班主任在自己的工作中始终要了解这些因素，并把握教育工作中如何对待学生面对的作用因素。

　　面临种种制约因素，班主任既要看到改变学生所受的外界不良影响的难度，又要明确自身在教育学生中的主导地位。各种外界影响，虽然有一定的力度和广度，但它们毕竟是处于分散的、自然的状态，有的还是处于被谴责的状态，这就使得班主任的有目的、有组织、有计划、有正面舆论支持的工作占有优势地位，这也是班主任工作取得成果的基础。处于教育主导地位的班主任要为每个学生的成长"奠基"。这种奠基既是知识上的（懂得做人的道理）、也是行为上的（养成行为规范），既是情感上的、也是意志上的。面对成长中的学生，班主任要实现的工作目标就是为学生打下坚实的生活基础，为他们指引正确的道路——使他们走向辉煌壮丽的成年。认识到这点，对班主任有重要意义，既能使班主任看到自己的工作价值，也能理解这种工作的艰辛。

　　（四）班主任的情感体验

　　班主任的工作与班主任的情感密不可分，这又是班主任工作特殊的表现。所谓班主任的情感，有这样两层意思：一是对学生的爱心，二是班主任的情感体验。对学生的爱心，是班主任对自己工作的热爱，也是工作的需要。这种爱首先是一种社会责任感的体现，这种爱也是对每个学生具体的情感，是对他们成长的珍惜和寄予的无限希望，是对学生教育活动的动力。班主任工作的情感体验的特殊性在于班主任工作的苦乐兼具性，这种苦与乐的体验是从事其他工作难以比拟的。这是因为，这种工作价值崇高，每位班主任的工作对象都是有限的，但却都关系到社会、关系到国家、关系到学生的成长。这种为未来做奉献的工作，当然是快乐的。这种工作所得到的情感补偿是无限的，班主任从学生身上得到的爱戴、崇敬和感激是无法言传的。班主任的工作，永远是辛苦的，同时，也永远是快乐的。说班主任工作是崇高的工作、有伟大意义的工作，其深意正在这里。

　　（五）班主任的威望

　　班主任工作的另一特殊性在于班主任在学生心目中的威望。所谓威望是指班主任在学生心中的声誉和名望，这是学生能够接受班主任教育的一项必要的条件。班主任工作的实践表明，班主任对学生的教育，能够被学生接受除了班主任的智能与情感之外，主要就是班主任的威望。班主任的真正威望是班主任主体的表现在学生客体上的反映，它与班主任的学识、情感、人格以及敬业的态度有很直接的关系。班主任的工作与班主任的威望有密切的关系。没有威望，班主任就不能很好地进行工作，就取得不了学生的信任与尊敬。因此，"威望"构成了班主任工作的作用条件，是班主任工作的另一特殊的表现。

二、中学班主任的工作职责

自古以来，教师承担着"传道、授业、解惑"的教书育人的重任，在文化传承中起着重要的作用。正因为如此，教师工作一直是被人们视为高尚的职业。从事教师职业，也就需要高尚的品德和无私的奉献精神。所以，人们常说，老师就是蜡烛，燃烧了自己，照亮了别人。

"春蚕到死丝方尽，蜡炬成灰泪始干"，这是教师职业精神的深刻而形象的比喻，它折射出教师职业的奉献性。在高扬主体性的新时代，蜡烛精神也体现出时代精神的升华。作为班主任，面对新一轮课程改革，新目标、新理念、新思想带来学习方式的变革，工作的含义在新时期也有了拓展和延伸。不仅仅只有燃烧和奉献，"关注学生主体"是素质教育的灵魂，是新课程标准的重中之重。提高学生的主人翁意识，勇于发掘学生的创新潜能，尊重、理解学生，教会学生激扬主体精神，不断地探索与创新，把人类文明的成果继承下来并且发扬光大是新时期班主任工作的重要内容。

强调班主任是负有特殊使命的教师，主要是从它的任务来认识。班主任究竟有什么责任，它的任务是什么，说法并不一致。有的教师，虽然当了班主任，但对班主任应当承担什么任务却不十分明确。这样，班主任工作就有很大的随意性，因而对班主任工作的评价也时常出现偏颇。这里从以下六方面认识班主任的任务，了解班主任的职责。

（一）管理班级

班主任的一项重要任务是管理本班学生。学生组成一个班级集体后，他们就是有组织的群体，这个群体的主要管理者就是班主任教师。管理绝不是把学生"看"住，让他们听话，守纪律。班级管理的实质是使班级在班主任的组织领导下，成为一个团结向上、井然有序、运作正常的集体。班主任的任务就是通过教育组织工作，通过规章制度，通过发挥学生多方面的积极性、主动性，使班级按预期的目标运行。轻视班级管理，或者认为态度严厉一点，或者认为只要舍得花时间就能搞好班级管理，那是十分片面的。班级管理是每个承担班主任工作的教师的基本功，有理论问题，也有方法问题，还需要在实践中不断总结经验，这样才能有针对性地搞好管理工作。

班级管理的内容很多，常规的管理有学习活动的管理，包括上课、课外作业、考试、学生的集体自修等；生活纪律的管理，包括考勤、日常作息安排、维持各种活动的纪律、清洁卫生、执行守则、保持学校正常秩序等；班级组织的管理，包括组建班委会、选拔各种活动组织的负责人、指导学生干部工作等；计划管理，包括制订班主任工作计划、班主任工作总结、学生短期活动计划、分项工作计划等；评价管理，包括对学生的总体评价及单项评价（如操行评定、学习评定、身体评定、参加某项活动的评定、阶段性评定等），对学生的表扬、批评、奖励、惩罚等；偶发事件的管理，包括学生中出现意外事故、学生离家出走、打架斗殴等。

（二）指导班级活动

学生是班主任工作的主要对象，班级活动是教育培养学生必不可少的内容。"活动"是教育人的最好手段，"活动"也是了解人的最好手段，"活动"还能促进班集体的面貌发生变化，"活动"也是促进学生成长、转化"病态"学生的有力手段。指导班级活动的好坏是班主任能否胜任工作的一个尺度，好的班主任都是善于指导班级活动的能手。

班级活动随着学校教育功能的扩大，学校教育的开放日益繁多。这些活动包括日常学习活动、团队活动、文化体育活动、社会实践活动、班会活动、公益活动、课外科技特长兴趣活动、参观访问调查活动、军事训练和旅游活动，等等。班主任要认真思考、精心计划、周密组织、切实领导这些活动。班主任指导班级活动要力戒随意性，不能兴之所至，或者虎头蛇尾，或者"活动"连续不断，这都会影响学生对活动的热情和投入。班主任指导班级活动要善于抓住教育时机，要做活动前的各种准备，争取一

"点"就"燃",而不能"煮夹生饭"。班主任指导的班级活动要有新鲜感，要把学生的积极主动性调动起来，并要及时反馈，及时调节。

（三）教育影响学生

教育影响学生是班主任的中心工作，班主任所有的工作最终目的都是教育影响学生，使他们健康地成长。教育影响学生也是其他教师的任务，但对班主任更有其特殊意义。首先，班主任教育影响学生比其他教师责任更重大，他肩负着班级学生的全面教育和培养的责任。其次，班主任能够通过多种教育渠道，采取多种教育活动方式，更直接更广泛地对学生施加教育影响。再次，班主任能够有更长的时间教育影响学生，不仅平日接触学生时间更长，而且一般情况下带一个班的时间也较长。更具体地说，班主任接手带一个班就意味着对这个班的学生负有全面的责任，所以班主任比其他教师要更多地考虑如何教育学生，更主动地负起各方面的责任。从学生心理来讲，他们一般认为班主任是影响自己更大的教师，出现什么问题，也自然会依靠班主任教师来解决，这也给班主任更多的教育学生的机会。

班主任要在很多方面教育影响学生，主要有思想政治方面的教育，包括学生的世界观、人生观以及政治态度；伦理道德方面的教育，包括道德认识、道德情感、道德意志、道德行为的教育以及行为规范的养成；学习态度及方法的教育；身心健康的教育；适应社会的教育，包括人际交往的能力、礼仪、对社会现象的辨识以及社会责任感的培养；还有对特殊学生的特殊教育等。总之，班主任承担着多方面教育影响学生的任务，班主任要把这些任务归结到教育培养学生立志、修身、成才、进取、适应社会等方面。

另外，教育与服务是分不开的。教师的一切活动也都是为学生成长服务，为培养学生服务。具体地面对学生，班主任也要担负起各项服务的工作，如生活服务、文化服务、学习服务等。班主任做好服务工作，是分内的职责，不是额外的负担。只有把教育和服务结合起来，才是"服务任务"的到位。从树立为学生服务的观念到做出为学生服务的工作，这是班主任不断提高的过程，也是班主任不断成熟的过程。

（四）协调同事

班主任只靠自己的力量还不能完全教育好学生，协调同事共同做好教育工作也是十分重要的。班级集体的组成除了班主任、学生之外，还包括所有的科任教师。学生在校内受的是整体教育，组成整体的各部分都起作用，任课教师讲授某门功课对学生进行智力开发、德育渗透以及其他教育活动，都是对学生整体教育的有机组成部分。但各科教学工作独立性很强，如何使各科教学协调起来，这只能由班主任去完成。班主任还要协调校内有关部门，如图书馆、食堂、实验室、学生生活的负责人等。这些部门都是与学生在学校生活发生密切关系的地方，班主任要主动与他们联系，争取他们支持工作、教育学生、反馈情况。有的班主任不大注意这些部门，认为服务部门无足轻重。其实，学生在这些地方的表现很容易暴露出问题，没有这些部门的配合，教育的机会很难抓住，教育的针对性很难做到及时准确。

（五）沟通家长

家庭教育对孩子性格的形成、素质的好坏以及现实的表现都有重要的作用。家庭教育可以成为学校教育的助力，也可以成为阻力。因此，注重家庭教育，密切与家长的关系，加强与家长的联系是班主任又一重要任务。联系家长的主要目的是取得家长与学校教育的共识和一致，取得家长对学校教育的帮助和支持。班主任要了解学生在家庭、社会的表现，与家长共同研究教育方法。

班主任与家长形成教育合力，主要在教育观念和教育目的上要取得一致。有些家长在教育观念和教育孩子的目的上会与学校教育发生矛盾，这都需要班主任去沟通解决。班主任要努力使家长明确正确的教育观念、正确的教育目的、正确的教育内容和方法。这是一项比较艰难的工作，家长素质参差不齐，心态各异，会使班主任与家长的沟通产生各种困难，这都要求班主任去努力协调与沟通。

（六）联系社会

随着提倡在社会大背景下教育学生，学校与社会的关系日益密切，班主任必须把联系社会作为自己工作的另一项任务。现代社会，学校培养学生已离不开广泛的社会信息源和千变万化的社会形势，因为这些都无时无刻不在影响着学生。同时，变化着的社会也需要学校培养出它所需要的人才。所以，学校与社会的关系在教育目的、教育要求、教育内容和借助教育力量上，都有密切的关系。班主任应重视沟通社会工作，加强与社会的联系，使社会同学校形成积极的正向教育合力，削减不利社会影响的作用。

三、中学班主任的工作内容

由于班主任处于学生、家长、班级、学校、社会之间，为他们服务，所以，中学班主任在进行日常工作时，主要工作内容围绕教育工作、管理工作、协调工作展开。

（一）思想教育

思想教育是指通过各种教育手段使学生形成教育者预期的"思想"，以适应社会的需要。思想教育在学校教育工作中占有重要的地位，也是班主任工作的重要组成部分。思想教育是在掌握知识的基础上进行的。对中学生的思想教育，应该针对学生的实际，对他们进行不同程度的人生观、世界观教育，并且进一步使他们在正确认识的指导下，获得情感上的体验和经验上的积累，最终将它们转化为观点和信念，完成教育的"内化"。

进行思想教育要求班主任做好学生的思想工作，与学生建立良好的、稳定的、深厚的、真诚的情感关系。这也是由教育工作的复杂性、人对情感的需要、情感对于人与人之间所产生的积极作用决定的。同时要把握思想教育的时机与方法。

（二）政治教育

班主任向学生进行政治教育要达到的目标是：一要使学生对社会目标有较为清晰地了解，并关心、认同社会目标，形成实现社会目标的积极意识和行动，即认清、认同和实践。二要使学生遵守宪法及其他法规的要求，明确法律是广大公民利益的保证。法制教育不仅是让学生不违法犯罪，而且应当使学生了解宪法，了解国家社会制度和国家制度的原则，了解自己的权利和义务，还要自觉守法、护法。三要使学生有正确的政治态度。政治态度是指一个人的政治立场及在政治活动中的表现，它与个人的政治道理认识程度、政治情感强弱、在政治活动中的表现有关。学生具有正确的政治态度，是使他们具有政治信念的第一步。政治态度正确、积极，自然会对政治产生强烈的追求意识，再加以进一步地引导，就会使学生有较为坚定的政治信念和信仰，这正是政治教育的重要目的。四要使学生认清一个时期的政治动向和动态，在变幻的政治形势中及时给学生以教育和指点，这有利于学生不至于迷失政治方向或不至于出现政治问题。

（三）道德教育

道德是一种社会意识形态。人在一定社会生活中总要形成关于善与恶、是与非的观念，形成一定的情感和意向以至信念。这些通过社会舆论、传统习俗、内心信念来调节人们之间的关系、约束人们相互关系和个人行为的原则和规范就是道德。对青少年进行道德教育，目的是帮助他们形成良好的道德观念和道德行为，帮助他们匡正不道德的观念和不道德的修养。由于人的可塑性在很大意义上是指人的道德修养的可塑性，所以班主任进行道德教育，要以此为立意的依据和坚定不移信念的根源。因为道德是处理个人与他人、个人与社会关系的调节准则，道德教育是培养社会人所必需；道德是完善人格的条件和动力，道德教育能给人这种条件和动力；道德教育对社会的发展、国家的前途和民族的命运有着至关重要的意义；道德教育有益于学生的健康和谐发展和学校良好环境的建设。

班主任对学生进行道德教育要注意以下原则：

第一，知行一致。即认识和行为实践的统一，或者说是道德认识和道德行为的统一。只有这样才可能让学生真"知"，了解做人的道理，逐步自觉从思想上自律以至形成良好的品德。严格要求学生，杜绝学生的言行脱节，坚持原则，正确评价学生，使学生更重视言行一致的表现。班主任自身也要知行一致、严于律己。

第二，有针对性。即在教育活动中针对社会背景、教育内容、学生的个性特点和道德表现的基础，这是道德教育成败的重要因素。班主任要了解学生、了解社会，精心设计教育活动，尊重学生的道德表现差异，因材施教。

第三，调动双边积极性。即在道德教育中教师要发挥教育主导的积极性，学生也要发挥接受教育、参加教育活动的主体能动性。这就要求班主任既要考虑学生的积极性，又要了解自己，使道德教育活动的开展总是在自己心中有数的状态下进行。

第四，充分利用教育合力。即学校教育、家庭教育和社会教育的同向的有力结合，使学生受到广泛积极的教育影响。在这一过程中，班主任要善于优化社会环境，使学生受到良好的熏陶；明了善恶美丑，提高认识能力，不被眼前的某些环境因素所左右；积极主动、有计划地做好家长工作，使家长理解学校教育要求，得到家长的支持，形成教育合力；还要与学校各个部门、其他教师多多联系、广为沟通，共同做好道德教育工作。

（四）生活教育

生活教育是指培养学生热爱生活，提高生活能力的教育，也是指导学生增强生活技能，学习生活知识的教育。生活教育的目的是使学生能更好地适应社会生活，很好地独立生活。进行生活教育，可以使学生成为独立生活的人，即使学生能够自己动手，完成生活所必须的活动；使学生在思想上有独立的意识，能够独立思考、独立判断、独立决断、独立进取；使学生成为健全的人，有社会生活能力的人，真正成为社会角色。进行生活教育还可以使学生得到完美的人生，使学生热爱生活，具有克服生活中遇到的困难以及战胜挫折的能力。

（五）心理健康教育

由于种种因素的影响，当前青少年中一些人还不具备健康心理素质。例如心理状况起落不定，常常处于某种极端状态，认识偏颇，甚至以不正常的行动来填补空虚；有明显的心理障碍，人际关系不协调；性心理与性伦理异于常人，出现性敏感和性困惑、焦虑、偏执、抑郁等。班主任要运用心理知识，矫正学生不良的心理状态和行为，培养学生的自我调节能力、承受能力，自我教育、自我发展的能力以及对不健康心理的矫正能力，保持心态平衡。这就要求班主任首先要了解学生内心深处的东西，要有高度的责任感和对学生成长极端负责的精神，要与学生有较深的感情，即双向情感交流。班主任还得有良好的心理知识和心理素质。

10

（六）学习指导

学习指导是指调动学生对学习的积极性，督促学生完成学习任务，指导学生使用正确的学习方法，帮助学生解决学习上的困难，使他们能够按统一的要求达到"统一"的水平。学习指导还可以给学生以创造性和驱动性，增强其学习信心，使他们在积极主动学习的过程中，有所创新，有所突破。学习指导还能解决因为学习问题而带来的苦恼与压抑，引导学生健康和谐发展。

目前，有些班主任以学习要求代替学习指导，"逼"学生完成学习任务，认为学习就是学好课本，对学习方法很少指导，甚至不指导，忽视学生非智力因素的开发等，这都是不正确的。那么，班主任应当怎样做呢？

第一，有明确的目标。这就是说学生在学习上要有统一的目标，并且有阶段性目标和长远性目标，对具体学生学习指导的目标建立在学生个体基础上，要有针对性。

第二，了解起点，把握起点。班主任的学习指导对每个学生都要有一个准确的、合适的起点，与目标相呼应，以学生实际为基石，不能强求，但要努力使不同起点的学生到达统一的终点。

第三，培养学生与教师的情感。这使学生有向师性，热爱、信任教师，也使班主任热爱学生，对学生有高度的责任感。

第四，要循序渐进。学习指导切忌笼而统之，由于起点不一致，要达到统一目标，必须有序地进行指导。

第五，注意到学生的"反复"。由于学生在学习上存在差距，受到外界各种因素影响，都可能导致学习上的"反复"，所以班主任对此要有清楚的认识，分析原因，协调任课教师，帮助学生走出低谷。

第六，使学生有"成功"的体验。它可以使学生的学习主体意识和主动性得到更大地发挥，强化他们积极学习的动机，培养他们更大的学习兴趣，生发出一种学习的积极性，提高学习效率。

第七，整体协调。包括建设班级整体的环境，如氛围建设与人际关系建设，还要对学生学习上的某种缺陷，从多角度出发，寻找启动点和突破口。

第八，培育良好的学习习惯。实现这一目的，班主任要从讲清道理入手，给学生体现或养成这种习惯的条件，使他们完成从他律到自律、从不自觉到自觉、从一般认识到理性认识的过程。

在这一教育过程中，班主任要防止学生学习疲劳，负担过重。班主任不仅要注意学生的生理疲劳，还要注意学生的心理疲劳，否则将导致学生的厌倦感。要注意学生的学习能力和学习基础的差异，从学生的实际出发进行指导。进行学习指导时，班主任还要注意自身的要求。班主任要尊重学生，调动学生接受指导的积极性，引导学生进行自我教育，实现交互式指导。

难点二　如何提高自身修养

作为全面负责一个班级中所有学生的思想、学习、健康和生活服务管理的班主任，每天都要和学生打交道，每天都要面临班级发生的形形色色的事件，既要做学生求知的引路人，又要做学生进步的引导者；既是班集体的教育者、领导者和组织者，又是学校教育和管理工作的执行者和协调人。党和国家的大政方针政策，学校教育、教学工作的各项任务都要通过班主任精心组织、任课教师密切配合和通力合作在班上贯彻落实。所以，班主任的素质和能力不仅影响学校的教育和教学质量，而且直接影响学生的素质。正所谓"其身正，不令而行；其身不正，虽令不从。"要做一位合格的中学班主任必须具有多方面的素质修养。

一、中学班主任的思想道德素质修养

良好的思想道德素质对于班主任全面、正确地发展起着定向和导航的作用，它既影响着学校教育目标的实现，也制约着学生群体和个人的发展。

（一）中学班主任思想道德素质的内容

教师是塑造人类灵魂的工程师。与学生朝夕相处的班主任是所在班学生教育管理的总设计师。班主任的素质和水平直接影响学生的素质和水平，班主任的形象是影响学生健康成长的楷模。合格的班主任应主要具有

以下思想道德素质。

第一，必须具备正确的世界观、人生观和价值观。

如果教师的人生观不正确，那是很严重的事。既然我们终归要与人打交道，这就在有意无意中必定互相产生某些感化作用。我们或起善化作用，或起恶化作用，二者必居其一。教师要深刻认识这一点，要时时启迪自己，必须努力使自己尽可能成为深刻而扎实的人。素质教育的基本要义是教育学生学会生存，学会做人。做什么人，怎么做人，就是人生观的核心所在。要教育学生做一个对社会有贡献的人，自己必须有所作为；要教育学生关心他人，自己必须热爱学生；要教育学生热爱党、热爱社会主义，自己必须真切地感受到中国共产党领导我们建设中国特色的社会主义确实取得了举世瞩目的伟大成就，只有社会主义才能救中国，只有跟共产党走，才有进步，才有出息。共产主义的信仰、社会主义的信念、改革开放的信心不是挂在嘴上的点缀，而是发自内心的肺腑之言和教育学生的基本出发点和落脚点。

第二，要忠诚并献身于人民的教育事业。

无私奉献于人民的教育事业，是教师在社会主义道德观和为人民服务人生观的指导下，采取的利他主义的价值取向，代表了教师在处理个人与教育事业发展关系上的最高境界。这就是人们一直推崇的"人梯精神"和"蜡烛精神"。班主任是教育战线上忠诚的园丁，百年大计，教育为本，教育大计，教师为本，班主任是最优秀的教师代表，不安心教育的教师是当不了班主任的。众所周知，班主任的工作十分辛苦，起早摸黑，工作量大，学生层次不同，教育责任重。随着科教兴国战略的不断实施，教育的地位不断提高，随着人民生活水平的改善，教育消费观念的增强，人们对教师的尊重也在凸现，越是如此，我们班主任的责任心和使命感越要加强，才能无愧于社会，无愧于人民。但是，我们有的班主任对当教师本来就是并非情愿，对当班主任更是出于无奈，因而工作不负责，得过且过，甚至把心里的"苦水"泼在学生身上，这是缺乏道德的表现，也是对社会的犯罪。

第三，要热爱学生，全心全意为学生服务。

常言道："亲其师，信其道"。热爱学生既是教育学生的基本条件，也是一股强烈的教育力量。爱，是启动班主任自身内部力量的智慧能源，是通向学生心灵深处的道路，是创建优化的教育环境的瑰宝。爱，也是建立在对社会负责和对学生未来负责一致性之上的具体表现。这种真挚、热烈而有理智的爱表现在教师的一言一行之中。但作为班主任，更应该懂得，学生是有思想、有感情、有意志的活生生的人。他们渴望得到教师，特别是班主任的爱护、关心和尊重。班主任在教育、教学过程中，只有对学生抱有诚挚的友善之情，才能引起学生对教师的尊敬、信任和亲近。

第四，要精诚团结，维护集体利益。

苏联教育家马卡连柯曾经说过："如果有五个能力较弱的教师团结在一个集体里，受着一种思想、一个原则和一种作风的鼓舞，能够齐心协力地工作，那他就比十个各随己愿的单独行动的优良教师要好得多。"良好的教师集体，会产生强大的内聚力和向心力，这是保证学校完成教育教学任务的必要条件，也是每个教师充分发挥聪明才智的保证。集体的荣誉、集体的气氛构成了这个集体的基本特征，它可以提高或减弱集体中个体的积极性。教师在工作时，往往是由一个教师专任一门课的教学，表面上看每个人是在独立发挥作用，其实一个良好的教师集体，是每个教师智慧和力量的源泉。当一个疑难问题弄不通时，须要从集体中得到启迪和解决；当自己的教育力量单薄时，须要从集体中得到支持和协助；当一个教师在生活上遇到困难时，需要集体的关怀与照顾。作为中学班主任，要协调与其他教师之间的关系，在教师之间互相帮助，团结协作，为增强每位教师的业务能力和提高集体的教育教学水平做出贡献。

第五，要严格自律，树立良好的自我形象。

中学生正处于长身体、长知识的时期，他们对真假是非、善恶美丑的辨别能力还不是很强，需要教师正面引导和教育。班主任作为施教者，享有崇高的道德威信。在学生心目中，是"德行的指导者"，"行为、价值判断规范的榜样"。学生希望在自己崇敬的教师身上看到应该做、学到如何做的问题。在帮助学生认识世界、社会和人生的时候，折射一定社会政治、道德观点的班主任个人形象也必然作为范例出现在学生面前，被学生所认识、模仿。如果一个教师在课堂上讲助人为乐，自己却自私自利；在课堂上讲文明礼貌，自己却随地吐痰，出言不逊，粗暴惩罚学生；在课堂上讲遵守纪律校规，自己却自由散漫，不遵纪守法等，讲一套大道理，自己又做一套，言行不一，不能以身作则，学生就会把课堂上讲的道理、传授的知识，打上问号，化为乌有。

所以，班主任必须严于律己，为人师表，要以自己的先进思想、高尚品德和优美情操去感染学生。班主任良好的自我形象，会起到一种表率的作用，好比一丝丝春雨，"随风潜入夜，润物细无声"。这种榜样的力量是无穷的，会通过学生的眼睛在心灵的底片上留下印象，对他们的精神世界起着无声无息的作用。美国教育家布鲁纳在《教育过程》一书中说："教师不仅是知识的传播者，而且是模范。"在他看来，"教师是学生最直接的有象征意义的人物。"

当然，班主任不可能是一个十全十美的人，也会常常显露自己的缺点。但是如果能够做到坦诚相见，不怕在学生面前承认自己的不足，最终能赢得学生的原谅和尊敬，在学生面前能知错就改是为人师表的可贵之处。

（二）中学班主任良好思想道德素质的培养

良好的思想道德素质的培养是一个十分复杂的过程，作为班主任，要达到提高自身思想道德素质的目的，必须掌握正确的方法。

第一，要努力学习理论，加强思想武装。

马列主义、毛泽东思想、邓小平理论和"三个代表"重要思想是一脉相承的统一的科学体系，是科学的世界观和方法论，既为我们的思想道德素质提高指明了方向，又为我们提供了科学的方法。当前，学习马列主义、毛泽东思想的中心内容是学好邓小平理论，学好江泽民的"三个代表"的重要思想。马克思主义不是僵化的教条，而是活的知识宝库。班主任通过马克思主义的再学习，有助于加深原有的理论认识，进一步把马克思主义理论自觉地应用到丰富的生活实践中去。中学阶段教育中，班主任要有计划地安排政治理论学习，进一步提高理论水平，加深认识，从而形成更坚定的政治方向和立场，以及形成高尚的道德情操。

15

第二，投身实践活动，培养高尚情操。

思想道德素质不仅是在知识积累过程中形成的，而且是在实践活动中形成和发展的。知识是以静态的形式出现的，而知识能否指导实践，还要在实践中加以验证。教学、管理以及课外交流与沟通都是具体的实践活动，在这一过程中，班主任的思想道德素质更显现出来，得到实践的验证。因此，在日常的教育、教学等实践活动中，班主任要有意识地培养自己具有良好的思想道德素质，不断提高思想道德情操。

第三，借鉴修身传统，努力学习榜样。

中华民族是最富理想、最讲修身的民族，如孔子主张"德之不修，学之不讲，闻义不能徒，不善不能改，是吾忧也。"荀子认为，人若放弃了道德修养，纵性情、任私欲、图财利，只能是鄙夫、小人。孟子推崇"富贵不能淫，贫贱不能移，威武不能屈"。这些都是我们提高自身思想道德素质应当学习和借鉴的。另外，"榜样的力量是无穷的"。在广大的教师队伍中，有很多优秀的人，他们不计个人得失，心中只有学生，终身扑在教育事业上，呕心沥血，鞠躬尽瘁。这样的先进事迹给人以鼓励，促使人奋进，他们特有的人格力量会鞭策班主任努力工作，班主任向他们学习，就是在自觉地提高自己。

二、中学班主任的科学文化素质修养

科学文化素质是班主任胜任教学工作的基本条件。中学班主任很少有专职的，他们大都担任一两门课程的教学，而且通常是主干课，所以班主任首先是一位教师。教师的任务是向学生传授系统的文化科学知识和各种基本技能，发展智力体力，形成良好品德。因此，基本的知识素养应是每一位以教师为业的人所必须具备的，是他们"传道、授业、解惑"的基础与前提。科学文化素质是班主任管理班级、促进全班学生健康成长的重要因素。在科学技术日益发展的今天，中学生的新问题、新情况会不断出现，传统的经验型管理模式已很不适应班级的管理。而要科学管理中学班级，管理那些心理上正处于"朦胧期"的中学生，使他们健康成长，班主任则要比一般任课教师掌握更多方面的知识和技术。科学文化素质是班主任增强教育力量，提高教育威信的有效手段。

（一）中学班主任科学文化素质的内容

一个好教师是这样的人，他精通他所教的科目据以建立的那门科学，热爱那门科学，并了解它的发展情况、正在进行的研究以及最近取得的成果。一个好教师应具备比中学教学大纲的规定多许多倍的知识。教学科目对他来说只是科学的基础知识。深湛的知识、广阔的视野以及对科学问题的浓厚兴趣，这一切都是教师用以引起学生对知识、学科、学习过程的兴趣的必备条件。教师的知识越深湛，视野越宽广，各方面的知识越宽厚，他就在更大程度上不仅是一位教师，而且是一位教育者。

作为肩负教书育人和管理班级双重任务的班主任，合理的知识结构主要包括：

1. 较高的马克思主义政治理论水平

以"教书育人"为己任的班主任，为全班学生的德、智、体全面发展而工作。他的政治观点、政治觉悟和政治眼光也将通过他的一言一行在有意或无意地影响着学生。因此，班主任应具有较高的马克思主义理论修养，能自觉地运用马克思主义、毛泽东思想、邓小平理论和"三个代表"思想指导自己的行为。这不仅有助于思想觉悟的提高、科学世界观的巩固，而且有助于在教书育人的过程中坚定立场，把握大方向，树立起学生崇高的理想，有助于运用辩证唯物主义的方法，科学地认识自然、认识社会，树立正确的人生观、世界观。

2. 精深的专业理论知识

精深的专业理论知识是班主任教书育人、管理班级的立足之本。有人认为中学各学科只是一些浅显的基础知识，中学教师只要把书本上这点知识掌握了就足够应付教学了。这是一种错误的认识。教师要想搞好本学科的教学，没有本学科的丰富的知识贮备是不可能的。正如苏霍姆林斯基所说的："应当在你所教的那门科学领域里，使学校教科书里包含的那点科学基础知识，对你来说只不过是入门的常识。在科学知识的大海里，你所教给学生的教科书里的那些基础知识应当只是沧海之一粟。"

一般说来，中学班主任具有的专业理论知识应该包括以下几个方面：

第一，切实把握本学科的结构、理论框架；第二，透彻理解本学科的概念、定义、定理、法则、规律公式等基本理论知识；第三，熟悉本学科的重点与难点；第四，了解掌握本学科的发展简史、科学家的基本情况；第五，密切关注本学科发展的新动向新成果，边教边学，边学边教。

在全面系统地研究掌握本专业的知识时，要做到三个字：①"实"。即在专业知识上要有扎实的内功，在治学态度上要有实实在在的笃实精神。②"深"。对教材及相关知识，不仅要广泛涉猎，而且要深入研究。不仅要知其然，而且要知其所以然。只有"深入"，才能把握科学知识的内在体系和必然规律，才能将深奥抽象的知识通俗形象地教给学生，将驾驭知识的技能教给学生。③"活"。只有真正理解、消化了知识，才能成为教师自己的知识储备，在课堂上才能得心应手，左右逢源。

3．广博的文化科学知识

随着教育体制改革的不断深入，整个社会由"应试教育"向素质教育转变，使教师教书的内涵有了全新的内容。从外延上说，它不再仅仅是传统意义的"授业"和"解惑"，而是包括了课堂教学、课外活动和社会实践等校内外教育、家庭教育和社会教育等广阔范围的教育教学实践活动。从内涵上说，它不再是指单纯传授科学文化知识，而是包括了德、智、体、美、劳诸方面的知识，培养学生实践能力和创新精神等众多的内容。

为了促进学生素质的全面发展，要求班主任要具备广博的文化科学知识，具有广泛的文化素养和兴趣爱好。现在的中学生，信息通畅，思维活跃，求知欲强，接受新事物快，班主任若能学贯中西，知古知今，旁征博引，挥洒自如，在专业以外的其他方面给他们以指导、影响或鼓励、支持，便可做到厚积薄发，容易激发起学生的求知欲，营造良好的师生关系，就更能沟通彼此之间的心灵，赢得学生的信赖和尊重，同时将促进素质教育的发展。

另外，当今信息社会，科学发展日新月异，知识更新速度越来越快，科学技术分支越来越细，综合性也越来越强，一门学科往往包含其他相关学科的基础知识。这就要求教师不仅要具有精深的专业知识，还要不断地广泛地涉猎其他相关学科的知识，才可能在教学中，突出重点，突破难点，做到深入浅出，把所教学科讲通讲透。也只有这样才能满足广大学生旺盛的求知欲望，并为学生所喜爱，进而增强教师的威信，提高教学质量。

4. 系统的教育科学理论知识

教育科学知识主要包括教育学、心理学和学科教学法等方面的知识。马卡连柯曾深有体会地告诉我们："我非常尊重教育理论，离开教育理论，我是不能工作的。"班主任工作是科学与艺术的结合。因此，能否掌握教育理论和技巧，将决定班主任整个工作的成败。班主任只有认真学习了教育科学的知识，系统掌握了教育科学理论，切实了解了教育教学过程中的规律，才能科学地选择教育教学的方法和手段，不仅懂得"怎样教"，而且懂得"为什么应该这样教"。这样既知其然又知其所以然，便能在教育实践中减少盲目性，增强主动性和自觉性。正如赞科夫所指出的："如果我们对教师要掌握教育学和心理学知识这一点估计不足，那也是错误的。有了这方面的知识，教师才有可能把教材变为学生的真正财富。"另一方面，中学阶段教育对象身心特征变化很大，教育活动随时代发展日益复杂，社会要求班主任在教育教学以及管理学生时的科学性越来越高。这就决定了班主任工作已不能像以前那样仅凭个人的经验，而必须以现代先进的教育科学理论为指导。班主任要真正无愧于"人类灵魂工程师"的称号，就必须掌握系统的心理学知识，善于走进学生的心灵之中，以便有针对性地进行教育，减少教育中的失误。除此之外，中学班主任工作头绪多、事情杂、压力大，教育理论知识的学习掌握不仅可以减轻工作的压力，而且还可以帮助班主任掌握学习自修的科学方法，不断提高职业修养；还可以主动自觉地调控情绪，调整心理状态，协调与领导、同事及学生家长的关系，增进自己的身心健康。

5. 优良的教育创新意识

创新是民族进步的灵魂，是国家兴旺发达的持久动力。培养具有创新精神和创新能力的社会主义事业建设者和接班人是对 21 世纪教师的基本要求。在一定意义上说，只有创新型的教师才能实施创新教育，才能培养出创新的学生。教师只有自身具备较强的创新意识和较强的创新能力，才能

19

从自己的创新实践中发现创新能力形成发展的规律，为创新教育提供最直接、最深刻的体验，并在教育教学过程中，自觉地将已有思想、已有知识的传授和创造性思维相结合，挖掘学生的创新潜能，捕捉学生的创新思维火花，多方面、多层次、多角度地培养学生的创新精神和创新能力。

中学生思维灵活，想象丰富，但如果不积极开发挖掘，很容易扼杀"人才"，埋没"奇迹"。班主任在教学活动中，一要积极创设思考的氛围，启发学生积极思维；二要开展科学幻想活动，培养学生创造性思维；三要给学生创造机会，给压力，开发创新的实践能力；四要联系情境，进行趣味引导，挖掘创新潜力等。在对学生的创新教育过程中，班主任要以自身的创新意识、创新思维以及创新能力等因素去引导、示范、感染和带动学生创新意识、创新能力的形成和发展。要鼓励其敢说、敢想、敢问、敢做，不断提高他们的应变能力，使学生多角度、多方位地分析问题、解决问题。

（二）中学班主任科学文化素质的培养

面对时代的要求，班主任要努力提高自己的文化素质，加强文化修养，主动地塑造、完善自己，以适应社会发展的需要。从班主任本身来看，加强科学文化素质的培养须从以下几个方面努力：

首先，要树立终身学习的观念。提高增强知识素养的自觉性，强化班主任必备的合理的知识结构和良好的文化素养的意识，树立"活到老，学到老"，不断学习、不断充实、不断提高的观念，使"不断增强知识素养"成为一种自觉意识、自觉行动。充分认识到只有不断学习，补充新知识，才能保持自己与学生之间的知识"落差"，才能做到"问渠哪得清如许，为有源头活水来"，才能以大量新鲜、准确、生动的知识和信息去撞击学生的心灵，保持长久而强烈的知识魅力。

其次，要在实际工作中不断积累知识。班主任在教育教学、管理班级的过程中，可以通过以下几个途径有意识、有目的、有计划地增长自身的知识和才干。

1. 自修。班主任可根据自己的工作需要、知识结构和兴趣爱好等各方面的特点，大致制订长期及近期的自修计划，包括科目的选择、内容的取舍、预期目标及时间安排等，拟订切实可行的计划，这样日积月累，便可聚沙成塔。

2. 进修。自修虽然具有自主灵活的特点，但自学的难度大、效率低、系统性差。所以，中学班主任每工作一段时间后，学校应考虑并支持其以脱产或参加短训班等形式出去进修，也可在职参加函授、电大或夜大的学习。校方应采用相应的激励措施，为好学上进的班主任加油、鼓励、开绿灯。

3. 交流。学校应该注意营造浓厚的教师群体交流学习的氛围，使教师之间的交流、学习取长补短形成制度化。既可在同学科、同年级、同学校内交流，也可走出校门与外校、外市甚至外省的同行进行交流磋商，可以采用座谈、报告、参观、访问、观摩、咨询等形式进行。

4. 研究。班主任可以就实践中提出的某一具体有学术价值或实际意义的问题进行深入研究。在研究的过程中要查阅大量的资料，钻研相关的理论，进行深入的思考，有时还要进行实地考察和实验。由于是"带着问题学"，所以这个过程往往是人们知识迅速积累的过程，可以使班主任在较短的时间里较为牢固地掌握许多方面的知识。如对于中学生的早恋问题，班主任若想对这个问题进行系统研究，找到疏导的办法，就必须要接触生理学、心理学和社会学等方面的知识。

另外，班主任在实践中要做有心人，向学生学习；通过家访，向家长学习；通过报刊、电影、电视、旅游等，向社会学习；在学校里也可开展教师群体的知识竞赛、作品展览等活动，以促进班主任多方面学习知识。

三、中学班主任的身心素质修养

有这样一位班主任，她的婚姻生活很不幸福，家里总是"硝烟弥漫"，她的心情也总是处于一种消极状态。她又很好面子，家里的事不愿让学校的同事知道，平时在办公室与教师们相处总是和颜悦色，但由于心中的烦恼无处发泄，有时便不由自主地拿学生撒气。在教室里经常板着脸，学生回答问题要是出了错，便借机发火，连训斥带挖苦，用词刻薄。她也知道

21

这样做是不对的，可就是控制不住自己……

生活不如意，教学任务重，升学压力大，工作超负荷等，均可使班主任精神负担加重，身心疾病增加。喜怒哀乐是情感的表达，本无可非议，但由于职业的要求，班主任必须学会在教育情境中如何表达自己的情感。是否善于调节自己的情绪，对于班主任来说，可能是比从事其他职业的人更为重要的影响身心健康的因素。

（一）要拥有健康的体魄

班主任的工作是艰苦繁重的。这项工作空间广泛、内容繁杂，且没有上下班的严格界限。早自习需要检查，晚自习也需要督促，学校的各种活动很多时候也都需要亲自组织参加，工作时间一般远远超过 8 小时，加之多数学校仍按"升学率"、"优生率"来考核教师，并以此决定教师的评优晋级和奖金发放，班主任的思想情绪容易经常处于紧张状态。只有具有健康的身体，才能承受艰苦繁重劳动的负荷。"身体是革命的本钱"，没有健康的体魄，也就没有人的全面发展。

要想拥有一个健康的身体，首先必须要加强体育锻炼。中学班主任既要管理好班级，又要上好课；既要对学生课堂负责，又要对学生课余负责；既要担负起工作的重任，又要扮演家庭生活的角色。这些使班主任的工作和生活都比较复杂和繁忙，因此，有良好的身体是一个有活力的班主任所必需的。早晨锻炼和下午运动是增强体质的良好方式，至于时间长短、内容多少，可以根据情况自行安排，不必统一要求。其次，要消除不良习惯。由于社会大环境的影响，许多教师喜欢抽烟、喝酒，部分教师有赌博的陋习，这不仅损害了一个教师的良好形象，而且对教师自己而言，也损伤了身体，不利于身体的健康发展。所以，作为教师群体中的一员，班主任应加强自律，逐渐减少不良习惯，直至根除它们。而对于某些班主任熬夜批改作业、备课以及吃饭没有规律这些现象，往往被人所忽视，它们仍属于不良习惯的范畴，班主任必须加以注意。

（二）班主任健康心理的基本表现

班主任心理素养体现在处理问题前的认知状况、处理问题过程中的心理状态和处理问题后的反应。具体来说，主要包括以下几个方面：

1. 丰富高尚的情感

情感是促进班主任工作的动力因素，同时也是调动管理对象的积极性，促使其自觉发展的动力因素。"教育"一词从其词源来看本身就含有通过启发、诱导使人向善的方向发展之意，而启发、诱导不能没有感情投入，否则就会把循循善诱、耐心说服放在一边。班级管理活动也是教育活动，班主任要有情感的投入，用爱去管理班级。

2. 坚强果敢的意志

意志是人自觉地确定目的并支配其行动以实现预定目的的心理过程。人在行动前要有一定的选择方向即预定目的，而目的总是以观念形态存在的主观东西，在付诸实施的时候需要克服运行过程中的各种困难，突破障碍。实现既定目标，意志品质在人的行动过程中发挥着重要作用。中学班级管理本身具有复杂性、多样性特征，主观和客观的困难是很多的，班主任在管理时仅有耐心和爱心还不够，还须有顽强的意志力、坚强的毅力和持之以恒的精神，决策时要坚定果断而不优柔寡断，遇到困难时要有坚忍不拔、百折不挠的勇气。一方面，它可以使班主任在管理活动中坚持不懈、不间断地去思考问题、解决问题；另一方面，班主任身上存在的坚强意志品质可以使学生意志品质获得发展，从而以榜样的力量影响学生。

3. 豁达开朗的襟怀

班主任具有豁达开朗的襟怀和乐观向上的生活态度，对创设良好的教育情境和保持积极的进取精神都有积极的意义。一方面，这种情绪可以使班主任保持轻松愉快的心境，克服心理障碍，最大限度地发挥身心潜能；另一方面，这种情绪又能促进师生的情感交流，使学生得到愉悦的情感体验，产生积极向上的心理气氛，从而优化教育的心理环境。在教育工作中，学生的行为表现往往会把班主任带进复杂多变的情感领域，这里有欢乐也有烦恼，有激情也有伤感，只有具有开朗和乐观的精神，才能感受到学生内心世界极其复杂的情绪，燃起对学生的责任感，并使学生受到感染，得到鼓励。

4. 平静幽默的情绪

平静是智慧的摇篮，能使人保持清晰的头脑、敏捷的思维；幽默是创造思维的润滑剂，能强化教育影响力，以提高教育效果。在与学生交往中，班主任平静幽默的情绪能使学生感到愉快，消除心理距离，产生安全感，使之更愿意与班主任接近；同时也利于消除学生紧张和疲劳，增添集体活动的凝聚力和欢快气氛，以提高学习效率和活动效果。此外，用幽默的态度看待生活，能帮助班主任消除郁积的紧张和压力，甚至克服较大的困难。

5. 善良稳定的性格

作为中学班主任，首先自己应有一颗善良的心，如严父慈母一样关心学生、爱护学生，伸出温暖的双手去帮助身处困境的学生，鼓励他们闯过难关，治愈他们受到的创伤。另外，由于中学生精力旺盛，自制力差，不可预料的偶发事件时有发生，常常出现一些行为问题，这就要求班主任在这些行为发生时应静下心来，冷静思考，及时妥善处理。这是对班主任的理智感、敏锐力、责任感、教育艺术的检验，也是关系到班主任能否在学生中树立威信的重要因素。

难点三 如何掌握班主任工作艺术

班主任工作艺术是班主任教育思想、教育能力、教育素养、教育风格和教育机智等各方面素质的综合反映和体现。班主任工作艺术包括政治理论学习、文化知识积累、心理素质修养和对所教授学科的深入钻研。班主任工作艺术通常是班主任在教育实践中所表现出来的精湛、娴熟、巧妙、显效并带有鲜明个性化特点的教育教学技艺。班主任工作艺术是一项在长期教育实践过程中锻炼造就的一种能力，是借鉴他人教育经验，融会贯通领悟于心、升华外现于行的教育活动。班主任工作艺术是教师在教育教学实践中刻苦钻研教育教学规律，并仔细琢磨了然于心的结晶。班主任工作艺术主要体现为：善于将教育目的与学生实际发展水平结合起来，精心设计和灵活把握教育活动过程；教育形式灵活多样、富于变化，能激起学生内在的活力；妥善而巧妙地处理偶发事件，善于化解矛盾与冲突；情感流露自然，具有强大的感染力，并且具有分寸感；语言表达生动、活泼、形象、幽默，具有逻辑力量和鼓动性；善于使用各种体态语言表示教师对学生行为的肯定、鼓励、赞许或制止、批评，从而使教育教学活动达到最佳境界，并获得最佳效果。

学科知识可以通过背诵、做习题、讨论等方法习得，但是班主任要想把班级管理好，照葫芦画瓢、生搬硬套他人的经验和做法是行不通的。班主任工作是一门艺术，艺术规律的掌握必须经过一个心领神会的过程。这一点同电影、话剧演员的表演十分相似。不管导演怎样"说戏"，最终还要演员把导演的意图经过自己的理解而表现出来。我们曾看到许多教师在参加优秀教师经验交流会时，听得津津有味，记得详详细细，但是回到学校，回到自己的班级，别人的经验却用不上，教育教学工作依然故我，效果不明显。这是什么原因呢？我们认为，学习别人的教育艺术、教育机智，不能照搬，而要有一个消化吸收的过程，也就是说，别人的好方法要经过自己的头脑思考，要经过自己教育实践的多次检验和自己多次的修正，最后成为符合自己个性特点的教育教学技巧。

一、班主任工作艺术形成的基础

一位优秀的班主任，一位工作艺术高超的班主任应该有高尚的品格。人的品格是一个人的社会层次定位。一个人是高尚的还是卑鄙的，首先不应看他的出身门第，更不看他的财富多少，而是看这个人的品格。教师作为人类知识的传承者，作为人类美好生活的塑造者，必须具有高尚的品格——大公无私、公正、善良、忠诚等人类的美好品格必须成为教师的永不丢失的精神财富。一位优秀的班主任从他选择职业起就应该把修炼自己的品格作为自己的终身必修课。我们认为，有些班主任工作没有得到学生的认可，没有得到学生家长的认可，在教育工作中失败了。这种失败是多方面的，首先，他们的失败往往不是失败在方法，也不是失败在学识上，而是失败在品格上。一个人品格低下，他的行为不可能高大，一个人品格卑劣，他的行为不可能磊落。中国教育史上第一位"班主任"孔子，他的"班主任"工作成绩无比辉煌，他的工作成功了，当然成功在他教育思想与学问上，但更重要的是成功在他的品格上。如果我们仔细考察一下历史上成功教育家的业绩，我们不难发现，每一位教育家都是一位品格高尚的

25

人。努力提高自己的品格吧，它是班主任工作艺术的基石。

二、班主任工作艺术的基本特征

班主任工作艺术的本质是班主任教师对班主任工作的科学性的理解和对班主任工作独特的艺术性的领悟的结合与统一。班主任工作艺术有以下几个基本特征：

（一）个人表现的独特性

艺术创造上有一句名言："有一千位演员便有一千个哈姆莱特。"如果套用这一说法，应该说有一千个班主任，便会有一千种班主任工作艺术。班主任工作艺术是班主任在长期的教育实践过程中，不断学习和探索的结果。它不仅受外在社会经济环境和政治的影响，它更受班主任自身的理论素养、认识水平、能力强度和经历、兴趣、爱好、特长、性格、气质等个人条件的影响和制约。这就使得每位班主任的工作艺术风格呈现出独特的个性色彩。因为班主任工作艺术的独特性这一特征，班主任在学习和借鉴他人工作艺术的时候，照搬硬套他人的工作方法是行不通的。如欲成为一名教育教学技艺高超的班主任，必须经过长期学习、修养和心领神会的过程。

（二）总体倾向的时代性

艺术个性是创造个体个性的外现，而创造个体是现实生活的综合。所以，从这一观点分析，班主任工作艺术又明显的带有时代的色彩。班主任工作艺术的前提是教育科学，一定时代的班主任艺术与当时教育科学发展水平及人们对教育现象的认识水平密切相关。这一点是不言而喻的。同时，随着时代的进步，青少年学生的思想状况和个人发展需要会有很大的变化，班主任的工作目的、要求、途径、方法和手段必然要随之变化。故而在班主任工作过程中所形成的工作艺术，也就必然烙上时代的"烙印"。

（三）运用的机变性

班主任工作艺术的机变性是指班主任必须依据不同的时间、地点、对象和条件，随机应变地处理问题。即使是同一类性质的事件，也应审时度势灵活处置；即使是对同一个学生，昨天的方法可能不适于今天。课上不适于运用的方法，课下可能适用。班主任工作艺术的核心是实事求是，从有利于学生健康发展这一教育根本目的出发，采取的任何教育方式方法都应该有利于学生的成长。机变性是班主任在长期实践基础上所形成的敏捷的反应能力和高超的教育能力的体现，它决定着班主任的创造能力，也是班主任工作艺术的生命力所在。

（四）表达的情感性

这一点与其他艺术的表达是共同的，没有情感参与的艺术活动是不存在的。班主任工作艺术的展示永远有情感参与其中。一位优秀的班主任，一次成功的教育教学活动，无论班主任采用的是语言还是非语言方式，都要使学生感受到班主任积极、肯定的情感，或热烈赞许，或强烈反对，或深情的安慰。班主任工作艺术的核心是热爱和真诚的情感，热爱和真诚是班主任工作艺术的重要"能源"。列宁曾说过，没有"人的情感"，就从来没有也不可能有人对真理的追求。没有情感，所谓的班主任工作艺术就失去了血肉和灵魂，只剩下一堆毫无生气的骷髅。情感是班主任工作艺术的灵魂。

三、班主任工作艺术风格的分类

由于班主任工作的综合性特点，班主任工作艺术类型的分类是非常困难的，因为每一位班主任工作并非是单一的艺术手法的运用，而常常是多种方法的综合运用。所以，下面的分类只是理论上的分类，只是说某些班主任倾向于这种类型，而另外一些班主任倾向于另外一种类型。

（一）情感型

具有这一类艺术风格的班主任，他（她）的为人、处事、工作就像一团火，永远充满着激情。无论他们组织班级活动，还是与学生个别谈话，无论是课上教学，还是课下谈心，他们做什么工作，情感总是很投入。他们的语言形象生动、感染力很强，富有鼓动性。无论什么样的学生，无论发生了什么问题，学生总能从班主任那里得到热情的鼓励和帮助。这一类型的班主任往往是不善于或者不喜欢掩饰自己的情感，他们敢说敢干，敢怒敢爱。对善行佳绩，喜形于色；对恶言败行，仗义执言。这一类班主任的教育思想是高尚的，对自己的要求是严格的，对学生是善意的。不管他们的言辞多么激烈，你总能体会出他们心中的热爱和真诚。这一类班主任易于与学生在思想、心理和感情上互相沟通。他们对学生的要求，"严"与"宽"结合得天衣无缝。他们的"严"使学生从情感上无法拒绝，心甘情愿地按老师的要求去做，因为不去做便觉得对不起老师；他们的"宽"使学生在感情上无法回避自己的错误，使学生感到如果不改正自己的错误，就对不起老师一片爱心；学生从老师的"宽"里体会到信任，从老师的"严"里体会到老师的希望，从而更增强了自律的自觉性。

（二）理智型

这一类型的班主任与情感型班主任形成鲜明的对照。他们的为人处事和工作常常不露声色，一板一眼，有条不紊。这一类型的班主任往往具有敏锐的洞察力，常常能依据学生一些蛛丝马迹的言行发现学生内心深处的波澜，能做到见微知著。这一类型的班主任长于说理，善于将教育要求与学生个体内心发展的需要有机地结合起来，用强有力的语言逻辑力量征服学生。一般地说，属于理智型的班主任自我控制能力都比较强，能把自己的一切置于理智控制之下。他们对学生从不感情用事，从不在感情冲动的时候处置学生问题，学生对这种类型的班主任往往佩服大于亲近。

（三）灵活型

具有这一类艺术风格的班主任性格开朗，思路开阔，思维活跃，反应敏锐、迅速。处理事物，解决问题喜欢求新求异。在日常生活上，这种类型的班主任常常不拘小节，语言风趣幽默，言谈举止表情丰富，善于体态语的运用。在与学生相处时常以朋友的身份出现，对不同性格和爱好的学生都能用十分得体的方式开展工作。对学生发生的各种事情常以灵活的教育方式给予处置，有时表面看来，不合乎常规，但学生的感觉常常是回味无穷，教育效果极佳。组织学生活动总是强调活动的独创性、新颖性，班级活动方式变化多端，令学生耳目一新。这一类型的班主任与情感型班主任在思维、举止、兴趣、爱好等方面常有相通之处。

（四）严谨型

这一类型班主任思维缜密、举止严肃、办事条理性强，工作讲究计划性和系统性。他们对班集体建设的目标、标准和程序的设计环环相扣，紧密相连。这一类型的班主任言必信，行必果。他们时间观念强，什么时候办什么事，必须按时完成，不拖拉，不推诿。做任何事情有板有眼，有条不紊。他们最不能容忍的习惯是懈怠和拖拉。他们对自己、对学生的最高要求标准是严谨的态度和作风。这一类型的班主任常常在工作作风、工作方法等方面与理智型班主任有相通之处。

（五）学者型

这一类型的班主任大多学识渊博、博学强记、好学不倦，在某一学术领域有自己的专长。他们教态讲究风度，方法讲究稳重。对待学生讲究尊重与礼貌，具有典型的学者风范。他们相信人格的教育力量。他们重视身教，很少说空话和修饰性很强的话。这种类型的班主任严于律己，宽以待人，对学生的错误点到则已，讲究让学生自己去体会、改正，经常提出一些问题与学生一起研讨。这一类型的班主任与理智型班主任有相通之处。

（六）活动型

这一类型的班主任长于社会人际交往，社会活动面广，组织能力强。他们组织活动喜欢与社会实际相联系，形式多样。这一类型的班主任善于把领导的教育教学要求转化为一个个具体的集体活动。他们认为对青少年的教育，没有丰富的社会活动就没有有效的教育。他们常常把学生带到社会实践中去体会观察。这一类型的班主任往往有比较敏锐的政治感觉，常常抓住社会热点问题组织学生活动。这一类型的班主任常常与情感型班主任有相通之处。

以上班主任工作艺术风格分类只是理论上的分类，在实际教育教学工作中常常是各种艺术类型互相渗透，这一点班主任教师要给予注意，不要机械地追求某种类型的做法，因为无论哪一种类型的工作艺术都有它的长处和短处，如果在实际工作中不注意掌握分寸，效果往往会适得其反。

四、班主任工作艺术提高途径

许多年轻班主任看到老教师管理班级有条不紊，组织活动丰富多彩，转化后进生得心应手，班级工作做得那么游刃有余，效果显著；而自己带一个班乱一个班，找学生谈一次话生一次气。有的便说当班主任的能力是天生的，自己不是当班主任的材料，还是具体地上几堂课算了。我们说，这种认识是不对的。班主任的工作艺术不是天生的，而是慢慢习得的，班主任工作艺术是可以学习掌握的。下面我们提供几个提高班主任工作艺术的途径，供班主任参考。

如果你是一位刚刚走上工作岗位的年轻教师，领导分配你当一个班的班主任。那么，我们首先建议你拜师学艺。虚心拜有经验的老班主任为师，静下心来向老班主任学习如何制订班级计划，如何处理学生矛盾，如何组织各种活动。跟着老班主任学，从早跟到晚，把老班主任的一言一行看个仔细，记在心里，晚上再用记日记的办法把老班主任带班经验、方法认真记下来，然后仔细揣摩老班主任带班的内在规律。经过一段时间的观察和揣摩，内心自然会有所体会，处理起班级事务来会觉得信心倍增。我们要提醒年轻班主任在向老班主任学习的过程中，不要只一味模仿老班主任的具体做法，而要融会贯通，消化吸收，把老班主任的做法转化为自己的能力。比如，老班主任对待两个迟到学生采用了不同的方法。第一天，一个学生迟到，老教师什么也没有批评，只是轻轻地摇了摇头，便让这个迟到学生回到座位上去了。而第二天，另一个学生迟到了，班主任却抓住不放，先是运用魏书生的办法让迟到的学生唱一支歌，然后，又用了近10分钟时间讲遵守时间的重要意义。只说得这个学生汗流满面方才罢休。同是迟到一事，老班主任采用了不同的处理方法，这是为什么？后经向老班主任请教，原来两个学生性格不同，气质各异，一个胆小内向，一个胆大粗心。老教师对不同学生便采取了不同的方法。我们认为，只有找出了工作方法的内在理论依据，才能真正把方法学到手，才能真正提高自己的工作艺术。

如果你是一位参加工作几年的教师，可是对带班总是摸不着门路，班主任工作效果不理想。我们建议你认真读几本有关的理论书籍。在读理论书籍的时候，要认真读、认真想、认真记，然后把书中的教育原理、教育方法与自己的教育实践相联系，设计出一套自己的带班计划，然后和一些有经验的优秀班主任讨论、修改，使之完善。然后再拿到教育教学中去加以实践检验，如此反复必有提高。在这里，我们要提醒班主任，读理论书籍不要只读教育理论书籍，更不能只读班主任工作艺术的书籍，读书的眼界要扩大，读书的范围要拓宽，文学、历史、艺术都要读，学生关心的热点问题班主任也要有所了解。这样坚持一段时间，便会发现班会讲话话题多了，思想深刻了，与学生交往自如了。读书对班主任工作能力的提高大有裨益。

如果你是一位老教师，班主任工作也积累了一些经验，但想把班主任工作做得更好，还想总结自己多年的带班经验，写本书。我们建议您找一些教育哲学、社会学和社会心理学等方面的书读一读，还可以找一些优秀班主任写的理论著作读一读。我们认为，我们的许多老班主任缺少的不是专业知识和工作经验，缺少的是边缘学科的知识。如果您在总结经验的基础上，扩大读书广度和深度，您会发现您的眼光更敏锐，更深刻，写起文章来会"妙笔生花"，思想升华。

我们在与班主任教师接触的过程中发现，广大的班主任有非常丰富的实践经验，一些教育方法非常机智，教育细节非常生动。可一旦形成文字，便减色不少。造成这种状况的原因是班主任驾驭文字的能力较差。我们建议，不管是新班主任还是老班主任，都应该在语言表达上多下些工夫，语言表达能力提高了，会给班主任工作带来许多意想不到的裨益。

五、班主任语言艺术

捷克教育家夸美纽斯说过："教师的嘴是一个源泉，从那里可以产生知识的溪流。"对于教师来说，语言既是工具，又是艺术。我们的祖辈曾把教师"吃语言饭"形象地说成是"舌耕"，颇有道理。夸美纽斯认为，教师语言表达能力的强弱，在"极大程度上决定着学生在课堂上的脑力劳动的效率"。如果说课堂是一辆前进的火车车头，那么班主任舌尖便是点火器。人们经常说的教师与学生"一桶水与一碗水"的比喻，其实，教师只有一桶水是不够的。因为，如果班主任教师有了一桶水，而没有把一桶水倒出来的技巧也是不行的。倒得太慢学生不解渴，倒得太快，会把学生淋成落汤鸡。有人认为"只要有学问便可当老师"，是大错特错了。因为教学方法与学术水平既有联系，又具有相对的独立性。我们常常发现有这样的教师，学术水平并不低，教案也写得很好，但讲课效果并不佳，教育学生效果也不好，究其原因，往往是由于语言表达能力还欠火候，还需要在语言上下工夫。古今中外教育家都十分重视教师的语言素养。我国《学记》中就有这方面的专门论述，指出教师要善于运用简明扼要的讲述与适当的比喻，使学生易于理解，乐于接受。我们知道，教育教学过程实际上是师生共同进行积极思维活动过程。教师将自己内在的知识、思想，外化为语言（包括动作、表情）作用于学生，使他们不仅领会，并能受到深刻的感染，产生情感上的共鸣，那么教师必须做到：言之有物，言之有序，言之有情。

言之有物，就是教师教育教学最忌空洞无物、华而不实、废话连篇。"言之有理，持之有据"是对教师语言的起码要求，"欲语唯真，非真不语"是说语言表达应该是真情实感，没有真情实感就不要开口讲话。也许这个要求太高了一点，但不能说没有一点道理。言之有序，是说教师讲话应精心设计，而不是东拉西扯，语无伦次，令人生厌。言之有情，是说教师讲话要力求生动有趣，饱含真情。教师的语言要清晰流畅，而不要吐字含混不清，音量要力求适中，速度也应快慢适度。高超的语言艺术的获得绝非一日之功，需要经过长期的磨炼。俗话说："两年胳膊三年腿，十年才磨一张嘴"，道出了"舌耕"的艰辛。班主任的工作绝大部分是靠语言来实现的。因此，班主任提高自己的语言艺术是提高工作艺术的非常重要的一个方面。

教师的语言艺术是教师以完美的语言为手段去提高教育教学质量和培养人才的技能技巧，它除了人类其他语言艺术的共性外，还具有教师语言艺术的特殊性。语言有两种形式：口头语言和书面语言。教师的职业特点和肩负的伟大使命决定了教师语言运用必须讲究科学性、艺术性。教师语言运用违背客观规范，势必会产生不良后果。教师语言既要运用标准的语言，正确理解语义，又要有丰富的词汇，准确掌握语法；既要准确、鲜明、生动、简练地运用口头语言，又要准确、鲜明、生动、简练地运用书面语言；既要掌握外部言语，也要掌握内部言语；不仅如此，而且还要善于运用辅助性的交际工具——体态语。

（一）教师语言艺术的基本特征

1. 科学性

科学性是教师语言艺术的基本特征。这一特征是由教师的工作性质决定的。教师工作包括课堂讲授学科知识，课外组织班级活动，处理学生行为思想问题，家访与学生监护人谈话等内容。无论哪一项活动都离不开科学文化知识，因而，教师语言的内容与其他行业相比，必定是专业性、学术性较强的语言。每一个概念，每一个定理，每一次批评或表扬，其语言的运用必须是科学的，容不得半点含糊，更容不得谬误。

2. 针对性

针对性是教师语言艺术的第二个特征。教师的工作对象是学生，而学生是千差万别的。教师在运用语言技能技巧时，应因地因时因事而易，决不能千篇一律、单调重复。教师语言的针对性是指教师在讲话时针对不同对象，在不同时间、不同地点，选择不同的语言表达方式。

3. 激励性

激励性是班主任语言的第三个特征。教师语言，尤其是班主任语言，必须具有非常强的感召力，最佳效果是：号召时，学生听了，精神振奋，干劲倍增；抒情时，学生听了，如沐春风，心旷神怡；点拨时，学生低头沉思。教师语言的感召力是教师语言的一个较高的境界，需要长时间的修养、演练和学习。有的教师认为自己天生不善于讲话，不可能达到这样的效果。每个人的讲话先天素质不一样，比如，有的教师天性活泼，讲话时充满感情，具有较好的先天条件，有的教师天性腼腆，性格内向，讲话音低量小，在讲话方面先天素质较弱。但这并不是决定讲话有没有激励效果的条件。讲话声音大，并不见得有激励性，讲话声音小，并不见得没有鼓动效果。关于教师讲话的激励性，有一个最低标准，那就是在教育过程中多用激励性的语言，如"很好"、"真棒"、"有进步"、"能行"，"再努一把力定会取得更好的成绩"等等，少用消极性的语言，如"你真笨"、"真没用"，"你算完了，你就这个样子了"等语言。有时看起来是一句话，但有时会像一根刺一样深深扎在学生的心上，把学生的勇气泄光。

综上所述，科学性、针对性和激励性是教师语言艺术的三个突出特征。这三个特征是与教师的职业特点相联系而存在的，必须以教师语言的教育性为基础，也就是说，教师讲话必须是为学生负责任的，对学生的发展有利的。

（二）教师语言艺术的基本构成

教师语言艺术是建立在思想修养和知识智力综合发展的基础上的，因而它的基础是多层次的、多方面的。因此，作为教师，要想熟练地掌握教师的语言艺术，必须具备坚实的思想、道德、法治、心理学、逻辑学、文学艺术等方面的基础知识。

1. 教师语言艺术的思想基础

教师的语言艺术，要求教师必须具备高度的思想修养，这是由"语言是思想的重要直接现实"的性质和教育目标、教师的职业特点所决定的。恩格斯说："语言和意识一样，只是由于需要，由于和他人交往的需要才产生的。"有人说，语言是人心灵的镜子，反映一个人的精神面貌，这话说得不无道理。语言是表达思想感情的工具和形式，这个工具所操作的对象是人的思想，一个人一张嘴往往泄露了他内心的思想活动，直接反映着一个人的思想修养的程度，现在我们所强调的"语言美"，并不是单纯的语言问题，而是包含着正确的思想和社会风尚，反映着一个人的思想修养的高低。一个人的思想修养构成了语言艺术的重要基础。一位教师如果具备了坚实的思想基础，他的语言艺术就能更完美，就能更充分地发挥作用。教师是人类灵魂工程师，他所从事的事业和职业特点要求他在教育、教学过程中用完美的语言去启迪学生的心灵，用光辉的思想去引导学生做人。人们常说，有什么样思想的教师就培养出什么样的学生。这话虽说有些武断，但也不能说毫无道理。教师的思想总会通过教师的教育行为，尤其是语言，对学生产生影响。

教师的思想是语言艺术的基础，教师必须加强自己的思想修养。那么，今天面对21世纪的中国教师应具有什么样的思想基础呢？我们认为，现代班主任必须认真学习邓小平理论，学习党和国家法律法规，关心国家的经济建设，关心国际大事，关心社会文化领域的动态，不断加强学习修养，不断提高自己的思想觉悟。

2. 教师语言艺术的学习基础

语言能力分为理解与表达两个方面，就表达方面来说，又可分为文字表达和口头表达两个方面。教师如欲提高自己的语言表达能力（口头的和文字的），首先应该提高自己对语言的理解力，因为只有深刻、准确理解别人的语言，才能学习别人的语言，只有不断学习别人的语言，才能提高自己的语言能力。在我们的现实生活中，每个人都读书看报，经常谈天交流，但在交谈过程中，人与人之间的语言能力却相差很大。有的人能成为语言大师，有的人勉强达意而已，原因可能是多方面的，其中一个重要的原因是由每个人对语言的理解（或说对语言的感受）差异造成的。人对语言的理解力的差异是人在语言交流过程中的目的差异造成的。一般人在语言交流过程中对语言的表达方法、词语的选择等不怎么注意，只注意交谈时的意思，意思明白了，交流就达到目的了。但是对于班主任教师来说，这远远不够。班主任教师应该在日常生活中做一个"语言表达方式"的敏感者，无论是读书看报，还是看电视听广播，不仅仅要注意获取"意思"，而且还要学习"语言方式"，要通过学习别人运用语言的特点，进一步理解语言的含义。这种习惯是一个养成过程，正像我们对学生进行的行为习惯养成教育一样，班主任应养成随时随地学习他人语言表达方式的习惯。

（三）班主任语言艺术规律

1. 情在言先

语言是情感的载体，情感是语言的灵魂，没有情感的语言是干瘪的。别林斯基说："充满爱的语言，可以使劝说发出熊熊的烈焰和热。情感是语言表达过程中的乘号，语言中充满情感，会使语言的感染力成倍地增加。"

2. 意在言后

班主任语言技巧第二个境界应该是语言结束而意不结束，即所谓"余音袅袅，绕梁三日"的效果。班主任的语言应该有"后劲"，应该让学生有琢磨，应该含有哲理。比如，一位年轻班主任教师在学生 14 岁生日这一天精心准备了一篇发言稿,他说:"今天我非常高兴,因为你们今天告别了幼稚的儿童期,迈入了青春的门槛,你们长大了。你们不再是嗷嗷待哺的小鸟,而是展翅高飞的雄鹰,你们不再是羽毛未丰的小鸡,而是美丽的孔雀……"一席话说得学生群情振奋,壮志昂扬。班会之后,许多学生写下了自己第一篇青春日记。其实,这样的讲话就是意在言后,能在一段时间里起作用。

3. 春雨无声

"好雨知时节,当春乃发生,随风潜入夜,润物细无声。"唐代伟大诗人杜甫的这首诗经常被我们的班主任教师引用来说明班主任语言的渗透艺术,其实这非常贴切。我们大多有过雨中春游的经历,细细的春雨,柔柔的春风,说是雨又像雾,说是雾又分明听到了雨声。不用打伞,但过不了多久,衣服却湿透了,这就是春雨。班主任的语言应该像春雨一般滋润学生的心田。

班主任对待学生,尤其是对后进生常常有恨铁不成钢的感情,所以,表现在语言上往往挑最有刺激性的词抛给学生,而不管学生受得了受不了。有些班主任的语言不仅带有刺激性,而且带有很强的挖苦和贬斥色彩。什么"榆木脑袋"、"木瓜心",这就非常不好,这样的话,不仅起不到教育作用,学生反而会把教育的大门关上,从里面锁上,班主任从此休想进入。这样的教育是失败的教育,这样的语言是失败的语言。

班主任教师应该经常看一看电视播放的儿童节目。看一看,听一听,主持人怎样讲话,如何用词。班主任的语言应该像春雨,而不要像冰雹。

4. 夏雷发聩

我们说班主任的语言要"春雨润物",是说班主任教育教学语言的一个方面,并不排斥或完全反对班主任振聋发聩的语言表达。因为,在有些情况下,"春雨"是不管用的。比如,男生殴斗,如果这时还是和风细雨,春风拂面,和蔼可亲,那么很可能"你说你的,我斗我的",最后也许闹出"人命关天"的大事。遇到非常事件,班主任的语言不妨像夏雷般让人警醒。还是拿学生殴斗举例,遇到这种事,教师可以断喝一声:"住手!"我认为,这时的语言要简短有力,声音要有威慑力,甚至可以说是越严厉越好。夏雷似的语言可以使学生认识到问题的严重性。当然，"夏雷"语言不是大声咆哮，更不是泼妇骂街，而是理智控制下的奔腾骏马，非常情况下的理智表现。

这是说的一种情况。另外一种情况，遇到班里发生了比较严重的事件，比如，男生侮辱女生，说出不堪入耳的话，班主任不妨发一次"怒"。要让犯错误的学生认识到问题的严重性，内心感到震动。之后，班主任再说理，再渗透，再春雨，效果也许会更好。一位班主任讲了这样一件事：高二学生某某，学习积极、刻苦，但基础差，智力一般，每次考试进步不大。一天深夜，班上一名学生突然打电话说："某某（就是上文所说的学生）要自杀，一连服了两瓶扑热息痛。"一听这话，我不觉一震，人命关天，这该怎么办？情况紧急，容不得多想，我跟着学生马上到学生宿舍。到宿舍后，只见该生衣帽整齐地躺在床上等死呢！当时我想，如果和风细雨做思想工作，他一定听不进去，只会耽误时间，而时间就是生命。所以，我严厉地说："你这样做不仅是害了自己，而且害了老师害了同学，这样做你对不起老师，更对不起父母……"我严厉的话语起了作用，这个同学大哭起来，说："对不起，老师……"然后乖乖地跟我到医院去了。之后这位班主任又做了大量细致的思想工作，讲生命的意义和价值，提高了这名学生的思想水平，取得了很好的效果。

"夏雷"的方式主要是指班主任的态度，而不是指用词，更不能讽刺，更不能伤害学生的人格。这一点班主任必须注意。

5. 沉默是金

"沉默是金"是一句格言，因为沉默中包含的内容太丰富了，以至沉默的价值只能用金子来衡量。沉默的意思有时是赞许，有时是反对；有时是同情，有时是厌恶；有时是爱，有时是恨；有时沉默表示和解，有时沉默预示着爆发……沉默是有声语言的无声的延伸。沉默是无声的语言。

现代人际交往心理学家研究表明：在双方交往过程中，尤其是在争论的场合，如果甲方适时地沉默不语，让乙方唱独角戏，乙方会因从甲方得不到任何信息而胡猜乱想，甚至惊惶失措，乙方最后会被甲方的沉默所慑服，从而服从于甲方的意志。班主任一旦发现学生犯有比较严重的错误，而又一时弄不清情况的时候,为了使学生及时认识错误行为,可以适当地运用上述原理。如班主任发现个别学生有偷盗或打架恶劣行为时,可以在学生面前保持一种稳重严肃的沉默态度,学生会在教师的沉默中感到一种力量,主动地把问题说出来。

班主任在批评和劝诫学生时,经常把学生说得一无是处,指责其无知、无能、无理,这种批评容易伤害学生的自尊心。因此,班主任应该在不伤害学生的原则下批评学生。有时沉默可能是一种更有效的批评。一位班主任在期末考试时发现一名学生作弊,这位教师的眼光与学生的眼光一对,一句话也没有说,只是摇摇头。课后,也没有说一句批评的话。但是,这名学生在周记里向老师承认了错误,并以实际行动证明他实现了他的诺言。适时的沉默是一种无形的教育力量。

6. 巧用幽默

幽默是语言批评方式的一种软着陆,它以笑声代替批评,以诙谐化解尴尬。幽默首先创造的是一种和谐的气氛,在这种气氛中,被批评者不失面子,又接受了批评,是一种非常有效的教育方式。前苏联一位诗人说:"教育家最主要的,也是第一位的助手是幽默。"许多班主任教师体会到了幽默语言的教育力量,所以在教育中经常运用幽默的语言对学生进行教育,收到了较好的效果。而有些教师没有体会到幽默的威力,这种教师认为,怎么可以和学生开玩笑,那不是有失身份吗!所以一天到晚脸上结了霜,板着面孔。学生见了班主任像耗子见了猫,能避开,绝不打照面。班主任不在,学生如百鸟鸣春,班主任一到,如雄鹰入林,死气一片。班主任与学生隔着一个冬天,不用说和谐,师生之间连话都不说,更谈不上教育了。我们说,这种教师不是搞活教育,而是冻结教育。另外一些教师正好相反,幽默诙谐,严肃与轻松的尺寸把握极准。早晨,有同学迟到,会说:"你家的表是不是该擦油泥了?"学生说"我们家的表是新买的。"教师说:"那就是你的大脑该擦油泥了。"全班同学都笑了。气氛活跃了,班主任抓住教育时机,接着说:"上课晚两分钟不要紧,我们可以等等你,或者课下补补课,最多挨老师几句批评。可是你们要知道社会、人生不会等我们,机会是不能补的。我们应该养成守时的好习惯。抓紧时间就是抓紧生命，抓紧了时间就是抓紧了金钱啊。"同学再一次笑了，这笑声中有理解，有进步。几句幽默的话，调节了班级气氛，一天的课上得轻松高效。当然，幽默不是要贫嘴，不是油腔滑调。这一点一定要注意。

难点四　如何与各方教育力量相互合作

　　学生的发展过程会受到社会、家庭和学校等各方面教育因素的影响，而这些教育因素只有合理地协调、有机地统一起来，才会形成影响学生成长的教育合力。在校内，班主任要与各科教师、学校各级教育组织联系起来，形成促进学生成长的校内教育合力；在校外，不仅要使学校教育与社会教育结合起来，促进学生全面发展，同时又要和家庭教育紧密地协调统一起来，共同促进学生健康地成长。

一、中学班主任与学校教育力量的协调

　　苏联教育家马卡连柯曾说："无论哪一位教师，都不能单独地进行工作，都不能作个人冒险，不能要求个人负责，而应当成为教师集体的一份子。"这就说明班主任在工作中，不可能只依靠个人力量来完成教育任务和班级集体建设。班主任要主动和各科教师联系，协调学校各方面教育力量，发挥好纽带作用，因为只有这样，才能使班级工作计划目标一致，实施中步调一致，取得殊途同归的整体教育效果。

　　（一）班主任与学校内部教育因素之间的关系

　　班级作为组成学校的基本单位，是从属于学校这个大系统之中的。班级根据学校统一制订的教育教学目标和计划，组织具体的实施和运作，然后将实施的结果和在实施过程中班级无法解决的问题和情况反馈给学校，学校经过处理和总结，改进工作以谋求更好地发展。作为一位班级工作设计者的班主任，在协调班级和学校之间的关系上有着至关重要的作用。

　　1. 班主任与学校领导之间的关系

　　学校领导与班主任是组织上、工作上的领导和被领导的关系，班主任是在学校各级组织领导下进行工作的。班主任的工作要受到各级领导的认

识水平、领导能力和工作态度上的促进和制约。

班主任是学校领导的领导对象，同时又是全班学生的领导者，学校领导要把政策措施向学生贯彻，班主任工作是很重要的中间环节，学校领导的工作必须有各位班主任的积极支持和配合。班主任要主动向领导反映一些情况，争取与领导达成一致意见。在与领导意见有分歧的情况下，班主任要通过恰当的渠道提出建议和批评，在会上和私下表述自己的意见，进行交流，切不可大吵大闹或以搁置工作要挟领导等错误的做法发泄不满情绪，从而造成不良影响。班主任只有把学校各位领导的教育要求、工作意图领会透彻，并正确地在学生中传达贯彻，才能更有利于班级工作的开展。

2. 班主任与科任教师之间的关系

班主任和科任教师都肩负着教育和教学的任务，都必须上好自己所任教的科目，又必须在传授知识的同时，渗透着对学生思想道德教育和人格素质的培养。在这些方面，充分体现着教师工作的相对独立性。这种独立性，又使教师间的工作具有了竞争性。班主任和科任教师面对的是同样的学生，要达到的是相同的目的，因此，教育教学工作的成功更仰赖彼此之间的有效合作，需要互相支持配合，取长补短，形成合作伙伴关系。

从学生和家长的角度看，班主任和科任教师的地位是有差别的。和科任教师相比，班主任管理的范围更广，更具有权威性，和学生相处的时间更多，对学生的指导和影响更大。在学生心目中，班主任的分量更重。相应地，家长也愿意更多地与班主任接触交流，就是有对科任教师的意见，也往往请班主任代为转达。在家长看来，班主任既是学校的代表，又是班级科任教师的代表。所以，班主任是一个班级的灵魂，是班级所有科任教师的中心。班主任和科任教师的关系，将直接影响到班级的教育教学效果。

另外，班主任还要协调好科任教师之间的关系，加强整个教师群体的凝聚力。除了要协调教学中可能出现的"撞车"现象和其他偏离集体目标的行为，还要沟通科任教师间的信息，交流思想，增进了解，密切感情。理解和支持每一位科任教师，对刚走上教学工作岗位，经验不足的教师可能出现的错误和漏洞给予谅解并帮助进步，维护科任教师在学生中的威信，也只有这样，科任教师才会积极关心班级管理工作，班级教师群体才能成为一个有吸引力的集体。

（二）中学班主任协调学校内部各教育因素的方法

1. 积极参加全校教师会议和班主任例会

班主任除了私下或单独与学校领导交换意见之外，主要靠开会的形式相互沟通、交流思想。全体教师会议由校领导、任课教师、班主任共同参加，统一制订或明确长期、短期的教育教学目标，校领导部署一段时期内的工作要求，并对学校工作进行总结和展望。而班主任例会通常为一周一次，总结上周成绩和失误，整体布置学校一周内的工作，各班应如何准备、配合，各班班主任反馈信息和提出建议。作为领导，在会上要充分发扬民主，征求各位教师或班主任意见作为安排工作的依据和参考。而作为班主任，首先要积极汇报工作，反映学生的思想、学习等状况和动态，自觉地把班级情况置于学校的监督之下，得到学校的指导和帮助，努力完成自己的本职工作；同时在出现分歧时既不能与领导对着干也不能去讨好、奉承，自己不对要虚心接受批评，领导做法不妥，要通过合理方式进行反映，勇于维护班级和班级学生的合法权益。

2. 积极创建班级教师集体

我们知道，在现代社会中，一个人的成长，需要许多人从多方面、多角度、多侧面实施全方位立体交叉式的教育。就学校内部而言，任何合格人才和劳动者的培养，都是教师群体劳动的结晶，都是教师群体共同协作的结果。要完成一个班的教育任务，单靠班主任是不够的，必须依靠整个班级教师集体的力量来完成。所以，创建良好的教师集体，协调教师间的矛盾，增强各方面教育影响的一致性，有着非常重要的作用。

第一，良好的教师集体有利于学生良好品德的发展

从中学生的心理特征看，学生在情感上具有"向师性"，教师的一言一行都对学生具有潜移默化的影响，学生会有意无意、自觉不自觉地以教师为人处事的态度和方式去处理利益关系、人际关系等。教师在学生面前的行为，事无巨细，都具有教育性。学生的心灵要靠教师的心灵来塑造，

学生的集体由教师的集体来示范。所以,只有班级任课教师努力使自己成为集体主义者,才能使班级学生形成明确的集体目标,良好的人际关系,统一的组织结构,健康的集体舆论和自觉的集体纪律。

学生的个性心理品质的培育和教师的个性特点有密切关系。学生兴趣、爱好特长和能力的发展,需要有丰富的集体活动,需要多渠道的合作,需要由各种不同特长、专业风格的教师辅导和培养。所以,只有不同个性特点的多位教师组成一个统一体,才能互相配合、取长补短,组织多样的活动,开辟学生个性发展的广阔天地。

第二,良好的教师集体有利于实现教育的整体优化

教师对学生的教育,尤其是思想教育,必须贯彻教育行为一致性和连贯性的原则。教育行为的一致性要求教育的各个方面的行为要一致,教育行为的连贯性要求前后的教育行为要连贯。学生德、智、体、美、劳各方面的成长是在多种因素作用下长期发展的过程。在同一班级任课的教师,应该经常研究班级学生的情况,既要研究班级的整体,以形成一致的班级管理目标、教育要求、教育信念、教育期望,又要研究班级个体学生,以统一对某个学生实施更具有针对性的教育。这样才能形成正向合力,有全面统一的教育行为。教育高效益的获取,来自教师集体统一的教育要求和行为,不可能由某位教师或班主任单独劳动所能完成。当任课教师团结成统一稳定的教师集体时,必然会形成信息反馈线路畅通,教育信息传递快,教育问题抓得准,易于形成良好的班风和学风,从而在教育教学中,在班级集体建设中达到事半功倍的效果,实现教育的整体优化。

第三,良好的教师集体有利于形成良好的心理氛围

教师间团结协作,建立良好的教师集体,形成良好人际关系和氛围,可以使教师轻松愉快,精力旺盛,进而使学生保持稳定的情绪、愉快的心境和敏锐的智力,适应周围的环境,与他人建立和保持良好的心理状态。研究表明,轻松愉快的情绪能够激活大脑,引起和保持人的兴趣,产生超强记忆力,活跃创造性思维,提高活动效率。如果没有一个良好的教师集体,教师彼此之间不团结,经常闹矛盾,势必要影响教师的精力和情绪,这往往又会转嫁到学生身上,形成恶性循环,不利于教师和学生的心理健

康发展。

二、中学班主任与家庭教育力量的统一

要取得教育学生全面发展的最佳效果，只有学校教育是不够的，还必须取得家长的密切配合和支持。从中学生的成长阶段来说，他们所受的教育主要有两种，一种是学校教育，一种是家庭教育。促进学生的良好发展，需要学校教育与家庭教育的有机结合。实现这样的结合，更多的是通过班主任与家长的相互联系、相互合作来实现的。

（一）班主任与学生家长交流渠道的建立

在班主任与家长的现实交往中，双方往往会产生各种分歧，诸如对教育价值观的不同认识，对教育评价体系的不同看法，在教育出发点及教育方法等方面的分歧。如何减少和消除与家长的分歧，统一认识，疏通家庭教育与学校教育的渠道，使其形成合力，提高教育教学质量，是班主任工作的重要组成部分。

1. 以尊重的态度与家长平等地对话

班主任与家长良好的合作关系的开端取决于班主任的态度。班主任要摆正自己的位置，明确教师与家长是处于平等地位的。班主任是学生的老师，有教育学生的权利和义务，但不是学生家长的老师，没有教育家长的权利，家长也没有接受老师教育的义务。在教育学生的问题上，家庭教育和学校教育一样，都是我国现行教育不可偏废的一个方面。代表学校行使教育权利的班主任与代表家庭行使教育权利的家长是平等的。

因此，班主任与家长谈话时，首先，态度要诚恳。切不可高高在上，更不可用训斥的口吻，咄咄逼人。谈话时，班主任要谦虚、谨慎，措辞得当，营造和谐的气氛。对家长的需要，能办则办，办则办好；不能办，则坦言相告，争取他们的谅解。班主任与家长以平等、尊重的心态谈话，就能以理服人，以情动人。反之，居高临下、盛气凌人，只能激起家长的逆反心理，造成僵局，或是使家长口服心不服，不能从根本上达到沟通、统一和协调的目的。其次，语言要得体。语言是心灵的窗口，是一个人综合修养的反映。身为人民教师，在与家长谈话时也应该为人师表。教师得体

的语言，可以赢得家长的尊重，增加家长的可信度，促成双方的和谐统一。要使语言得体，一是讲礼貌，多说"请"、"谢谢"、"对不起"；二是讲耐心，不要轻易打断对方的谈话，坚持听完对方的谈话；三是讲分寸，不夸大，不缩小，不说过火的话和力所不能及的话；还要讲温和，不用过激词语，不摆逼人气势，刚藏柔中。

2. 做好家庭访问

家访是班主任协调家庭教育力量最常用的形式，是沟通学校与家庭的重要渠道。家访对于深入了解学生、了解学生家庭状况及其对学生的影响，解决个别学生的特殊问题，增强教育的针对性有独特的作用。同时，它还是向家长宣传家庭教育的知识和方法，逐步提高家庭教育水平的大好时机。通过家访还可以缩小学校与家庭、班主任与学生及其家长之间的距离，促进学校教育与家庭教育的结合。所以，它是协调家庭教育力量的基本形式，也是班主任的经常性工作。班主任必须有计划、有步骤地对所有学生家庭进行访问。

3. 召开民主开放式的家长会

家长会议是学校邀请家长参加学校教育工作的重要形式，也是班主任同学生家长集体联系的基本形式。这对学校与家庭保持密切联系，促使家庭教育与学校教育同步进行，形成集体的教育智慧，具有重要的作用。

4. 利用家长学校与家长沟通

家长学校是近年在我国产生的新事物。它的目的与任务是帮助家长掌握和了解教育理论，提高教育水平，保持学校教育与家庭教育的和谐一致。伴随着素质教育的不断普及与深入，家长学校作为家校合作的有效形式越来越受到重视，许多地方纷纷办起了家长学校，对家长进行相应的教育知识和家庭生活知识的宣传和教育。帮助家长更好地了解孩子成长的历程；加强亲子之间的交流；认识一般家庭在不同阶段容易发生的危机和预防措施；明确他们以及孩子在家庭和社会中的角色；加深他们对日常生活复杂性的理解，从而使他们在需要抉择时能有更宽广的知识背景。

班主任可以充分利用家长学校，帮助家长了解孩子的生理、心理特点，掌握正确的教育方式，协调和促进学校与社会、学校与家庭的联系，达到全面培养人才的目的。在家长学校，班主任可以做心理学、教育学方面的专题讲座，使家长掌握系统的心理学、教育学知识。这既有利于提高家庭教育的整体水平，又能让家长了解班主任的责任感，佩服班主任的业务水平，因而更主动、更有效地配合班主任的工作。

5. 与家长建立通讯联系

班主任的工作是繁重的，时间有限，加上目前学校班型较大，不便于经常对所有的学生都进行家访，通讯联系也是与家长进行沟通的一种很好的形式。

6. 办好家长开放日

近几年，在一些学校实行家长开放日，邀请家长前来学校参加各种活动，使家长们通过听课观察学生活动，与教师、同学交流来了解、熟悉孩子的教育环境以及老师和同学们。

听课，是家长开放日的主要内容。家长参与教学对师生都是很好的促进。首先，它把教学活动放在公开的监督之下，有利于教学质量的提高。其次，有利于家长了解学生在学校的学习状况。有一位家长在小组教学时听自己的孩子代表小组发言而且很有深度，高兴得不得了，课后他对教师说："孩子在家里很少讲话，真想不到他的口才这么好，谢谢你们的班集体，谢谢你们的课堂教学改革。"并且表示今后将更多地配合学校，教好孩子。再次，有利于家长了解孩子所生活的班集体的状况以及孩子与同学之间的差异，使得教育更具针对性。

7. 努力做好家长来访的接待工作

接待学生家长来访是班主任工作中经常碰到的一项内容。要提高访谈质量，达到预期的效果，作为班主任应注意以下问题：

（1）接待要热情。班主任在接待学生家长来访时，首先要热情，让家长有一见如故之感，哪怕学生已经发生比较严重的违纪问题，也应在宽松气氛中处理。当家长感到班主任是诚心诚意的，没有因为学生犯错误而另眼看待时，家长才能放下心来协助班主任并同班主任一道交流学生的情况，商讨如何采取措施做好学生的思想工作。

（2）选择谈话地点，创造宽松的谈话环境。良好的谈话环境不仅有利于消除访谈双方的顾虑，而且有助于双方推心置腹地交流学生的情况，尽快地达成教育学生的共识。谈话不适合在大庭广众或有噪音的地方进行，或当着局外人的面大谈学生情况。否则，会人为地筑起访谈双方交心的障碍。有的教师认为与家长谈话的地点在操场边、走廊以及过道旁的绿荫树下较为合适。

（3）注意谈话技巧，调动家长说话的积极性。首先，班主任的谈话要做到宽严有度。严，是指反映学生违纪情况或其他不良行为时不仅严肃，而且要谨慎，对学校已形成定论的处理意见既要坚决执行，又要作好向学生家长解释的工作；宽，是指在反映学生违纪情况或不良行为的同时，实事求是地点出学生的闪光点并进行客观地评价。这一宽一严的目的在于既给家长以压力，又让家长有信心。其次，倾听家长说话，认真记录。最后，班主任提出近期转变学生思想的初步计划，请家长谈谈看法。

（4）谈话时间要适度，切忌冗长拖沓。在弄清问题，找出解决问题的办法和途径之后，班主任应该果断地结束谈话内容。这时，班主任要注意做到：对本次谈话进行小结，态度要庄重；再次征求家长意见，对家长再次提出的问题，要不厌其烦地解释，让家长弄懂直到满意为止。对一些尚待解决的问题，也要同家长讲明白。

访谈结束后，班主任自己还应严肃认真地考虑谈话过程中的不足之处，认真总结本次谈话的经验教训，克服缺点，以便今后改进。

（二）帮助学生家长树立正确的育人观念和思想

班主任有责任帮助家长树立正确的育人观念和思想，提高教育孩子的水平，使家庭教育同班级教育相一致。例如，学生的学习问题，有的家长常常不是从学生的实际出发，而是从自己的想象出发，达不到要求，便火冒三丈，决不允许孩子退步。还有的家长认为孩子小学是全班的前几名，为什么到了中学就下降了。许多问题班主任必须给予回答。班主任正确的认识会直接影响到家长对学生、对班级中发生的事，对与学生相关的人的认识，而家长在认识上提高，会增强班级管理工作的基础。提高家长教育孩子的水平，是班级管理中必不可少的重要内容。

首先，家长要有教育子女的正确观念和科学方法。要制订教育孩子的整套措施，并使之随着孩子年龄的不断增长和出现的新情况、新问题而适时加以调整，应有一贯的措施。

其次，积极配合学校推进素质教育。素质教育是基础教育领域里的一次深刻变革，它将从根本上消除"应试教育"的弊端，促进受教育者在德、智、体诸方面生动活泼地发展。家长要为配合学校推进素质教育多做工作，要严格按照素质教育的要求教育培养孩子，使孩子学会做人，学会求知，学会劳动，学会生活，学会健体，学会审美，全面发展，健康成长。

再次，家长应保持与学校、教师的密切联系，应主动到学校了解学校的教育内容以及孩子在学校的表现情况，同时与教师共同商讨教育孩子的最佳办法。班主任会经常听到这样的话："老师，请您对孩子严加管教，我们讲的话孩子不听啊！"从父母是孩子的第一任老师这个角度来说，如何让孩子听得进家长的话呢？由于这是一个普遍性的问题，所以要建议家长与孩子说话时要注意：

1. 说话注意体现教育性。孩子犹如一棵幼苗，需要阳光雨露。父母应在平时与孩子的交谈中了解孩子的所思所想，抓住契机，对孩子实施良好的家庭教育。

2. 说话要注意有积极性。家庭是孩子成长的第一摇篮，父母的一言一行都直接影响孩子的成长。父母思想先进，说的是积极的话，孩子也会对生活充满信心，昂扬向上，积极进取。父母若长期在孩子面前说些消极落后的话，孩子就会"看破红尘"，一天比一天颓废起来。比如下岗的父母应该说："我之所以下岗，就是因为技术不强，业务不硬。社会规律本来就是优胜劣汰，你要发挥年少的优势，学好过硬本领，以便将来在竞争中成为佼佼者。"这样说就具有发人深省的意义，它能激发孩子积极进取，追求不止。

3. 说话要注意寓含风趣性。现在的家庭大多数是独生子女，父母望子成龙心切，对孩子期望值高。因此，孩子总觉得与父母在思想和感情上有一道无形的鸿沟，总不敢也不愿意与父母进行"朋友式"的谈心，又很少与外界接触，久而久之很容易形成孤僻的性格，这对孩子日后踏上社会，进行交际极为不利。所以父母平时与孩子交谈时应尽量风趣一些，这样有利于家长与孩子拉近距离，有利于创建和睦的家庭氛围，有利于培养孩子乐观的性格和幽默的语言技能。每位家长在孩子面前都应该思考一番，该说什么，不该说什么，怎样说……这样，在孩子面前说话的权威性就高，艺术性就强，孩子也就更容易接受。家庭教育具有学校教育不可替代的作用。现代教育科学研究表明，家庭教育与学校教育的方向是否一致，决定着教育的成败。当二者顺向同步发展时，能成倍提高教育孩子的效应；相反，消极的家庭教育，将严重削弱和抵消学校教育的效果。

三、中学班主任与社会教育力量的整合

现代社会呼唤着高素质的人才，能适应21世纪知识经济时代人才的培养已不是单靠学校所能实现的。改革开放以来的一系列法规明确地指出了当今的教育渠道，特别提出："各级教育行政部门要主动协助政府并会同有关部门，积极开发利用社会的德育资源……""教育行政部门和学校应采取有效措施，充分依靠关心下一代协会、社区教育委员会和街道委员会、村民委员会以及各种社会团体，并同所在地的机关、部队、工厂、商店等单位建立固定联系，发动、协调社会力量支持和参与德育工作，逐步建立学校与社会相互协作的社会教育网络，共同营造关心下一代健康成长的良好社会教育环境。"

（一）班级是社会的投影

建设与培养班集体，不能离开社会这个大背景。班级是一种社会体系，如果离开这一点，把班级封闭起来，孤立地看待或孤立地进行教育活动；或是不注重班级的社会情境，不去利用班级中师生以及学生之间的交互作用，那么，班级的社会功能就会减弱，班级中培养出的学生就缺乏社会适应能力。同样，离开社会因素，离开学生个人的社会性，也会使班级活动失去活力。

班级是社会的投影。我们不说它是社会的缩影，是因为它还不具备构成社会的各种因素，但班级群体内却无时无刻不反映着社会的情境——社会的价值观念、社会的风气、社会人际关系中出现的各种问题，以及社会

变化的反映，等等。社会呈现复杂性，班级集体中学生就反映出相应的复杂性，这不仅增加了教育的难度，而且也不难看出班级集体与社会的密切的关系。

生活在班级集体中的教师，任何时候都要认识到班级集体中的学生是社会的人，自己是在为社会培养人。严格地说，学生是在学习做社会的人，我们的教育就是把"自然人"培养为"社会人"的过程，这个过程是如此的复杂，一方面是学习，一方面又要克服学生身上的不良"存在"，这正是教师在班级集体中，组织教育活动的困难之处。同时，学生的个体选择，他们对社会认识的不同来源和青少年认识上容易出现的片面性，更使班级集体"矛盾重重"。这使我们进一步认识到班级与社会的密切关系，这是每位班主任始终不能离开的问题，并且这也是教育学生、组织班级活动时不能离开的背景。

（二）社会教育力量整合的渠道与方法

班级活动、学生个人都与社会有着广泛的联系，因此，班主任协调社会教育也是多渠道的，并且要采取与之适应的工作方法。

第一，班主任与社会各方面加强联系，争取社会参与学生的教育。

协调社会教育力量，首要是争取社会力量，使社会力量关注、参与学校的教育。社会上各种部门都有自己的工作方向，他们不可能把教育学生的工作作为自己的主要任务，但社会上各种部门又都有教育下一代的义务和责任。这就要求班主任广泛地联系社会，争取社会对学校教育工作的参与和支持。每位班主任都要选定一些固定的联系单位，向他们讲解和宣传教育学生的思路，要求他们给予支持和协助。有可能的话，请这些单位共同参与教育学生的活动，并以一定的形式确定下来。学校所在的社区不同，可能遇到的单位也不一样，但从中挖掘教育学生的因素却是能够做到的。这些单位有的是机关、部队，有的是社会团体，有的是社会教育机构，也有的是居民组织……他们都有各自的能量和教育学生的作用，班主任应主动去与他们联系，并做好协调工作。班主任又要联系一些有影响的人物和热心教育青少年的人物，请他们参与学校教育活动。这些人物最好就在学校附近，他们与学生生活在同一环境当中，比较熟悉学生的校外活动,参与教育学生活动比较方便和有针对性。班主任更要给学生创造走出校门的各种机会,使学生更接近社会,更能感受社会上积极健康促进人向上的东西。做到这点,就要求班主任选定比较固定的单位,有比较固定的活动时间,能得到比较固定的组织管理。这种比较固定的活动单位,也会因为学校社区环境不同而有所不同,班主任应因地制宜。其主要活动方式和原则是让学生受到教育和有事可做,或参加一定的劳动,或参加一些公益活动,或做一些力所能及的事情,但能受到教育是主要的。

协调社会教育是比较复杂的事,容易流于形式。所以,班主任一定要做有心人,去努力发掘社会可教育学生的力量和因素;二要有主动精神,要千方百计"找"上门去;三要注意有实在的内容,有吸引学生的因素;四要持之以恒,并能及时调整有关的活动。这里要力戒形式主义,力戒有头无尾,力戒无的放矢。

第二,敏感地了解社会信息,把握社会动态,争取"先入为主"地教育学生。

在相对静止的社会环境下,社会环境对学生的影响比较好把握,班主任也比较容易做好协调教育的工作。处于发展变化较快的社会环境下,学生的社会信息源广泛,并且获得信息较快,也容易受到不同的影响。当今社会传递信息的媒介,如报刊、广播、电视、电影以及学生之间的口耳相传等,都不断给学生带来新的信息。这使学校教育内容更加丰富多彩,使学生变得"见多识广",但也会给学生带来不良影响,又使班主任对学生的教育工作增加了难度。在这种状况下,班主任协调社会教育,就会不断出现新课题、新内容和新矛盾。因此,班主任必须善于调节社会信息,善于把握社会信息渠道。

班主任首先要了解学生的信息源,了解学生接受社会信息的意向和态度,了解学生接受社会信息过程中的反馈规律。了解的目的是据此扩大班主任的信息量,以求得教育学生的发言权。不了解学生的信息源和接受信息的反馈规律,就难以在教育学生中有的放矢。要做到了解学生的信息源和接受社会信息的反馈规律,班主任必须广泛接触学生、广泛了解社会。要做到利用社会信息教育学生,班主任又必须关心社会形势、研究社会动

50

向并对社会重大问题敏感而有见地。

在学生与社会接触中，也会出现不健康的，甚至是有毒害的社会信息。因此，班主任要培养学生识别判断能力，把正面的、积极的东西先教给学生，把基本原理先教给学生，使他们自身产生一种力量。这种力量就是对有害的东西的识别能力、分析能力、批判能力和免疫能力，以至更高的自我教育能力。学生有了这种种能力，就能够使他们在不良的社会信息面前知道怎么办，从而能够使自身"健壮"，并能够适应社会生活。班主任除了根据社会情况，教给学生基本的道理外，还要经常地组织学生分析和评论某些消极的社会现象，使学生成为不良社会现象的抨击者和揭露者。这样做的进一步意义是，使学生能与消极的、有害的社会信息划清界限，能成为在有害社会信息面前的主动者、进击者。在有害社会信息面前学生以什么状态出现，不仅对他们的"现在"有意义，而且对他们将来到社会上生活也有意义。对有害的社会信息，要让学生以主动者的身份去识别、批判。进击的另一方面就是班主任教师不要"代替"学生去"对待"有害的社会信息。有的班主任教师习惯于在学生面前揭露和批评不良的社会现象，习惯于对学生采取一些"禁止"和"防御"的措施，以为这样就可以"放心"了。其实，班主任的认识和感受不等于学生的认识和感受，要学生被动地接受某种道理，遇到具体问题时，这种"认识"常常就变成"外在"的东西，其教育力度就不一定很强。对已经受不良社会信息影响的同学，班主任也要分析和采取适当的教育对策。所谓分析是指分析学生受影响的原因和渠道，除了教育学生提高认识、增强判断是非的能力外，主要是采取帮助这些学生开拓"接触"面，给他们创造更多地选择积极的社会信息的机会。这样做对青少年学生是很有益的，也是一项很好的教育方法。学生沾染不良的习性和毛病，一般都不是很深的，不会"刀枪不入"、"不可救药"，教育他们主要是从"另外"的方面发现和发掘他们的闪光点，并寻找适合他们特点和兴趣的事物，也要给他们"发挥"的机会。

第三，创造条件建立学校、社会、家庭的联合教育组织，形成协调社会教育的合力。

协调社会教育不能是学校"需要"什么就到社会"借助"一下，而要争取社会教育力量成为教育学生的一个有机部分。为此，班主任首先必须认识、研究社区教育环境，选择可以协调的社会力量，力争这些"力量"主动、积极地形成对学生的责任感。社区环境不是所有条件都适于教育学生，因此班主任要有所选择。选择的依据是该部门有教育学生的条件，有热心教育学生的人，二者缺一不可。有的部门确实有教育学生的条件，但缺乏热心人或是缺乏责任感，这样的部门对学生的教育工作就很难起到作用。其次，在协调社会的教育工作中，班主任应主动争取，应该把协调社会教育的工作看做自己的工作内容和应尽的责任。因为学校是从事教育工作的专门机构，而其他部门则另有社会责任和义务，所以班主任应去主动争取、主动协调。再次，班主任在协调社会教育工作中，仅仅争取社会的支持还不够，还要发动有关部门和各种健康的社会力量以及家长，联合成一个机构，形成一种组织。这种跨行业、跨系统的组织对教育学生是有利的方式，其优点是：①参加者都要负一定的责任，这样协调社会教育学生的工作就不至于落空；②有利于与学校班级工作密切协调，加强针对性，并能成为班级工作的一个部分，这样就增强了班主任的工作力度；③参加人都是社会有关部门的代表人物，有利于带动社区内其他人关注或参加教育学生的活动，有益于形成教育的合力；④能使学生有更多的机会更广泛地与社会接触，使学生能从社会上得到更多的正面社会信息，有利于学生增强适应社会的能力。

建立社区教育组织，要有工作目标、工作内容、工作要求、具体的活动方式和责任者。因为这是一个承担一定社会责任的教育组织，要得到有关领导许可和支持，并给予各方面的保证。这个组织应以班主任为主做协调工作，定期召开会议，商讨教育内容，研究教育措施，落实具体活动责任人，定期总结工作等。这种形式的教育组织，因学校所在地的不同，其参加者和部门的层次也会不一样，但只要组织得好，责任到位，班主任和其他成员重视，其效果是会相当好的。这种社区教育组织有其条件的局限性，因此不宜过多地开展活动，但要经常地有计划地开展活动，并且力求与班级活动密切配合。

班级管理篇

难点五　如何加强班集体建设

班集体是学校教育和教学活动的基层组织形式，而班集体更是人的发展和个性完善过程中能产生巨大教育功能的教育载体，是学生赖以学习和生活的主要环境和社会组织，是学生进行社会交往的重要舞台。马克思曾指出，只有在集体中个人才会获得全面发展其才能的手段。班主任是一个班级的领导者、组织者，所从事的班集体建设，从理论角度看是班主任工作理论的重要组成部分；从实践角度看是班主任工作实践中的主体任务。

班集体建设是一个相当复杂的系统工程，其中有着许多不确定的因素。班主任必须从理论的高度把握正确的原则方向，才能抓住关键，才能搞活系统，才能使班主任工作的方方面面都能协调运转起来。因此，班主任应当努力掌握班集体建设的理论，了解班集体建设的规律，让班集体成为学生健康成长的家园。

一、中学班集体对中学生的影响

（一）班集体概述

一般地说，集体是指为了实现具有社会价值的目标而严密组织起来的有机构、有纪律、有核心，心理上团结相容的个人集合体。它是一般社会群体发展到高级阶段的特殊形态。

苏联社会心理学家曾指出："首先，集体是为达到一定的、为社会所赞同的目的的人们的联合体（从这个意义上说，不能把联合起来的反社会的团体，如违法者团体称为集体）。"这里强调了集体方向必须具有积极的社会意义。

其次，集体必须具有自己的组织机构。苏联教育学家马卡连柯认为："集体是一种具有一定目的的个人集合体，参加这一集体的每个人是被组织起来的，同时也拥有集体的机构。""集体是活生生的社会有机体，它之所以是一个有机体，就因为那里有机构、有职能、有责任、有各部分间的相互关系和相互依赖，如果这样的因素一点也没有的话，也就没有这个集体了，所有的只是随随便便的一群人罢了。"可见，集体是指为了实现具有社会价值的目标而严密组织起来的有机构、有纪律、有核心的个人集合体，它是一般社会群体发展到高级阶段的特殊形态。集体不同于一般的群体，它必须有共同奋斗的目标，有自己的组织机构，有自己的行为规范，有良好的人际关系及稳定的核心。因此，集体不同于群体。

所谓的群体，一般指有某些相同的心理，以特定的方式组合在一起进行活动并且能够相互影响、相互制约的人群，或称为"团体"。群体并非"乌合之众"，其特点在于：①有共同的社会需要或社会目标；②有一定的结构形式，组织成员相互交往或协同一致完成共同的任务；③有共同的心理倾向和行为规范，并相互影响、相互制约。根据这些特点，一般把家庭、学校、班级、机关团体，部队等都称为群体。

群体可以从不同规模的角度分为大型、中型和小型群体；还可以从组织的严密程度分为松散的群体（如旅行团、家长委员会）和严密群体（如党团组织）；还可以按社会的规定分为正式群体（如班级）和非正式群体（如业余的兴趣小组）等。集体是群体的一种特殊类型，是由群体发展而来的。有些群体本身就是集体，但是有些群体始终没有发展成为集体。

显然，班级（或班集体）与非集体既有联系也有区别。把一个由几十名年龄相近、文化程度大体相同的学生组成的聚合体只能称其为班级或班群体。一个班级发展成班集体必须具有以下特征：

1. 有共同的奋斗目标和为实现这一目标而进行的富有教育意义的共同活动。目标是集体的发展方向与动力，它具有指向、激励和凝聚集体的作用。培养班集体首先要使集体明确奋斗目标，把个人目标与集体目标统一起来并使个人目标纳于集体目标之中。明确的奋斗目标能将人的需要变成动机从而推动行为，按目标的要求控制、修正自己的行为方向，同时给人以力量去克服困难、排除障碍，一步步地达到目标。一个共同的奋斗目标对群体的行为产生凝聚作用。它既是群体转化为集体必不可少的要素之一，同时也是增强集体的向心力，指引着集体前进的方向和动力。正确的目标必须在正确的政治方向指导下，既能反映时代的要求，又能被全班学生所接受。社会主义学校班集体的共同目标，就是把学生培养成为全面发展的社会主义事业的建设者和接班人。集体活动是实现共同奋斗目标的途径，没有集体活动也就没有共同奋斗目标的实现。集体活动要求围绕着一个共同的目标，每个人完成集体分配的一项具体任务。集体在活动中前进，个人在活动中发展。

2. 有健全的组织机构和一定数量的有权威的班级干部组成的坚强领导核心。马卡连柯认为："集体是有目的的个人集合，参加这一集体的每个人是被组织起来的，同时也拥有集体的机构。凡是有组织的地方，那里就有集体的机构，那里就有受集体委托的那些全权代表人的组织存在。"由此可见组织机构在集体中的重要性。一个班集体应该拥有自己的组织机构，即是由全体成员以民主的方式选举出来的班干部组成的领导核心。这一领导核心有严格的组织性和纪律性，在同学中享有较高的威信。

3. 有正确的集体舆论和良好的传统和班风。集体舆论是在集体中占优势的，为多数人所赞同的言论和意见。正确的舆论是集体自我教育的手段，也是衡量班集体是否形成的标志。健全的班集体还要具备优良的班风。所谓班风即是指在班集体中引人向上的风气，它调节着集体成员的行为方式。班集体在形成与发展过程中，逐渐使班级的好传统成为集体的优良作风。集体有优良的作风和传统，就会变成一个大熔炉，新的成分进来就会被熔化在里面。正确的舆论、良好的班风，对巩固班集体起着举足轻重的作用。

4. 有严格的规章制度与纪律。规章制度是维持集体内部的团结，协调集体中的人际关系，指导每个集体成员行为的根本准则。一个班集体必

55

须从实际出发，经过全班学生共同讨论制订出切实可行的规章制度，并要求学生严格遵守执行。纪律是文明社会或学校的各种行为规范，是形成和发扬正确舆论和作风的保证。马卡连柯说："应该给儿童暗示和提出一个重要理论，这就是纪律能美化集体。"严格的规章制度与纪律对学生既有导向作用又有约束作用。组织健全，职责分明，又有共同遵守的行为准则，班里便形成了有人负责、有章可循的集体模式。

5．有平等和谐的人际关系。班级中的人际关系主要是指班主任与全体学生之间的关系、同学之间的关系、班干部与其他同学之间的关系以及班主任与班干部之间的关系。其中师生关系是较难调节和把握的，因而班主任在这一集体中地位特殊，影响较大，要由胜任其职的教师担当。

以上是作为一个健全的班集体必备的五大特征。目标是方向，领导是核心，组织机构是骨架，人际关系是基础，活动是动脉，舆论是灵魂，组织制度是保证。它们互相制约，互相促进，形成结构完整的统一体。

（二）班集体建设的意义

班集体是一种具有很强约束力的组织形式，在学校中它既是教育的客体，又是教育的主体，正如马卡连柯所说："教育了集体，团结了集体，加强了集体，以后集体自身就成为很大的教育力量。"全班学生在集体的教育下，培养了自我教育能力，增强了集体责任心和荣誉感，自觉自愿地学习、活动，从而保证了班集体各项教育活动的顺利进行。

1．能促进学生社会化发展

"班集体"指的是有着统一的领导核心、共同的目标以及能协调一致行动的学生群体，其目标、机构、规范等都是宏观社会环境的折射和反映。班集体沟通了学生与宏观社会环境的联系，为每一个学生的个性社会化提供了一个有目的、有计划、有控制的良好的微观社会环境，可以说班集体是学生个体进入未来社会的通道。班集体是学生赖以学习和生活的主要环境和社会组织，是学生进行社会交往的重要舞台。学生在班集体中学习和掌握各种知识技能、行为方式、道德准则和价值规范。通过彼此交往、相互理解、相互模仿、相互感染，从而促进共同发展，使他们能够顺利地摆脱成年人的支配而独立地走向社会。

2. 能促进学生个性化发展

马克思说："只有在集体中，个人才能获得全面发展其才能的手段，也就是说，只有在集体中才能有个人的自由。"个性只有在集体环境中才能得到比较和体现，也只有在集体活动中才能形成和发展。

良好的班集体是一个没有天花板的舞台，为每一名学生的个性发展提供了广阔的空间，每个学生根据各自的兴趣、爱好和特长以及班集体的需要，都能在集体中找到一个适合自己活动和工作的角色和位置，并在集体的要求和鼓励下，使自己的兴趣、爱好和自治自理能力等在实践中不断得到锻炼和发展。无论班集体对学生个人表现是赞同、表扬还是反对、批评，都为学生个人的发展指明了方向，给予学生精神的激励和鞭策，成为学生个性和才能发展的强大动力支持。从这个意义上说，班集体是发展学生个人才干的最好环境。同时，班集体又给学生个性形成和发展提供了良好的社会心理氛围，在这种心理氛围的笼罩下，集体成员的感觉良好，心情舒畅，各种潜能都会得到发挥。离开了集体对个人的约束和促进，个性的发展就会受到影响。

3. 能促进学生素质的全面发展

班集体在建设过程中，以全面提高学生德、智、体、美、劳各方面的素质为总目标，统筹规划，从学生身心发展的特点和可能性出发，全面设计、安排各项工作；每个学生也以此为个人奋斗目标，积极主动地参与班集体建设。夸美纽斯曾这样分析："在学生方面，大群的伴侣不仅可以产生效应，而且也可以产生愉快……因为他们可以互相激励，互相帮助。……一个人的心理可以激励另一个人的心理。"通过有领导、有组织、有主观能动性的班集体建设，可以满足学生的各种需要。

（1）集体能满足青少年儿童交往的需要

随着年龄的增长，青少年学生对交往的需要非常强烈。特别是少年期和青年初期的学生，他们离不开班里的同学，否则，就会感到寂寞和痛苦。对于他们来说，集体的吸引力超过了家庭，他们有许多心里话愿意对朋友讲，而不对家长讲。在与同龄人的交往中，他们越来越感到被理解的幸福。

（2）集体能满足青少年儿童归属的需要

所谓归属的需要，是指个体愿意归属于某一团体或某一集体的愿望。这是人们普遍具有的心理需求。对于青少年儿童来说，他们成熟度低、阅历浅、经验少，常常感到一个人身单力薄。他们害怕孤独，缺乏安全感，容易产生焦虑。他们希望自己能受到某个群体的关心和保护，并愿意归属于某一群体，被某一群体所接纳，集体能使他们的这种需要得到满足。

（3）集体能满足青少年学生爱的需求

青少年不仅需要得到父母的爱，他们更需要得到他人的爱，得到老师和同学的爱。一个良好的集体总是充满爱，师生之间、同学之间关系融洽，相互尊重、相互理解、相互关怀和相互爱护，在集体中，青少年儿童对爱的需求可以不断得到满足。

（4）集体能满足青少年学生自尊的需要

每个人都有自尊的需要。一个真正的集体，学生之间、师生之间相互尊重，都享有平等的权利，每个人都有自己的"位置"。个人的聪明才智可以得到发挥，个人的成绩可以得到他人的肯定，同时，集体也为他们自我表现与自我肯定的需求提供了充分的机会，使自尊的需要得到不断地满足。

（5）集体能满足青少年学生成就的需要

青少年儿童普遍具有一种探索、创造并且取得成就的需求。每当他们通过自己的努力，在德、智、体诸方面取得一点点成绩的时候，他们就会产生一种积极的情感体验，就会感到一种精神上的满足。然而个人的力量毕竟是有限的，在集体中，他们能够得到他人的帮助和支持，于是，他们越来越深刻地体验到集体的力量，体验到只有依靠集体才能取得更大的成就。

在集体中，学生们的多种需要不断得到满足。同时，通过教育也使他们逐步认识个人与集体的关系，认识到个人服从集体的意义，认识到集体的团结、统一的价值，认识到每个成员对集体应负的责任和应尽的义务。并且真正形成了集体意识，产生了集体的责任感、义务感和荣誉感，使全面发展的素质教育目标扎扎实实地落到每个学生的身心发展上，从而促进学生素质的全面发展。

（三）班集体建设的方法

班集体建设是一项复杂的系统工程，班级情况不同，所采取的方式和方法必然不尽相同。但总的来说，班主任要掌握如下基本方法：

1. 了解学生和班级各方面情况

摸清班情是建设班集体的基础。只有把班情掌握得清楚，才能正确判断班级在德、智、体诸方面的实际情况，才能准确地找差距和确定奋斗目标，使班级建设增强针对性，减少盲目性，提高工作效率。

班主任需要了解的基本内容主要有：①学生的基本情况。如班级人数，男、女生各多少人。②班级（除新建班）原来的状况、舆论、人际关系、班风、管理机构、班干部工作作风与能力等。③学生的品德情况。如学生的政治思想、道德品质方面以及集体观念、劳动积极性、文明礼貌等。④学生的学习情况。如学生学习目的是否明确，学习态度是否端正，学习方法、学习能力如何以及学习兴趣和学习潜力。此外还要了解学生各科的原有基础及薄弱科目，等等。⑤学生的身体状况和心理特点。这主要指学生的身体发育情况，身体素质健康水平，是否患有不适宜剧烈运动的疾病。此外还要了解学生的气质类型和性格特征，等等。⑥学生的家庭背景及成长经历。如学生的家庭结构，经济条件，家庭所能提供的学习条件，家庭成员的职业、文化程度以及学生从幼儿园、小学到中学不同阶段的成长情况。

要真实、准确、详细、全面地摸清班情，需要进行必要的调查。调查的方法有多种形式，如直接谈心，也可以走访前任教师，查阅书面资料，了解家长、邻里。必要时，也可进行问卷调查。

2. 分析情况，制订目标

制订目标是开展班级建设的关键环节。因为，班集体奋斗目标一经提出，就为全班同学明确了奋斗方向，促使班集体沿着德、智、体全面发展的轨道前进。

制订班集体目标的原则以及如何内化为学生的成就动机问题，这里必须强调两点：①分析情况，要找准班集体的主要矛盾、当前必须解决和可能解决的问题，先抓一两个问题，抓住就深入，务求做出成绩。然后制订目标,特别是近期目标,一定要具体可行,落实到小组和个人。②目标制订要做到学校的计划、临时性的任务等要与班集体日常的工作融合起来,否则千万条线都往一个针眼里钻,会使班主任手忙脚乱;还要与学生课堂融合起来,因为班级的大部分时间都是课堂教学活动,不要只在课外有限的时间内才想到建设班集体。这都是制订目标时必须考虑的,要与学生的自我教育目标融合起来,使每个学生的目标都是班集体总目标的一部分。

班级目标产生的方法,可以由班主任经过认真考虑和准备后提出,然后由班级核心及全班同学讨论通过;也可由下而上,发动同学酝酿产生初步意见,然后经班级核心及班主任认真归纳研究产生。总之,一定要重视发挥学生在制订班级目标中的积极性和主动性。在制订目标过程中学生们越主动,那么,在将来实施中他们的积极性就越高。

3. 确立班级核心

班级核心是班集体建设的指挥部,一般指班委会(中队委员会)和团支部组织。班干部、中队委员、团支委和班级骨干,应当是班级全体学生的优秀代表。他们是班级的中坚力量,是正确舆论的实践者,是实行班级制度的示范者,是开展班级教育活动的带头人。实践证明,班集体内聚力的强弱和良好班风能否形成,都与班级核心骨干能否发挥作用密不可分。因此,班主任在确定核心成员的时候,应持认真、慎重态度。

选定班级核心骨干,尤其是确立主要班干部的时候,应当把握一定的标准。如必须思想进步、品德端正、是非分明,学习成绩较好,有健康良好的人际关系,有一定的组织能力和语言表达能力,有甘愿为大家服务、热心为集体办事的精神等,同时,适时实行干部轮换制。

4. 保障教学活动、课外活动正常运转

班集体建设的任务之一,是保障课堂教学活动和有益的课外教育活动正常进行;而课堂教育活动和课外教育活动的正常进行,必然会大大促进班集体建设。可见,组织正常、有序、高效的课堂教学和课外活动,是造就良好关系的条件和保证。抓好课堂教学和课外活动质量,是建设良好班集体的迫切需要,是班主任的主要工作之一。

课堂是学生德、智、体、美、劳五育得以共同提高,综合素质得以全面发展的主要渠道。因此，班主任有责任追求和培养正常、有序、生动、高效的课堂质量。同时，班主任应当努力成为教学的强者，视提高全班学生学习积极性和学习能力为己任。通过课堂教学活动，全班学习风气日浓，同学间能互相交流、切磋，这种良好的学风、班风自然会对班集体建设起到决定性的推动作用。

课外教育活动，为学生全面发展和不同方向素质的提高进一步提供了阵地、场所和条件。尤其是对有兴趣爱好的同学，使他们有了用武之地。通过各项有益课外活动的开展，全班同学备加热爱给予他们无限乐趣与温馨的集体，倍加敬重指导他们开拓知识视野的教师。这种和谐、向上的良好氛围，不仅有益于班级凝聚力的早日形成，而且对班级建设一定会起到不可估量的促进作用。

总之，从掌握班情到确立目标、选择核心，可以说都是为课内、课外的工作运转服务的；而提高课内、外活动质量既是班集体建设最重要的组成部分，又是班集体建设的出发点与归宿。

5. 定期评价

评价，是对班集体建设的各个环节及有关工作进行科学地、客观地分析、评估。评价分为定期评价和不定期评价。

评价内容一般以班集体的六项标准为向导，要把成绩谈透，把问题找准。六项标准是：班级目标、班级核心、班级制度、课内外活动、班级人际关系、班级舆论导向等方面。

评价形式分为自我评价和客观性评价。自我评价可采用问卷形式、座谈形式等；客观性评价可以请任课教师、校领导、家长及社会有关方面评价。真正客观、有效的评价，既可以总结以前的成绩与不足，找出差距，也可以为下一步班级的发展提供依据和先导，为新的发展奠定良好的基础。

总之，班级建设是一个长期的过程。在这一过程，班主任必须不断加强自身修养，不断改进工作方法，积极探索班级建设的规律，运用更多的管理艺术，努力将班级塑造成为一支具有高凝聚力、吸引力和感召力的队伍。

二、确立班集体建设的奋斗目标

一个集体不论大小，在一定时期必须要有一个符合该集体实际的共同的奋斗目标。没有一个共同的奋斗目标，这个集体的力量形不成强大的整体合力，就是分散的、零碎的。这是对一个集体进行有效管理的重要内容。

（一）班集体目标的教育功能

马卡连柯说："集体并不等于一群人，而是一个有目的组织起来进行活动的机构，是一个有活动能力的机构。"班集体共同的奋斗目标是国家教育方针和培养目标的具体化，是社会期望的综合反映，是班集体工作的出发点、评价标尺和班集体前进的动力。它体现了全班学生的共同理想和追求，是班集体从事各项教育活动的指向。正确的奋斗目标是班集体形成和巩固的必要条件，是维系师生良好关系的纽带，是班集体不断前进的原动力。一个没有正确奋斗目标的班级，人心涣散，就像"一盘散沙"，无法形成合力，甚至会使班级的一些不良风气抬头，造成班级秩序混乱，日常教育活动不能正常进行。共同奋斗目标确立的成败，关系整个班集体建立的得失，只有不断确立正确的共同奋斗目标，才能指引班集体在正确的轨道上行进。

班主任可根据本班级的实际，充分集中班内其他任课教师和全体学生的意见，每个学期或半个学期为班级制订一个可行的奋斗目标，用这个共同的奋斗目标去吸引、鼓舞和督促大家为此去共同努力，也要用这个共同的奋斗目标引导和激励学生去时刻自觉检验自己的言行是否符合班级的制度规范，是否有利于实现班级这个共同的奋斗目标。在学生为实现班级共同的奋斗目标而努力的过程中，可大大提高全班同学的整体素质，培养学生团结一致的集体主义精神，以及克服困难的顽强意志。班级管理实际上就自然而然会形成一种自律与他律结合，自我努力与相互帮助结合，相互监督、相互教育，共同进步的良好的班级运作格局。

（二）制订班集体目标的原则

班主任引导全班学生建立班集体奋斗目标时，必须遵循下列原则：

1. 指向性原则

所谓目标的指向性是指所建立的目标决定班集体教育活动的努力方向及达到的程度。任何集体目标都具有方向的规定性。只有正确的集体目标，才能把集体活动引向正确的方向，取得良好的教育效果。班集体共同奋斗目标是班集体活动的风向标。正确的指向使班集体充满活力，蓬勃向上。错误的指向使班集体迷茫不前，甚至走向倒退。所谓"失之毫厘，谬以千里"，在共同目标的指向性上必须符合教育方针和实际情况。班集体共同奋斗目标的制订应以国家的教育方针和学校的培养目标为依据。例如，当前教育目标是实施素质教育，实现人的全面发展，那么班级目标就应根据素质教育要求，在德、智、体等方面确立严格标准。

2. 激励性原则

所谓目标的激励性是指目标的建立能激发全班学生的责任心、荣誉感，使大家乐于为实现这一共同目标而奋斗。要做到这一点，关键的一点是充分调动学生的积极性，达到全员参与，自下而上、自上而下、上下结合地参与制订目标和实现目标。"期望理论"表明，目标是一种激励因素，人们对目标的价值看得越大，估计实现的概率越高，这个目标激发出来的力量也就越大。班主任必须把握好目标的度，使目标鲜明、正确、形象、有吸引力，能激起学生实现目标的热情。目标提得过高，学生感到空洞，产生消极情绪，容易丧失信心。目标提得过低，学生轻易完成，缺乏乐趣，不能养成学生与困难作斗争的品质。班主任在提出目标时可以向全班学生征求意见，引导学生把个人目标与集体共同目标相结合，使大多数学生感到存在一定的距离，但可以经过努力达到，这样的目标才是有价值的目标。

3. 层次性原则

所谓目标的层次性是指要制订不同时期的目标，确定一个由低到高，由易到难的递进过程。凡事不可一蹴而就，制订目标可分为远期目标、中期目标和近期目标来实现。远期目标是在较长时期内的奋斗方向，中期目标是一个阶段教育活动的奋斗方向，近期目标是每次教育活动所要达到的目的。这三种目标在一个时期内是相互独立的，但从总体来看，又是一个

63

相互衔接的、完整的教育要求体系。实现目标要紧紧围绕远期目标，逐个分层次地，由近及远、由易到难、由低到高地去实现。近期目标实现后，中期目标成为近期目标，远期目标成为中期目标，由此提出新的目标，推进班集体不断前进。

4. 可行性原则

所谓目标的可行性是指目标的提出必须根据班集体发展水平，考虑到中学生的生理、心理发展特点，符合青少年行为习惯。目标要反映大多数学生的愿望，体现大多数学生的利益，对不同层次的学生要有不同的要求。只有如此，目标的实施才能得到广泛的支持。脱离实际情况的目标只是空洞的口号，无法调动学生的主动性和积极性，难以实现。班主任在制订目标时，要实事求是地提出目的要求，与全班学生共同讨论制订本班发展的目标并确保目标具体、明确和生动。每项目标都必须包含以下几方面的内容：第一，计划做什么事，要达到什么标准；第二，要规定完成的时间；第三，要有步骤，分清主次，按部就班地进行；第四，要明确责任，落实到小组和个人；第五，要制订完成的指标，定期总结评比。在一个目标实现后，班主任要总结经验教训，及时提出更高的可行的目标。

（三）制订班集体目标的方法

班级目标的确定一般有两种方法：①师生共同探讨法。采用这种方式制订班集体目标，适用于发展情况良好的先进班集体。提出的目标切合实际，得到教师和学生的普遍认同，能够发挥学生的主体意识，培养学生参与管理班级事物的能力，增进师生感情，提高集体的凝聚力。②班主任定夺法。适用于初建的新班或落后的班集体。班主任采取强化手段治理在短期内可能有效，但长此以往，会造成师生关系僵化，班集体缺乏活力，学生丧失参与班级活动的积极性。

理想的班集体目标的确定大致分以下几个步骤：

1. 班主任根据国家教育方针、学校的各项管理制度和实际工作经验，拟定班集体目标。

2. 班主任深入到学生中去了解学生的个人目标，委派班干部征求全班学生对班集体共同目标的想法，掌握全班大多数学生对共同目标的意见。

3. 专门召开一次主题班会，讲清制订共同目标的原则，将整体目标细化为思想、学习和体育卫生等各方面，鼓励学生畅所欲言，提出自己的观点。

4. 由师生共同商定，制订班集体的共同奋斗目标。

（四）班级建设目标的基本内容

1. 正确的政治观念和优秀的思想素质

（1）端正的政治立场，坚定的社会主义和共产主义信念。

（2）热爱祖国，热爱人民，拥护中国共产党。

（3）坚持四项基本原则，坚持党的基本路线，拥护和认同党和国家的方针政策。

（4）思想进步，情绪稳定。

（5）有正确的人生观，价值观。

2. 良好的学习风气

（1）学习目的明确，学习动机和学习态度端正。

（2）学习平均水平高，学习上有较多优秀人才，尽量减少成绩落后同学人数。

（3）在学习方面，同学之间互相帮助；对疑难问题积极讨论。

（4）学习具有自主性、计划性和条理性，并且有刻苦精神和迎难而上的精神。

（5）有良好的学习习惯，在学习方面讲究诚信。

（6）课堂上遵守课堂纪律，听课认真，发言积极，作业按时按质按量完成。

3. 良好的班风和优秀的班级形象

（1）合理的组织，严明的纪律，优良的道德风尚。

（2）健康向上的人际交往，团结友爱，互帮互助。

（3）有较强的集体主义精神和高度的集体荣誉感。

（4）同学们自我教育，自我管理，自我服务方面工作成绩显著。

（5）班级生活丰富多彩，积极健康，全力配合学校党团组织的工作和活动。

4. 有一支精干的学生干部队伍

（1）班干部思想政治素质较好，以身作则，在日常学习和生活中尤其在关键时刻有较强的表率作用。

（2）班干部学习成绩良好。

（3）班干部工作能力强，作风踏实，工作成绩优秀，得到同学们的认同。

（4）能配合党团组织引导同学们一起做好工作，积极参与组织活动。

5. 有一整套的班级工作运行机制和体系

（1）坚持实行班会制度，班干部例会制度得到良好的贯彻执行。

（2）党团组织生活制度的建立与执行状况良好。

（3）学期和学年工作有预期的计划并按其执行，并且及时进行工作总结，从而提高工作效率和工作质量。

6. 有良好的身体素质

（1）班级体育活动组织情况良好。

（2）体育达标率高。

（3）体育活动参与率高且成绩较好。

（4）病假率低。

三、培养良好的班风

经常听到教师们在一起议论，某班课堂气氛活跃，某班课堂纪律差等。教师的这种对一个班级在某方面的大体印象正是源于这个班级的班风。

（一）良好班风的重要意义

班风，顾名思义，是指一个班集体特有的作风，是班集体舆论长期作用所形成的班级风气，体现了班集体成员在思想、行为上的一种共同倾向。它既具有一般社会规范的普遍性，又具有班级的独特性，从一定意义上说，班风就是特定班级个性化的社会风范。

良好的班风对班集体的建设具有重要意义，它主要表现为：班集体积极向上，凝聚力强，人人是主人，事事有人管；学生精神振奋，班级正气不断上升，学生的思想道德素质逐步提高；学生进取心强，学习热情高，人人勤奋好学；同学间团结友爱，互帮互助；课外活动丰富多彩，等等。可见，一个良好的班风就像一座房子，陶冶着每个学生的思想、作风和品德，带动着班内每个学生前进，是一种巨大的教育力量。只有在良好的班集体中，教师开展教育和教学活动，才能收到较好效果。

优良的班风，只有在班级中大多数学生具有优良的思想、品质和作风时才能形成；而这种优良的班风一经形成，又反过来对形成、巩固和发展班集体，对教育班集体的每一个成员产生积极的作用。所谓"近朱者赤，近墨者黑"。一个班集体的班风正，问题学生就容易受到潜移默化的影响，可能会变为好学生，但如果班风不正，优生也会变坏。优良的班风需要大多数的班级成员具有良好的思想道德品质及日常行为习惯。这种优良的班风一经形成将会成为强大的自我教育力量作用于班级的每一个成员，使人人沐浴在集体的春风中，扬长避短，完善自身，从而形成更好的班级风气。

（二）培养良好班风的方法

一个班集体风气的好坏，班主任起着至关重要的作用。良好班风的形成，班主任要做好以下几个方面的工作：

1. 思想上高度重视。班主任在接一个新班后，要有意识地结合本班学生的具体情况，向学生讲清树立良好班风的重要性，提高认识和增强自觉性。中间接班的班主任要在了解班级过去形成的班风基础上，对其优良的班风予以爱护和扶植，并使之充实和完善。

2. 行为上以身作则。古人云："其身正，不令而行；其身不正，虽令不从。"班主任是班风建设的具体组织者、设计者和监督者，是班风建设成败的关键。在班风建设中，更须身先士卒，从自身做起。尤其是独特班风的形成更是班主任工作作风的体现。班主任要善于开动脑筋，创造性地工作，要言而有信、言而有行，时时处处起带头作表率。

3. 方法上把握"第一"。班主任要懂得学生心理活动的规律，注意事事开个好头。如班主任上任要从工作的第一天抓起，特别注意"五个第一"，即做好第一次发言，开好第一次主题班会，处理好班级出现的第一个问题，办好班上的第一件实事（如教室布置），安排好任课教师与学生的第一回见面等。良好班风的形成往往就是这样从若干个第一开始的。开了好头，就有了主动权，就为班风建设的正规化、科学化奠定了基础。

4. 奋斗目标明确。班级奋斗目标，是班风建设的一大支柱。目标一旦确定，就要牢牢把握，把它变成师生的自觉行为、努力的方向和工作的目的。在实现这一目标的过程中，班风建设的内容就会不断得到充实和完善。

5. 规章制度具体。班风往往带来的是班级成员的一种自觉行为，而规章制度是带有强制性的，但自觉行为又往往是在强制执行的基础上经过努力逐步发展而来的。因此，在班风建设中，班主任要针对班内学生的特点和表现，从大处着眼，小处着手，制订必要的规章制度，提出明确的要求，如考勤制度、文明公约等，使学生行有所循。凡是在班内宣布的制度要求，一定要认真执行，并且经常进行检查、讲评和总结。通过校规、校纪和班规、班约，使班风的形成有规可循、有章可依，从而加快班风建设的步伐。

6. 集体舆论正确。正确的集体舆论能够助长健康和进步的因素，克服和纠正消极和错误的东西，从而帮助学生明辨是非，激发他们的集体荣誉感和责任感，有利于维护集体的利益，巩固集体的团结，形成良好的班风。因此，在班风建设中，要大造舆论来强化班风的约束作用和激励作用，强化班级成员的集体意识。班主任要善于抓住舆论阵地，如办好黑板报、思想评论专栏，召开班会、演讲会和报告会，开展团队组织生活等，针对班内出现的带倾向性的问题开展评论，对大家关心的问题展开讨论等。建立起正确的舆论阵地，其作用是不可低估的。

7. 榜样力量突出。一个好的班风，开始时往往只是少数人做出榜样，通过一桩桩、一件件事例的积累，才能进而扩大为班内的一部分人和班内的大多数人的行为，最后风行全班，成为全班学生的行为准则和行为习惯。由此看来，榜样的力量是无穷的，有了好的典型，就能通过他们去团结其他同学，扩大积极分子队伍。

总之，优良的班风是班集体建设的重要组成部分，它不会在短期内自发形成，恰恰相反，它是班主任在班级教育理论的指导下，积极主动地引导，努力踏实地工作和付出创造性劳动的结果。

四、健全班级规章制度

班级规章制度是班集体为实现共同的奋斗目标而制订的规则、法则，是班集体按一定程序办事的规矩，是班级管理的准绳。班级管理离不开规章制度，俗话说"没有规矩，不成方圆"，一个良好班集体的形成，必须有一个人人都必须遵守的班级规章制度。

（一）健全班级规章制度的意义

家有家规，国有国法，校有校规校纪。作为学生，除了应自觉遵守国家的宪法及各种法律法规外，还应遵守国家各级教育部门制订的管理规定及各个学校根据自己的具体情况制订的校规校纪。

班级规章制度的制订是为了使全班同学形成良好的学习、生活习惯，提高学习、生活的自觉性，自觉遵守班级纪律，积极参加班级各类文体活动，积极为班级工作出谋划策，为班级争荣誉，通过全班同学共同努力，塑造优良的班级风貌。

为了实现班级奋斗目标，班级要从实际出发，结合《中学生日常行为规范》，在发动成员民主参与的基础上，制订健全班级各项规章制度。班级规章制度包含两方面内容：一部分是学校有关的管理规章制度；另一部分是保证学校规章制度的贯彻，结合本班实际制订的制度，这类制度要具体、便于操作。

班级规章制度的内容一般包括：纪律方面，如考勤纪律、自习课纪律、上课前纪律、两操纪律、宿舍纪律；文明礼貌；卫生；学习；班级工作；班级奖惩等。

（二）制订班级规章制度应注意的问题

班级规章制度对于班集体建设至关重要。符合实际的班级规章制度，不仅是班级良好秩序的保证，而且对于学生良好行为习惯的形成以及主人翁精神和民主意识的培养，都有巨大的促进作用。可以说，每个优秀的班集体，必有一套运行良好的班级规章制度，那些优秀班主任教师创造性的实践启示我们，建立能够良好运行的班级规章制度，需要注意以下几个方面的问题：

第一，必须让学生明确，制订规章制度的目的是"秩序、公平、习惯、效率"。

在班级规章制度的建立过程中，首要的一点是，从学生的需要出发，让他们认识到，制订各种规范的目的不是"管住"他们，而是为了保证班级所有成员的利益，这种利益可以概括为：秩序、公平、习惯、效率。有了这四个标准把关，在制度的具体内容上，不管是班主任提出来的，还是学生提出来的，都可以让学生尽情地讨论，讨论中，学生自然会得出正确的结论，做出正确的选择。例如，关于自习时能不能说话的问题，魏书生老师就让学生从这四个方面进行过利弊的讨论，很快，学生得出了自习说话弊大于利的结论，于是，就有了自习时不准说话的规章制度。有了明确的目的，有利于班主任主导作用的发挥，也有利于学生主人翁精神的激发和培养。

第二，班主任要以身作则，既不能游离于制度之外，也不能凌驾于制度之上。

优秀班主任在制订班级规章制度时，总是把自己当做班集体的一位普通成员，置于学生之中，接受班级规章制度的约束。比如，著名优秀班主任孙老师，凡是要求学生做的，他本人样样都能做到。有一次，他因上班途中做好事而迟到，面对全班同学，他没有做任何解释，而是在黑板上写下"今天我迟到"之后，罚自己在严寒中站了一个小时。魏书生老师则在班里为自己订下了"制怒的规矩"，并严格接受学生的监督。他们的行为，不仅维护了班级规章制度的严肃性，引导学生严格遵守，而且还为学生树立了高尚的人格榜样。

第三，规章制度要针对班级实际，具有可行性。

班级规章制度可以说是班集体的"法"，必须有"法"必依，违"法"必究。因此，所订的每一项制度都要符合班级的实际情况，有较强的操作性，那些不能操作的规章制度宁可不订。因为，不管何种原因，少数的例

则》规定，学生要"按时到校，不迟到，不早退，不无故旷课"；这是维护学校正常教学秩序，建立良好校风的需要。学生因病、因事必须请假者应事先办好请假手续。请假时应有家长或医疗单位证明，详细填写好学生请假卡，写明请假时间，请假事由，并按时间长短分别经班主任、教导主任（或教导处）、校长（或校长室）审批。一般一天以内由班主任审批，一天以上三天以内由教导主任审批，三天以上由校长审批。事前不能请假者，事后必须补假，否则作无故旷课处理。对一学期全勤、不迟到和不早退的学生要给予表扬。对无故迟到、早退或旷课者，要给予批评教育或纪律处分。一学期内无故旷课一周以上至一个月以内的分别给予大会批评、警告、记过等处分。旷课一个月以上，教育不改者勒令退学。因病、因事请假三个月以上休学者，复学时由学校视情况编入适当班级。

（四）教室规则

教室是进行教育教学活动的主要场所。为保障教育教学活动的正常进行，必须加强对教室的管理。这属于学生的常规教育内容之一，是学生在校时的基本行为规范的重要方面，包含着各种德育因素。通用的教育规则有：（1）上课预备铃响后，应立即有秩序地进入教室，做好上课准备。（2）保持教室严肃，不得光脚或穿拖鞋，不得只穿背心内裤，不准吸烟、打闹，不做妨碍教学秩序和学习秩序的活动。（3）上课时，任课教师进入教室后，全体起立，待教师还礼后坐下，由班长汇报出勤情况。学生回答教师提问时应起立，向老师提问时应举手报告。（4）上课不迟到、不早退，迟到时应在教室外报告，获得教师允许后方可进入教室。如有特殊情况需要早退，须经任课教师批准，方可退出教室。上课时，不准探视、找人或接电话。（5）爱护室内公物，损坏或丢失要赔偿，毕业时要如数交还教室公物方可办理毕业离校手续。（6）保持教室整洁，建立轮流值日清扫制度。人走灯灭，节约用电。由专人保管教室钥匙。放学或晚自习后，要人走关窗、灭灯、锁门，保证教室安全。

（五）座位编排

座位编排是每学期开始时班主任必须要做好的一项班级日常管理工作，一定程度上关系到学生学习情绪，班级课堂气氛和纪律面貌。座位编排应顾及的因素有：（1）身体的高矮和视力的强弱。在一般情况下，身材矮、视力弱（听力差）的学生座位往前排，身材高、视力强的学生座位向后排。如有的学生身材很高，但视力（听力）却很弱，要作为特殊情况，在不影响后排同学视线的情况下，安排在前一点的座位上。（2）学习成绩的好和坏。班主任应把学习成绩好、遵守纪律的学生与学习成绩差、纪律差的学生安排坐在同桌，以便于他们互相帮助。（3）性格的差异。要注意让好动的学生与文静的学生坐在一起，这样能以"静"制"动"，有利于保持良好的课堂纪律；让性格孤僻的学生和性格开朗的学生坐在一起，也有利于他们的相互学习。（4）性别的不同。在小学或中学一年级，可采取男女同桌的编排方法，初中二年级以上，宜男女分桌。为了能使座位编排工作达到预期的要求，班主任要注意：（1）了解学生身材、性格、学习和纪律等情况，听取学生对座位编排的意见，并作好思想发动工作，引导学生树立集体主义观念和先人后己的精神，教育学生无论坐在哪个座位上，都要好好学习，团结友爱，自觉遵守纪律。（2）排完座位后，还要根据新出现的情况随时调整学生的视线，防止产生斜视，同时让学生左右视力、听力和脑神经得到均衡的刺激，有利于思维能力的发展。

（六）自习课管理

自习课亦称自修课，是由学生自行进行预习、复习和完成作业的课。一般由学生自己安排，必要时教师也可下班辅导。它是学生提高自学能力的有效途径。自习课有早自习、晚自习和平时自习课。晚自习，走读生可在家里进行，住校生一般在教室里学习。平时自习课，一般安排在白天。自修时要保持安静，不得大声喧哗，不能随意走动，如果和同学讨论问题，声音要放低，不要影响其他同学，自修课也是课，因此，每个学生必须遵守课堂规则，并且要加强计划性，防止盲目性和随意性。

（七）值周

值周是中小学生自我管理的一种形式。一般由各班派出值周生轮流担任学校的值周工作。小学一般由中年级开始，人数不等，一个班或一个小组。有的采取班内各小组轮流出任校值周生的办法，有的采取推选表现好的学生组成小组担任值周生的办法。值周的任务有：（1）在校门与校园里监督检查学生的风纪，文明礼貌和组织纪律，如衣帽整洁、校徽佩戴、红领巾佩戴等。（2）检查评比各班各年级课间操纪律与质量。（3）检查评比各班各年级的卫生状况。（4）负责每周的升国旗与降旗。（5）学校布置的其他任务，如有的小学还要检查学生戴交通安全小黄帽的情况等。课间操、卫生评比结果通过一定方式（广播或板报）每周向全校公布一次。值周生要求：（1）以身作则，严格律己，为人表率。（2）责任心强，坚守岗位。（3）服从领导，办事公正。值周生应佩戴标志，标志式样由学校制订。班主任应重视学生值周工作，辅导并监督，把值周作为班级日常管理与学生自我教育相结合的过程。值周活动开展得好，可以培养班级荣誉感，促进班级工作。

（八）升旗

升旗是指中小学举行的由全校师生参加的升国旗仪式，属于学校的常规例行活动，是对学生进行爱国主义教育、集体主义教育的重要手段。应按照 1990 年 8 月 24 日国家教委颁布的《关于施行〈中华人民共和国国旗法〉严格中小学升降国旗制度的通知》的规定，组织学生参加升旗仪式与有关活动。班主任应把参加升旗作为班级日常管理的重要工作，应注意：（1）强调升旗仪式的庄严性。（2）加强纪律性。（3）可开展热爱五星红旗的教育活动。

二、班级环境卫生管理

（一）教室布置

布置教室是为师生创造一个具有教育功能的、优美舒适的文化环境。布置教室的原则是：（1）突出教育功能。除了要宣传教育方针和学校的校风、校纪要求外，还必须以教育目的为前提，考虑教室环境对学生潜移默化的教育作用。（2）突出环境美。精心安排布局结构，既要因地制宜，合理利用空间，又要注意整体协调，还要重视形式的丰富多彩；既要有警句格言类的条幅或美术作品，又要适当安排学习专栏、评比图表的位置；同时在色彩的搭配上力求和谐自然，相映成趣。（3）符合学生的心理特征。必须注意不对学生听课造成干扰。一般来说，在教室正面，不搞色彩夺目的装饰，以素雅的基调为宜；内容也应是有关校纪、班纪的，以免学生听讲时分散注意力。在教室后面，如没有黑板，可开辟"学习专栏"，张贴字画，以供学生课余浏览欣赏之用。教室两侧墙壁的布置则切忌"花里胡哨"。（4）适时更新，注意实用，使学生不断感受到班级内新的生机。布置的内容要注意配合班级工作和学生思想实际，突出实用性。布置教室是一门科学，一门艺术。一个班主任，应该充分尊重学生的积极性和创造性，把布置教室的过程，变为对学生进行集体主义教育的过程，变为锻炼学生，培养学生聪明才智的过程。

（二）班级图书室（角）

班级自办的借阅书刊的机构。设立它，不仅能增强学生的集体责任感和荣誉感，促进集体的形成和巩固，更重要的是能为学生提供丰富的课外读物，为培养学生课外阅读兴趣、扩展知识视野和提高自学能力创造一定的条件。筹办图书室应注意：（1）加强宣传和动员。学习读书名言，介绍领袖、名人的读书故事，以提高学生对课外阅读意义的认识。在此基础上，要求班干部带头，动员学生献书献杂志。（2）通过民主协商，选出责任心强的同学组成班图书室的管理小组，由班学习委员（或被推选的人）任组长。（3）在班主任教师的协助下，管理小组审阅集中起来的图书杂志，把适合同学阅读的分类、列册、登记、陈列或存放。（4）班委会制订图书管理和借阅的有关规定，然后班级图书室定时向全班同学开放。为了使班级图书室办得更好，班主任还应做以下工作：（1）充实班图书室，可把献书和买书结合起来。（2）教会学生选择书刊，既要有价值，又要适合自己的需要。（3）指导学生搞好课外阅读：可进行专题阅读和定向阅读；写课外阅读笔记和读后感；还可举办报告会、朗诵会和演讲比赛等。（4）教育学生要爱护图书，并介绍一些保护图书的方法。此外，教室里还可设立阅报栏，以加强时事教育，培养学生的读书习惯。报纸应适合学生的年龄特点与教育、教学需要，一般由班集体订阅。可配合剪报举办专题展览。

（三）班级公物管理

班级公物包括课桌椅、门窗、讲台桌、卫生角设施和图书室图书等。加强班级公物管理，既可以减少国家集体财产的损失，又可以培养学生爱护公物的良好品质。班级公物管理应以思想教育领路，通过学习《中小学生日常行为规范》，使学生认识到，爱护公物是爱国主义、集体主义观念的具体体现，也是精神文明的具体体现，是每个公民应有的品德。学生应该树立爱护公物光荣，损坏公物可耻的观念。要采取措施，健全制度：（1）可以成立公物管理小组和维修小组，公物由专人保管，登记入册，如有损坏，由专人维修。（2）实行岗位责任制，把班内的公物具体落实到人进行保管，并定期进行检查评比。有故意破坏公物者，除批评教育外，要按值赔偿损失。（3）发动学生制订爱护公物公约。

（四）班组经费管理

班级经费主要指用于班级活动，如布置教室、班会、春游、秋游、运动会等集体活动的经费，也称班费。班级收缴一些费用，不仅是开展活动的需要，而且有利于增强学生的集体主义意识。经费来源主要是学生缴纳，也包括在校、区、市、省及全国各类竞赛中班集体所获得的奖金。经费管理：小学低中年级一般由班主任管理，小学高年级以上直至中学一般由生活委员负责管理。管理原则：节约开支，账目清楚，定时公布；结余可存入班级小储蓄所。

（五）学生着装管理

学生着装管理主要包括：对学生的着装要求、指导、管理和检查等内容。学生着装管理兼跨德育和美育两个教育范畴。学生的着装倾向和习惯表面看是生活小事，实质上却反映着学生内在道德修养水平的高低和审美品味的文野。所以，班主任在进行学生着装管理的时候，不能只停留在要求学生穿什么，留什么发型，该不该戴首饰，该不该化妆等问题上，而是应该从德育和美育两个方面着手进行教育和管理。一方面，班主任教师应通过有说服力的证据和耐心的方式让学生明白，着装并不单纯是一个人穿戴问题，而是一个人内在的品德修养的外在表现。另一方面，班主任教师应从审美角度对学生的着装进行指导和帮助，通过口头的说明、图片的展示等方法，让学生掌握着装的审美规律，使学生不仅在思想上追求美，而且会美，真正做到外在美和内在美的统一。

对于中小学生来说，着装美的基本原则是得体，也就是说，中小学生的着装应符合他们的学生身份，能够体现出学生的青春活力，能够展示出学生单纯向上的内心世界。对于女学生，尤其是青春萌动的女学生，班主任教师要及时提醒她们追求美是人的正常心理，但不能过分，不要戴耳环首饰，不要浓妆艳抹，更不能着奇装异服。

现在一般中小学都有统一的校服，班主任教师要按学校要求对学生的校服穿着进行管理，应教育学生保持校服的整洁。

（六）学生宿舍管理

对住校生所住宿的宿舍的管理，属于学生常规教育内容之一，是学生在校时基本行为规范的重要方面，含有丰富的德育内容。通用的学生宿舍管理规则有：（1）爱护宿舍的一切公物（及设备），如有损坏或丢失，应予赔偿；毕业时，房间内公物应清点、移交完毕之后，方可办理离校手续。（2）学生应在指定的房间、铺位就宿，未经班主任批准，不许随意更换。（3）保持舍内及舍区整洁，生活用品存放整齐，建立舍内及舍区公用设施（如卫生间、洗漱间等）的轮流值日制度；遵守作息时间；外出要熄灯、关窗、锁门等。节约用电、用水、用暖。（4）保障舍内及舍区安全，严禁存放易燃、易爆、有毒等危险品，禁止私自使用超出学校规定的电器设备。（5）不得在舍内从事剧烈体育活动（如打球等）；室内不得停放自行车，不得私养动物。（6）学生亲友来访，禁止私自在宿舍留宿。（7）每个房间设室长一或几人，由本室学生选出，负责本室的日常管理和公物使用的监督等。班主任可通过生活委员抓宿舍管理工作，可发动学生制订宿舍文明公约，并开展文明宿舍评比活动，以加强集体主义、社会公德及良好人际关系等方面的教育。

（七）学生就餐管理

对学生在校就餐（包括食堂与小学低年级学生课间加餐）的管理，属于学生常规教育内容之一，是学生在校时基本行为规范的重要方面，含有丰富的德育内容。班主任应配合学校总务处与食堂，对学生进行文明就餐的管理教育：（1）节约粮食；（2）爱护食堂公共设施；（3）尊重食堂员工；（4）遵守食堂纪律，如排队买饭，不大声喧哗等；（5）文明卫生习惯的养成；（6）饭票的妥善保管等。

（八）环境卫生管理

教室、校园的卫生管理，是学校、班级精神文明建设的重要方面。（1）要教育学生认识保持环境卫生的重要性，并明确环境卫生的要求：清洁、整齐、绿化。清洁：教室、校园地面无纸屑、果皮、污水、痰迹，墙上无污垢、涂画、蜘蛛网，窗明几净。整齐：物品摆放井然有序。绿化：校园要植树种花，教室可摆盆花，以美化环境。（2）健全卫生轮流值日制度，一般以小组或座位编排为单位担任本日值日。教室要一天一小扫，一周一大扫，还要负责保持校园保洁区的清洁卫生。（3）加强卫生，由班里的生活委员检查，不合格的要返工，定期评比，表扬卫生先进，批评后进。

（九）学生卫生习惯的培养

良好的个人卫生习惯对于保障身体健康，增强体质有重要意义。它可归纳为"三带"、"五勤"和"五不"。"三带"，就是带手绢、带水杯、带手纸。"五勤"，就是勤洗头、勤理发、勤洗澡、勤剪指甲和勤换衣。"五不"，就是不喝生水、不吃不洁食物、不吸烟、不乱扔果皮纸屑、不随地吐痰。班主任要加强教育，建立和健全卫生制度，制订"班级卫生公约"，并开展卫生检查和评比活动，表扬个人卫生习惯好的同学，批评帮助少数不注意卫生的同学，使大家都养成良好的卫生习惯。

（十）眼保健操和课间操的管理

班主任应教育学生认真做眼保健操：（1）注意力集中，按摩穴位要正确；（2）做前要洗手，指甲长了要剪短；（3）手和脸部如长了疮或疖子，眼睛有炎症或者外伤，应该暂时停止做操；（4）每天坚持做一两次，持之以恒。课间操一般安排在第二节课后大约二十分钟的休息时间内进行，可合操也可分操。一般学校都采用合操的形式，即全班或全校一起做操。这样，步调一致，场面壮观，便于校体育组老师和班主任的指挥，也有利于开展年级、班级之间的竞赛。分操是以锻炼小组为单位做操，规模小，地点分散，组织调动灵活，操场小的学校可采用分操，但分操不便于统一指挥和检查。不论合操或分操，都要注意提高做操的质量，学校除要做好领操员的培训和体育教师加强辅导外，还应加强班级荣誉感和集体主义精神的教育，开展课间操质量检查评比，定期公布评比结果，优胜者奖给流动红旗，并把课间操的质量作为学校文明班级评选的一项内容。

三、班级文档管理

（一）学生成绩报告单

每学期或学年结束时，班主任要向学生家长递交成绩报告单，这是沟通学校和家庭，实施学校、家庭联合教育的一条重要渠道。学生成绩报告单主要包括学业、操行评语、考勤情况、奖惩情况和补考科目等，一般应由班主任负责填写。学生的学业成绩分考查和考试两种。美术、音乐、社会实践、劳技以及物理、化学、生物学科的实验为考查科目，其考查成绩使用等级制，即优、良、及格、不及格四级；政治、语文、数学、外语、物理、化学、历史、地理、生物等为考试科目，其考试成绩一般使用百分制。省会考科目的考试成绩有的使用等第制，即 A、B、C、D、E 五等。学期成绩一般按平时成绩和期中考成绩加起来占 40%，期末考成绩占 60% 的比例评定；学年成绩一般按第一学期成绩占 40%，第二学期占 60% 的比例评定。操行成绩，根据国家教委颁发的《中小学生德育大纲》、《中小学生日常行为规范》和《中小学生守则》等规定的教育目标要求和内容采用等级制，即优、良、及格、不及格四个等级。体育成绩按《中学生体育合格标准》进行考核，考试成绩采用百分制。学生成绩报告单可在期末家长会上由班主任直接发给家长，亦可由学生交给家长。

（二）"三好"学生和各项积极分子评选

"三好"即思想品德好、学习好、身体好。"三好学生"是党的教育方针所要求的德、智、体、美、劳全面发展的学生。各项积极分子，即指在德、智、体、美、劳等某一方面有较突出表现的学生，如学习、工作、体育、卫生、文娱、科技活动以及学雷锋活动、社会活动等积极分子。评选"三好"生和各项积极分子，是班主任向学生进行思想品德教育的重要方法，是班集体建设的重要内容。评选"三好"学生和各项积极分子的过程也是学生自我教育、互相激励和共求进步的过程。一般在每个学期或学年结束时进行，具体做法是：（1）班主任进行全班动员，宣布评比条件和名额，提出评比要求，然后组织班、团（队）干部讨论，统一思想。（2）学生个人小结后，小组讨论，酝酿提名。各小组提出的名单经过班干部审议，并广泛征求任课教师的意见后，再由班主任将各方面的意见加以归纳，提出"三好"生和各项积极分子候选名单，由全班同学无记名投票选举。（3）班级评出的"三好"生和各项积极分子送学校政教处和校长室审查批准，由学校召开全校师生大会，学校领导介绍评比情况，宣布名单，发给奖状和奖品，然后张榜公布，并记入学生档案。（4）评选后，班主任要对已提名而未被选上的学生做好思想工作，肯定其优点，鼓励他们继续努力。

（三）黑板报

黑板报是班级的宣传阵地，一般置于教室后面的墙上。好的黑板报能围绕学校的中心工作，从班级的实际出发，进行宣传教育，推动班级工作，成为学生的良师益友。黑板报的报头，应写明名称，然后根据稿件内容做好版面设计，最后用彩色粉笔认真抄写。要把黑板报办得有特色，必须做到：（1）内容丰富多彩。表扬、批评、建议、讨论、时事、节庆等均可。（2）形式不拘一格。可出专题，可出综合版，也可开辟若干栏目，充分运用小幽默、漫画、寓言、童话、对联等，以求活泼有趣。同时，要注意版面安排醒目美观。（3）班主任当好"参谋"，依靠学生办报。班级要成立编委会，下设编辑小组和出版小组，选能写会画的同学负责编辑、排版、缮写和插图等工作。班主任要经常跟编委研究出版计划，甚至亲自给黑板报写稿。有条件的班级，也可把黑板报交给各组轮流主办，开展竞赛，让更多的同学有更多的锻炼机会。黑板报一般两个星期出一期，有时也可根据实际需要灵活掌握出刊日期。

（四）周记

学生用文字记载一星期来自己的思想、学习和生活情况，发表对各种问题的见解，每星期交班主任批阅一次。因为每一星期写一篇，故称周记。它是学生与班主任交流思想的"窗口"，是班主任了解学生思想、学习和生活动态的渠道，对沟通师生感情，架设理解桥梁有重要意义，也可锻炼学生的写作能力。周记行文自由，体裁不限，内容大致包括：（1）记述社会、学校、班级和同学的动态并发表评论。（2）向班主任、班干部、学校和家庭提出一些建议或意见。（3）倾诉自己的心情。（4）即兴创作。学生周记中的言论不作为评价学生政治思想态度的依据。周记里所写的一切内容未经学生本人同意，不向第三者公开。班主任批阅学生的周记，要认真细致。为了鼓励学生敞开心扉，写真心话，班主任一般应在学生周记后写一段评语，针对学生所提出的问题谈谈自己的看法，讲一些鼓励的话。评语力求简明扼要，坦诚恳切。班主任还可结合班会课，对周记作讲评，并推荐好的周记到黑板报上发表，对写得不认真、马虎应付的学生也要提出批评。

（五）班级日志

班级日志亦称教室日志，是考查各班科任教师教学情况和各班学生情况的文书。它由学校统一印发给班级，一般由班长负责保管。班级日志中除课外活动、学生出勤人数等少数栏目由班干部或值日学生轮流填写外，其余主要栏目由班主任和本班科任教师填写。科任教师负责填写各种教学情况，包括授课科目、进度、内容、布置的家庭作业和学生在课堂上的突出表现（好的、差的）以及有关栏目中的一些简要说明。有的学校开展课堂纪律竞赛，还要求科任教师对上课时学生的纪律做出评价，然后按统一标准打分，填入班级日志。班主任除填写自己任课情况外，还要记载学生一般情况和学生综合性的成绩。班级日志是班主任了解学生各方面表现和动态的很好的材料。班主任要经常查阅，有重要情况要做好记录。对出现的问题及时进行分析研究，制订措施改进。班级日志可定期送教导处、政教处或校长室审阅。

（六）班史

记载班级各方面情况的编年材料。班史主要内容：（1）学生概况。（2）学生干部概况。（3）学生和班集体的奖惩情况。（4）历任班主任与科任教师情况。（5）班级要事（如主题班会、社会实践活动、运动会、文艺活动比赛、郊游、学雷锋、学赖宁做好事等）。（6）班级之最（记录个人德智体美劳诸方面的特长）。（7）班集体进步轨迹。（8）其他。

进行爱班、爱校和传统教育。班史结构方式：（1）编年式。（2）专题式（专题内部编年顺序）。

班史撰写方法：（1）组织班史编写小组，以学生为主，班主任统稿。（2）班主任亲自编写。（3）结合班级工作总结进行班史编写。（4）借助摄影、录音或录像等手段，积累丰富的资料。对于有荣誉称号的班级（如雷锋班、保尔班等），尤应重视班史的编写及有关资料的保存工作，做到班级优良传统届届相传。每学年新生进校时或校庆活动时，可搞优秀班史陈列展览，对学生进行爱班、爱校和继承发扬优良传统的教育。

（七）学生档案

学生档案是班主任积累并保存的关于学生各方面的情况的材料。有经验的班主任重视建立学生档案，从一年级开始，进行积累，一直坚持到学生毕业。在国外，这种累积记录常作为高一级学校录取新生和企事业部门录用人员的重要依据之一。学生档案内容包括：学籍记载，考试成绩，健康情况，考勤情况，德、智、体、美、劳诸方面表现，奖罚情况，性格、心理、兴趣、特长等情况，家庭状况，等等。学生档案的形式有列表式、陈述式和问卷式等。

四、校外、假期管理

（一）学生假期生活

学生根据国家、学校的规定所享有的公共假期，主要指寒暑假。假期生活应有利于增进学生身心健康发展，有利于巩固、发展学校教育的成果，而不是相反。班主任指导安排好学生们假期生活，应做好以下工作：（1）放假前建立假期领导小组，制订出切实可行的活动计划，举行《过一个有意义的寒（暑）假》的主题班会，调整加强校外学习小组，组织学生联络网或召开家长会等。（2）假期开始后，班主任要深入家访，了解学生假期表现，及时进行教育，并对学生进行个别学习辅导，搞好培优补差。（3）鼓动学生从事家务和公益劳动，开展丰富多彩的文体娱乐活动。（4）组织返校日活动，检查作业，交流假期活动情况，打扫校园卫生。（5）假期结束后，搞好总结和表彰，如组织"假期作业、科技作品、文艺创作展览"，评选优秀校外学习小组，表扬假期的好人好事等。

（二）假期作业

各科教师留给学生在假期完成的作业，包括书面作业、口头作业与实验作业。假期作业的目的是保持课业学习的连续性，既可温故知新，又可开阔知识面，有利于新学期课业学习的衔接与过渡。班主任应注意：（1）在班级教师集体中协调各科作业，做到适量，不可增加学生负担，变假期为学期。一般来说，小学生每天留一个小时左右的作业量为宜，中学生可随年级的升高，适当增加作业量，但最多不应超过两个小时。（2）鼓励教师留一些开放性的实践型作业，如参观访问、社会调查等。（3）组织好假期学习小组或学生社会实践小组，讲清要求并适当检查辅导。（4）假期结束后收缴并评阅假期作业。

（三）校外学习小组

校外学习小组是指学生课余时间组成的在校外开展活动的学习小组。一般由班主任在家长的配合下，根据小型、就近、自愿、好中差学生相搭配的原则建立，每小组三五人为宜。校外学习小组有一定的活动内容、时间、地点和组织纪律。内容：对学生进行思想品德教育；组织学生开展各项活动，认真完成假期作业；复习功课。时间：每天放学后活动一节课左右；节假日，特别是寒暑假每天都要有一定时间开展活动。地点：一般设在住房较宽敞，地点较适中，家长有一定辅导能力的学生家里。纪律：每小组选组长一人，并制订小组活动纪律，要求大家共同遵守。校外学习小组一般由班主任、任课教师和家长辅导，也可以聘请退休教师、离退休干部、驻军官兵或街道积极分子担任辅导员。校外学习小组对占领校外教育阵地，减少社会不良风气的影响，促进学生身心健康都有重要作用。班主任要经常深入各小组，帮助学生解决在活动过程中所出现的问题。每学期都要评选先进校外学习小组，以树立榜样，促进小组之间的竞赛。

（四）校外辅导员

校外辅导员是指专门聘请的在校外辅导学生开展活动的人员，一般由离退休干部、教师和驻军官兵、街道活动积极分子担任。他们要有一定的马列主义水平和较高的社会主义觉悟，责任心强，思想作风正派，能成为学生的表率，还应具有一定的科学文化知识，懂得教育规律。校外辅导员是一支重要的教育力量。主要工作有：（1）辅导校外学习小组，加强思想品德教育，组织开展各项活动。（2）根据需要，到班级作报告或座谈，以自身的经历来教育学生。（3）配合班主任做好差生的转化工作。校外辅导员由学校、班级、教师、学生或有关单位推荐，经学校考察认可，并征求本人意见后发给聘书。班主任要教育学生尊重校外辅导员，听从他们的指导，并在节假日组织学生去慰问他们，以增进感情。

（五）学生联络网

学生联络网是指在寒暑假期间，为加强联系、传递信息而建立的学生联络网络。方式：（1）一般按学生居住地远近路线，由个体串联或小组串联。（2）口头通知或电话通知。

内容：（1）传递学校、班级的通知。（2）向学校、班主任传递学生假期活动信息或偶发事件。

作用：（1）有利于加强学校与学生、班主任与学生、学生与学生之间的联系。（2）有利于加强学生假期管理与开展班级、校级活动。（3）有利于培养学生责任心，锻炼学生的组织能力。

五、制订班级工作计划

班主任工作计划是对某一时期内班级工作的目标、任务和措施等预先做出的设想和安排。在通常情况下，班级工作计划是指一个学期内班级各方面工作所做的综合计划。

（一）制订班级工作计划的意义

"凡事预则立，不预则废"。制订计划在班级工作中有着十分重要的意义，这是由计划的特性和班级管理的特点决定的。

1. 制订班级工作计划是班主任有的放矢进行工作的重要环节。每一次计划过程都伴随着对以往工作的总结，对当前状况的分析以及对未来工作的预测。因此，制订班级工作计划的过程是加深对班集体认识的过程，也是搞好班级工作的条件和保证，是避免主观臆断，无的放矢的重要环节。

2. 制订班级工作计划有利于协调各方面各因素之间的关系。通过计

85

划，协调上级指示、学校要求与班级任务之间的关系，协调班主任、科任教师、学生、家长等各种教育力量之间的关系，协调任务、人力、物力、财力、时间、场所等各种因素之间的关系，做到通盘考虑、统筹规划、有机安排、和谐有序地开展工作，避免盲目、片面、冲突和浪费。

3. 制订班级工作计划有利于师生统一行动方向。通过计划，可以使师生明确奋斗的目标和工作的轻重主次，统一行动方向，激发他们的行动动机，避免目标的偏向和力量的分散。

实践证明，好的计划在班级工作中能很好地起到规划、导向、激励作用，是开展工作的蓝本和检查评定工作的重要依据。

（二）班级工作计划的构成要素

一个完整的计划，从形式上谈，包括标题开头、正文、结尾和落款等部分。从内容谈，主要包括依据、目标和措施几个要素。以下对计划内容的要素加以说明。

1. 依据。计划必须建立在对客观现实的认识和各种主观条件基础上。制订班级工作计划的依据是多方面的，如上级指示规定、学校工作计划要求、教育理论和教育经验等，而最主要最直接的是班级学生的实际情况，它包括当前班级学生的构成情况、年龄特征和班集体的形成状况等，也包括对班级历史状况的总结和对班级未来发展可能的预测。

2. 目标。是指在计划期限内班级各方面工作的预期结果，是班级工作的核心。目标包括方向和大小两个维度。一个好的计划应通过目标指明正确的努力方向，并提出合理的量的要求。目标应突出重点、抓住关键，要有整体目标，又要明确各方面的具体目标，要使集体目标与个人目标紧密联系起来，发扬民主，发动师生广泛参与，反复讨论，多方面论证，切不可仅凭班主任的主观意愿来确定。

3. 措施。是指为完成任务、实现目标而实施的手段、方法和途径等，是计划落实的基础和关键。班级工作计划是具体计划，必须有操作性，要使活动、人物、时间和地点等因素落到实处，要明确实施的内容、责任、范围和时限，使之便于明确任务，便于上级检查和自我检查。否则，只是提出一些空洞、抽象的条文，计划就无法发挥指导和监督作用。

通常在计划中要反映以下几方面措施：一是开展大型活动的措施；二是开展经常性的和制度化的活动措施；三是根据班级特点开展有针对性活动的措施。

（三）制订班级工作计划应遵循的原则

班主任工作是多方面的，又是应该有计划进行的。可以说，班主任工作过程，客观上又应表现为班主任计划和安排工作的过程。而班主任工作计划的制度，是班主任工作过程的真实环节，也是班主任一切后续工作的具体依据和实现培养目标的计划保证。

1. 整体规划

这是班级一定教育阶段的整体设计，要依据时代发展的要求，根据党和国家的培养需要，提出管理的宏观目标。总目标确定以后，还要根据学生的年龄特征、学习阶段、个体的认识规律和个体素质，按学年、学期分为若干方面。如思想建设、学习能力、生活能力和素质特征等。学年、学期目标要有层次梯度，由高到低、由易到难，逐步深化，目标要尽量切合学生的实际，切莫"高不可攀"。

2. 阶段规划

这是就近期管理工作而设计的。规划的内容包括：管理口号与相应的制度；管理组织，是管理顺利进行的有力保证；管理程序，以使工作循序渐进；管理手段，也就是事实的活动安排，督促检查；可能会出现的意外情况及疏导的设想等。阶段计划也要从实际中来，了解学生的发展情况，反映学校阶段管理的要求。在具体安排下，还要注意渐进梯度。要有最低限度的要求，考虑到后进生，让每个学生像在登石阶，一级有一级的成功，一级有一级的快慰，从而激起更高的积极性。

（四）制订班级工作计划应注意的问题

1. 坚持正确的方向

邓小平同志的"三个面向"为我们培养社会主义事业需要的人才指明了方向，也是制订班主任工作计划的指针。要注意防止把班主任工作重点放在单纯追求升学率上，特别是毕业班，更要防止忽视德育、体育，强迫学生死读书，单纯追求高分的倾向。

2. 从实际出发

制订计划以前，要深入调查研究，摸清本班的主要问题或普遍性的问题，这样才能确定计划的主要内容和应采取的措施，做到有的放矢。如确定德育的具体课题，采取提高各学科学习质量的措施，规定重点活动的内容、形式，拟定班级管理的目标等，都要从本班学生的实际出发，否则，根据计划组织的各项活动就会流于形式，收不到实效。

3. 注意德育的科学化、系列化

（1）根据班级实际，明确不同时期的重点。如中学一年级，要把重点放在建立良好的班集体和班风上；中学三年级要根据学生毕业后向普通高中和职业技术学校分流的情况，搞好升学指导教育。

（2）注意不同年级的特点，明确每次活动的具体要求，使相同的主题教育体现出阶梯性和循环性。如理想教育，中学阶段主要是通过学习英雄人物，使学生明确应该有什么样的理想。

（3）计划要采用灵活多样的形式，把德育、体育和美育结合起来，使活动具有知识性、趣味性和渗透性，能吸引学生，避免单纯的说教活动方式。可围绕确定的德育主题进行，如把热爱祖国作为教育的重点，可以确定以下的活动：组织"祖国在我心中"的主题班会；发起"爱祖国，为实现四化而勤奋学习"的征文；走访革命老人、烈士后代，给边防战士写慰问信等。每一项活动都要目的明确，讲求实效。

4. 全面贯彻党的教育方针

班主任必须寓思想品德教育于知识教育之中，结合各科教学对学生进行思想教育。这一点务必在班主任的工作计划中体现出来。优秀的班主任常常在教学上也是骨干，这就更便于在教学中结合思想教育努力挖掘教材的思想内容。还要充分利用学生所掌握的信息和所学到的知识，及时反馈，把这些信息知识转化为信念，转化为对学生进行学习目的、学习态度的教育。

5. 对经常性的班务工作做好计划安排

班主任对于经常性的班务工作也要做好计划安排，使之制度化。如制订班级的规章制度，确定干部，组织学生轮流值日，提出本学期评选先进的条件等。如果不对这些工作做好计划安排，就不可能组织好一个班集体。为此，班主任的工作计划要努力做到：

（1）体现全面性。既突出德育的实施计划，也不忽视其他工作，要"五育"统筹安排。

（2）把握系统性。既要考虑学校、家庭和社会的大系统，也要考虑班主任、政治课和团队组织小系统。

（3）突出针对性。要在调查研究的基础上，根据本班学生的实际，有的放矢地开展工作。要结合实际情况制订出奋斗目标，提出解决问题的办法，切忌空泛。

（4）体现培养性。班级工作要充分反映出对班级集体的培养，使学生提高自理能力和独立工作的能力。制订班级工作计划要征求学生的意见。尽量发挥学生及其骨干的主动性和积极性。

（5）具备操作性。工作计划不能是空洞的条文，应有月（周）计划表和班、团（队）活动计划一览表，以便有条不紊地执行和落实。

难点七　如何开展班级活动

班级活动是班级活力的体现，它对学生的成长和发展有着极为重要的影响，学生在活动中既能获得满足和显示，更能得到锻炼和提高。一堂班会可以激发学生的爱国主义情感，一场球赛可以培养学生的集体主义精神，一次节目可以焕发学生的艺术才华，提高他们的审美情趣……充分认识班级活动的重要性，并指导学生开展丰富多彩的班级活动，是中学班主任的一项光荣职责。

一、晨会的组织

"一日之计在于晨"。晨会，是班主任对学生进行班级常规管理、时事政治等方面教育的重要途径，也是班集体活动的一种重要形式。

（一）晨会的内容

1. 班级常规管理

班主任在组织晨会时，可以对班级昨天的常规情况进行小结，表扬好的方面，指出存在的问题；也可以对今天的班级工作进行布置，使学生做到心中有数；也可以对班级早晨的常规工作进行督查，发现问题及时纠正。

2. 时事政治教育

时事教育是中学思想政治教育的重要内容，是中学生的必修课。国家教育部历次颁布的中学教学计划中都安排了一定的时事教育时间，并对如何进行时事教育提出了指导性意见。班主任可以充分利用晨会的时间，对学生进行时事教育。

3. 综合能力锻炼

在晨会上，可以让同学朗读一篇好文章，讲一个故事或一则笑话，也可以谈一件国际时事，甚至可以一展歌喉，献上一首优美动听的歌曲，等等。一方面给学生一个充分展示自己才华的舞台，另一方面也促进了班集体文化的建设，对学生形成健康鲜明的个性起到了熏陶感染和激励促进的作用。

晨会在内容上，可以丰富多彩，在方法上，也可以灵活多样。晨会可以由班主任亲自主持，也可以由学生轮流主持，体现教师的引导性，突出学生的主体地位。

（二）晨会的注意事项

1. 忌把晨会开成批评会

许多班主任把晨会上成训斥会，每天把学生已犯的错误和可能会犯的错误一一罗列，然后告诫学生不要这样，不能那样，要不然就会怎样怎样……结果学生听厌了这类训话，任你东西南北风，照样我行我素。

2. 晨会的时间并非一定都要 10 分钟

班主任可根据实际内容，有话则长，无话则短，关键是时效性和实效性。

二、班会的组织

班会是在班主任领导或指导下，以班级为单位组织的全班学生的会议或活动，是班主任对学生、班级进行组织管理、指导和教育的重要途径，也是学生民主生活的一种重要形式。在班会上，班级的每个学生都可以充分发表自己的意见，共同研讨解决班级中的各种问题。

中学时期的班会，一般有三种形式：以常规教育为主的班务会，以批评和自我批评为主的民主生活会和围绕某一主题组织的主题班会。

（一）班务会

班务会是研究班务、引导全班同学对班级实行民主管理的例行班会。主要形式有民主选举会、班级常规会（开学初讨论制订工作计划、各种规章；期中班级成绩、工作计划执行情况的小结；期末各项评选、班级工作的总结会等）。班务会的组织，要具有以下几个环节：

第一，确立主题，心中有数。在召开班务会之前，应对班务会要解决的问题，议论的主题心中有数。在班主任工作计划中，对班务会的活动也应有具体的计划。针对全班同学的思想动态，或提出要解决属于全班共性的问题，或提出需要讨论的议题，起到指导学生的作用。

第二，发挥学生主体意识，预先做好准备。在班务会召开之前，班主任就应向班委会通报有关情况，放手让班干部积极参与，甚至可以由班委会干部分工，轮流主持一般性的班务会，达到培养班干部、形成班集体核心的作用。

第三，组织会务，实施讨论。在准备工作做好以后，实施讨论、选举、安排工作。中学阶段，班主任可退向"幕后"指挥，由班长或各班委出面主持。

第四，进行会务小结。班务会结束后，班主任应进行分析评估小结。若是全班性的讨论会，班主任还应组织班干部会议讨论是否完成了讨论议题。未完成的，应作补充或补救措施。

组织班务会，班主任应注意以下两方面问题：

第一，发扬民主，信任学生。应抱着充分信任学生尤其是相信班干部能力的态度，不要事必躬亲。

第二，评选会上，应把握舆论导向，避免学生选举评比工作中的盲目性。学生容易凭个人情感、同学之间的关系、平时批评自己的次数多少来选评先进，而不能从班级集体的利益来全面衡量。班主任对一些敢于负责、工作积极的班干部应保护他们的工作热情。在班务评选会上，应适时介绍他们的成绩和优点。

（二）民主生活会

民主生活会是针对班集体内出现的某种错误倾向而召开的以批评和自我批评为主的班级例会。

召开民主生活会，一般有四个环节：

第一，寻找焦点，确定重心。召开民主生活会一定要先找到问题和焦点，树立批评的靶子。对错误倾向或错误思想的形成根源，有何危害，有哪几种行为，如何处理等都应了然于胸。

第二，充分准备，开渠引水。在举行班级民主生活会前，应做好充分的准备工作。如果是班干部和班级同学之间的矛盾，更应先做好班干部的思想工作。可先召开班委会民主生活会，以求得思想上的一致。这样，在班干部带头批评和自我批评的推动下，班级的民主生活会便会水到渠成，取得好的效果。

第三，讲清目的，实施活动。在民主生活会上，班主任一定要讲清召开民主生活会的必要性和目的性，消除学生的抵触情绪。

第四，认真总结，巩固成果。会后应把会议的计划、过程和解决问题的方法、收到的效果作全面细致的总结，为今后开展工作和防止类似错误倾向提供经验教训和借鉴。最好是形成较详尽的书面材料存留下来。

召开民主生活会，班主任应做到：

第一，要全面调查研究，了解问题产生的前因后果，找到产生问题的症结所在，然后再对症下药。

第二，要了解班干部的心理。作为一名班干部，要协助教师，要统领同学，要在众人面前讲话，要独立思考解决一些问题，要处理各种矛盾，要学会协调人际关系。他们会因地位、角色和位置的变化，产生自傲情绪；在有了新的责任、新的权利和新的义务后，碰壁次数多了，烦恼也增多了，矛盾的心理也更复杂了。应从爱护的角度出发，从关心学生成长的角度出发，来对待他们在工作中的缺点错误。

第三，班主任在民主生活会上要以身作则，带头作批评和自我批评，使班干部看到民主生活会的目的不是为了针对某个人，而是为了把今后的工作做得更好。这样，大家才会心情舒畅，畅所欲言，认真反省工作中存在的缺点和失误。通过批评和自我批评达到团结的目的，既不挫伤班干部的自尊心，又圆满地解决了问题。

班级民主生活会上主要是针对全体同学思想上或行动上出现的某种错误行为或倾向而召开的班会。坚持表扬与批评，对形成正确的班集体舆论具有重大作用。为此，班主任要注意经常表扬好人好事，坚持原则，维护正确的东西。同时要利用班级民主生活会，批评错误的思想行为和倾向，抵制歪风邪气，形成人人要求进步，争做好事的班风，把舆论引向正确的方向。

（三）主题班会

主题班会是围绕一定主题而举行的班级集体成员全体会议。它是班会的一种形式，具有主题鲜明、内容丰富、形式多样和号召性强等特点，是班级活动的重要形式。

成功的主题班会总是能有效地解决学生中存在的问题，使参加者有所收益。因此，组织开好主题班会既是实现教育目标的必要措施，也是班主任应该做好的基本工作。

1. 主题班会的组织

主题班会的召开，是教育过程中的一个环节。作为完整的教育过程的主题班会，一般有四个阶段：

（1）确定主题。确定主题是开好主题班会的前提，是教育活动的核心。好比一首乐曲的基调，它起着"定音"的作用。

① 根据教育计划的实施，确定班会活动的主题

每个班级，按照其年级与学生年龄的不同，教育目的和教育内容的不同，班主任制订班集体的教育计划时，总有一部分带有规律性的教育内容。比如：初一年级，对学生进行新集体形成的教育，要求每个同学融入新的班集体，并为新集体做出贡献的教育。初二年级，正值学生迈入青春期，学习科目开始增多，学习任务日益加重，班主任也要相应设计青春期的身心指导和学习方法的指导活动。到了初三年级，每个学生又面临一次

人生旅途的转折，班主任也要设计毕业及升学指导的教育活动……

② 配合节日活动的开展，确定班会活动的主题

一年 365 天，包含有许多具有教育意义的节日，如 3 月 5 日"学雷锋纪念日"，3 月 12 日"植树节"，5 月 1 日"国际劳动节"，5 月 4 日"中国青年节"，5 月 30 日"五卅运动纪念日"，6 月 1 日"国际儿童节"，6 月 5 日"世界环境日"，7 月 1 日"中国共产党诞生日"，8 月 1 日"中国人民解放军建军节"，9 月 10 日"教师节"，10 月 1 日"中华人民共和国国庆节"……

用主题班会的形式组织学生开展这些节日、纪念日活动，既丰富学生的课余生活，又渗透教育内容，会给学生留下青少年时代的美好记忆。为此，可以相应地设计一些主题，如《站在祖国的地图前》、《星空中只有一个地球》、《雷锋就在我身边》、《当我唱起国歌时》、《感谢您！我们的园丁》、《团圆》……

③ 针对班集体的现状，确定班会活动的主题

任何一个班集体，在它的形成以及发展过程中，总会产生各种各样的问题。班集体中的个别成员，由于品格面貌、个性脾气和学习基础的不同，有些不良现象会对班集体产生消极作用。班集体中产生的带有普遍性的问题，班集体中某些偶发事件，个别学生身上暴露出来的某些不良品行等等，可能会侵蚀班集体的健康肌肤，导致班集体的涣散。然而班主任又可以抓住这些契机，使班集体得到锻炼和考验，朝着更为健康的方向发展。这两种截然相反的效果的形成，首先取决于班主任对教育事业的高度的责任感，取决于班主任在班级指导中的教育机智。

不论从哪个角度选定主题，都要准确恰当、方向正确，具有高度的思想性和深刻的教育性，具有鲜明的针对性和强烈的吸引力。

（2）精心准备。确定主题只是开好主题班会的第一步。要想确保班会的质量，班主任必须抓住开好主题班会的关键一步——精心准备。

常言说，不打无准备之仗。主题班会的准备越充分、越周密，效果就越理想。班主任可以从宏观和微观两个方面对主题班会进行准备，并要精心指导和组织整个准备过程。

宏观准备主要包括主题班会的设计构思和组织发动两个方面。班会什么时间召开，依靠哪些骨干学生，采取什么形式，是否邀请领导、教师、家长甚至其他班同学等等，班主任都要做到心中有数。然后还要广泛地征求其他教育工作者、学生家长或者学生的意见，做到设计方案尽可能完美。因为班会的主角是学生，"戏"要靠他们去表演，所以，班主任还必须把设计方案和盘托出，在组织骨干的基础上，充分发动所有同学参加准备的全过程，使准备过程成为学生积极参与、自我创造和自我教育的过程。在整个准备过程中，学生对班主任的构思认同感越强，积极性也就越高，班会成功的把握性也就越大。反之，班主任的构思就可能落空。

微观准备主要是具体的技术准备和物质准备。技术准备一般包括确定班会的议程，挑选主持人，确定发言或表演的主要人选，指导主持人台词的写作，指导发言稿的修改以及表演者的演练，安排来宾的特别发言，等等。物质准备主要是要求学生准备主题班会所必需的东西，如鲜花、彩带、画像、标语、音响、道具、乐器、服装，等等。准备的东西要视班会的形式而定。

在整个准备过程中，班主任要充分发扬民主，尊重学生的积极性和创造性，不仅要使全班同学人人都成为准备工作的参与者，而且为了使准备活动有条不紊、扎扎实实，还要分工负责，使时间、人员和物件逐一落实到位。班主任要经常检查督促，并及时帮助学生解决准备工作中的问题和困难。

（3）具体实施。经过精心准备，一个主题班会可以说已经到了"万事俱备，只欠东风"的阶段。但是，"行百里者半九十"。这正如一台好戏，不论排练得如何成功，如果临场出乱，依然会使观众喝倒彩。班主任切不可认为有了充分的准备就掉以轻心。

要想使主题班会收到预期的效果，班主任必须首先在"两个环境"上做好文章，即十分注意心理环境和物质环境。班会开始之前，班主任要对全班同学做适当的心理调整。使全班同学精神饱满而不过分紧张，群情振奋而不流于浮躁。尤其是对后进生帮教性的班会，事先要指导发言者从情绪到言辞都要讲究分寸，不能把班会开成批斗会，使后进生心理上承受很大的压力而抬不起头，还要事先做好有代表性的后进生的工作，使其正确对待同学们的善意批评。总之，使所有的学生在轻松愉快中受到教育，这就是班会应该创造的心理环境。

还要指导学生根据班会的主题性质创设切题的物质环境。如欢娱性的应张灯结彩，弘扬民族精神的宜古朴典雅，讽喻性的要简洁明快……总之，会场的布置要利于烘托班会主题，使人一入会场顿时受到环境气氛的感染，收到良好的教育效果。如某班召开《共架心桥》的发扬集体主义精神的主题班会。班会的准备过程中，有一项内容是征集班会的黑板图案。全班46个同学，共设计出了50多种，其中一幅是一名女同学设计的：黑板的最上面用彩色粉笔画出七色拱形彩桥，桥上写出"共架心桥"四个大字，"心"字被一颗红心所包围。桥墩上是朵朵鲜花。彩桥下面是级级阶梯，每个阶梯旁画着象征性图案，依次是：手握手、心连心、勤学好问、汗珠串串、金杯。意思是：手握手、团结向上，心连心、友谊长存，肯动脑、勤学好问，流汗水、奋力拼搏，齐心协力、初二（8）班获成功！板画图案的核心位置画出47颗心（包括班主任老师的一颗心），朝向鲜花，表示47颗心凝聚成一颗二（8）班必胜的信心，去追求美好的未来。

其次，要鼓励主持人临场发挥，用自己的机智和勇气，调动全班同学的情绪。除了班主任的会前指导外，会场上的激励也是十分重要的。会上，班主任要始终以欣赏的目光注视主持人，主持人自然从班主任的目光里得到灵感，还要恰当地给以语言的点拨，或者通过表情的变化给以适时地提示，但这些不可多，否则会使主持人无所适从，思维受阻。

再次，对意外事情要及时诱导，妥善处理。任何事情考虑再周密，临时总会有意外事情发生，主题班会也不例外。如发言人由于一时激动随机越出了轨道而引起同学间的激烈争论，表演者出现了失误，晚会上突然停电、音响失控，等等。出现了意外，班主任头脑要清醒冷静，处变不惊。切不可大惊小怪，怨天尤人，给学生情绪带来不良影响。这既显示了班主任的教育机智，也是对学生处理意外事情的现身教育。

（4）效果深化。一次成功的主题班会，往往会使学生的心灵引起震动，受到启迪，有所收益。班主任应十分重视主题班会成果的巩固和深化，抓住契机，把学生的思想、学习和生活推上一个新台阶。但是，中学生正处于可塑性最强的时期，他们的心理总是在不断变化着。所以，班主任又不可将一次成功班会的效能估计过高而毕其功于一役。要以敏锐的观察力，根据学生不同时期的表现，引导学生准备新的主题班会。

2. 主题班会的形式

主题班会的形式多种多样，目前经常采用的有以下几种类型：

(1) 论理式的班会

这种班会以直接提高认识为主，提出问题、分析问题、解决问题，一般用来对重大的问题进行论证和阐述，使学生统一认识、提高认识。论理式班会有多种样式，如直接地论理，通过辩论明理，通过研讨识理等。论理式班会目的很明确，即把"理"说透，使学生信服，所以要论证有据、内容翔实、逻辑严密、思辨敏捷。组织这种班会，论点要抓准，既要有针对性，又要是学生所真正关心的问题；说理要有力、有据、有信，不能说空话，说假话，说强加于人的话；论证要活泼生动，要使学生在趣味中得到教益。论理式班会论题要集中，一次班会最好解决一两个问题，不能过多、过杂、面面俱到。论理式班会宜于在高年级学生中进行。组织这种班会要摸准学生中"问题"的焦点，要对论证的道理进行充分的准备，要考虑到出现不同论点时的"应急"措施以及出现负面效果时应采取的态度及做法。

(2) 交流式的班会

这种班会主要用于学生间相互学习和相互借鉴，通过班会使学生好的经验和做法得到推广。这种班会也可以用于外请的人物与学生交流，通过在班会上的沟通，达到学习借鉴的目的。开交流式的班会要创造一种气氛，即和谐、融洽，引发出学生对所交流的经验的钦佩和赞赏之情。如果学生只作为"听"的对象，往往效果不够理想。所以对这种形式的班会的准备，要选好"交流"的对象，要做好交流者与同学之间在感情上的沟通，并要注意，最好要真正地"交流"，而不是单向的传播。同学之间的交流，要有平时的基础，一是有"经验"、"事迹"的基础；二是要大家的认同，即有群众基础。组织这种班会，班主任要做细致的了解和细致的准备工作，否则容易走过场或是造成同学之间的隔阂。交流式的班会，还要选好时机，要选择同学们关注某种问题的时候，或是大家对某种问题特别感兴趣，自己又苦于不能圆满解决的时候。这样的交流式班会备受欢迎，也会取得很好的教育效果。

（3）文艺型的班会

文艺是学生喜闻乐见的形式，文艺型的班会可以活跃气氛，寓教于乐，使学生受到情感上的激励和熏陶，并从而收到教益。文艺型的班会一般通过班级内文艺表演形式进行，如讲故事、唱歌和跳舞。其他文艺表演，甚至是绘画、书法、摄影等形式。这种形式的班会是学生展示才能和发挥创造性的好机会，也是引导学生自我教育的好机会，还是培养学生组织能力的好机会，所以很受学生欢迎。班主任要尽量使多数学生都有"机会"，不要只是让文艺活动积极分子或有特长的学生活动，那样就会使另一部分人缺乏积极性了。因此，组织这种形式的班会，班主任要在动员多数人参与上下功夫，尽量把内容扩展，即使没有文艺表演能力的人，也让他们有"活动"的余地。也能够各得其所，兴致勃勃。组织这种班会，班主任要自然地把教育的主题融入，使学生在娱乐活动中，在酣畅的表演活动中，受到熏陶、得到启迪、经受锻炼、收到教益。组织这种形式的班会，不能热闹一场了事，但也不能生硬地"加进"教育意义，班主任的功力在于寓教于乐。

（4）竞赛式的班会

这种形式的班会是针对学生竞争心理、好胜心理所采用的一种活动形式，在"两军"对垒中，融入哲理性、知识性或判断社会热点问题的是非性。这种形式的班会，容易形成热烈的气氛，但准备不周又会偏离主题。竞赛式的班会内容有知识性的竞赛、判断是非的竞赛、某种能力的竞赛等。组织这种班会，班主任要确定和选准竞赛对手，使其有代表性，以使同学关注它的胜败。同时，要动员和选派平时不大活跃的学生或比较不大关心集体的学生做竞赛的主角，特别要注意在准备过程中，要广泛发动学生参与，发动得越广泛，关注竞赛成败的人越多，效果也越好。班主任不要把竞赛的答案或"现成"的东西预先"给"学生，那样就会使学生只关

98

注竞赛的"表演"或结果，而不大容易使他们受到教育。

竞赛式班会不宜过多地召开，因为这种班会要经过较多时间的准备，而且也容易影响一部分学生的学习。另外，竞赛式班会在一个班级内举行，某些学生所代表的一方不一定能使大家产生更强的集体荣誉感，这样也就形成不了长久的教育效果。

（5）纪念性的班会

纪念性的班会包括对历史事件和名人的纪念，对重大的节日、传统的节日的庆祝等。这类班会往往与社会的纪念活动和庆祝活动合拍，因此容易造成气氛，但也容易走过场。纪念活动、庆祝活动都有个鲜明的主题，同时又都有比较深的社会影响，因此其教育性容易把握，也容易为学生所接受。纪念活动、庆祝活动又都有社会上的"传统"纪念、庆祝方式，因此这种班会的活动形式好把握，特别是可以利用某些社会条件来丰富班会的内容，使班会活动能够多姿多彩。组织这种班会，班主任要"出新"和突出针对性。所谓"出新"就是突破老一套的纪念、庆祝方式，使得这样的班会有新意，有新鲜感，有新内容。所谓有针对性是要针对学生的实际，针对社会形势的实际，突出教育的目的，力求达到教育的效果。纪念性的班会容易搞成形式主义，照例讲讲纪念或庆祝的意义，同学们表个态，演个文艺节目等。甚至年年如此，逢纪念活动都如此，这就达不到应有的教育目的，还会使学生形成淡漠心理。使班会空走过场，班主任组织和设计纪念性的班会形式也要灵活多变。同时立意不要过大过空，避免不着边际。班主任要把纪念什么、庆祝什么同教育什么结合起来，要寻找最佳的结合点。这样就会使学生在熟悉的纪念日、庆祝日里，得到新的东西，受到进一步的教育。为了扩大教育效果，班主任还要注意纪念性班会教育效果的延伸，以避免纪念日一过，班会上所得到的也都消失殆尽。

（6）实践性的班会

学生参加各种实践性的活动，是他们应受教育的必要内容，尤其是社会实践活动，对学生的成长更为重要。实践性的班会是学生参加实践活动比较集中的形式，通过这种班会，要使学生较集中地体会实践的意义，较突出地领会实践的内容，较集中地认识某一方面或某一个问题。实践性的班会的特点是耳闻目睹、有真情实感，对教育内容印象深、领会快，能增加信任感，并容易受到情感的激励。因此，实践式的班会教育效果较好，也为学生所喜欢。组织设计实践性的班会，要注意内容集中、主旨鲜明、形式紧凑、帮助消化。实践性的班会是在实践场所进行的，实践的"对象"又往往是多面的、复杂的，这就形成了与"教室里的班会"不同的特点。班主任组织这种班会活动，选题一定要集中。主题一定要鲜明突出。在有限的时间内，使学生的活动紧紧围绕主题。不受其他因素干扰，使学生做、想、看，都有明确的目的性。做到这点还要求做到形式紧凑，在实践中帮助学生领会、理解和提高认识，这样既易于实现班会的主题，又体现班主任的教育主导性，也易于学生认识的深化和强化。

组织实践性的班会，要与实践对象做好沟通联系，一次调查访问，一次公益活动，一次参观活动，一次观察活动……都要有的放矢，而做到这点就必须得到配合和支持。另外，在实践性的班会活动中，学生也可能看到与教育主题不同的东西，甚至是相反的东西，对此班主任要有正确的认识并做好教育的准备。所谓正确的认识就是要承认社会的复杂性，真空的环境是不多见的。因此，学生看到正反两方面的东西是不可避免的，这也是实践性班会经常遇到的问题。重要的是班主任要能利用正面的东西教育学生，也要学会利用"反面"的东西使学生受到教育，这条原则在平时的教育中适用，在实践性的班会上也适用。同时，班主任也要把握实践性班会的进程，不能采用"放牧式"，任凭学生随意去做；也不能把学生管得死死的，使他们有思想压力和不得施展。

（7）模拟式的班会

所谓模拟式的班会就是创设一种情境，使学生进入那种情境中，以使他们感受到自身的责任，感受到"现场"的气氛而加深印象，更主要的是使学生增强主人翁感和积极参与的意识。同时模拟式的班会，也适合青少年的特点，还能增强他们的想象力和实践能力。这种班会组织得好，还会出现一种热烈的气氛，使学生产生广泛的兴趣和追求的心理。

一般模拟式的班会，有想象情境式的，如"与时间老人座谈"、"××年的畅想"等；有实况模拟式的，如模拟法庭、模拟交通警察，小朋友在敬老院等。总之，一是创设情境，创设一种有教育意义的环境；二是使学生成为这种情境中的一个角色。这样就能产生"身临其境"的感受，其"角色"意识就能不断增强，从而达到预期的教育效果。

模拟式班会要有实感，实感越强，情境越真，学生的感受就会越深。因此，班主任组织这种班会切忌形式的夸张和"失真"，那样就会产生副作用，使学生感到是在演戏、在"做假"，不但不会起到很好的教育作用，而且还可能引起学生对班会的随意情绪。

班会的组织方式可以说是相当灵活的一件事，对于班主任来说完全可以任君驰骋。班会组织得好，能有效地促进学生行为意识的成熟。许多问题，都是可以通过班会来解决的。

3. 主题班会的设计要求

（1）严密的序列性。按照德育大纲的要求，分年级由浅入深依次排列逐步展开。

（2）鲜明的针对性。主题活动要从各年级学生的实际情况出发，符合学生年龄的特点，着重解决某一方面的问题。

（3）深刻的教育性。主题活动要纳入年级教育计划，具有明显的教育意义。

（4）强烈的时代性。主题活动要从现实生活出发，富有鲜明的时代气息，反映时代的脉搏和时代的精神。

（5）充分的自主性。主题活动的主体是学生，班主任只是"参谋"，因此，要充分发挥学生的积极性和创造性，做到全班人人关心，人人动手，共同设计。

（6）浓厚的趣味性。主题活动应做到内容丰富，形式新颖，生动活泼，引人入胜。

（7）良好的实效性。主题活动要切实解决学生的一些问题，使学生有所收益，有所进步。

另外，主题班会的设计还要体现五美：

（1）立意美。每次主题班会的成功，靠主题立意。让学生一看主题就会明了要谈什么问题，而且富有美感，只有这样，才能使主题班会具有较强的感召力和凝聚力。

（2）内容美。主题班会要真正实现对学生的教育，必须将其主题立意具体化，具有时代精神，有实实在在美的内容，因此，选择材料务必真实、典型、生动形象，不能干瘪无趣，要符合学生的年龄特征和心理水平，要具有说服力和感染力。

（3）形式美。主题班会的内容是要通过具体的形式表现出来的。所以说，正确地选择和精心地设计主题班会的形式是非常重要的。主题班会的形式一般指主题班会的表现形式，包括活动、编排、人员调配、会场布置、气氛和节奏等。主题班会要形式美，就是指主题班会的形式应该新颖、活泼、丰富多彩。

（4）教育美。要真正发挥主题班会的教育作用，切忌把主题班会开成"检讨会"、"批评会"。要巧妙地设计主题班会的活动内容，使学生在活动中受到情感、意志和道德等方面的教育，促进德、智、体全面发展。例如，"过生日"已成为学生的"热点"，家里大摆酒席，学生"收"、"送"礼物的不良风气一再蔓延。抓住这个"热点"可精心设计、安排"生日演讲"主题班会，过集体生日，让同学们把自己做的手工艺品，自编的贺词、歌曲献给过生日的同学，还可让学生发掘过生日同学的优点。这样既实现了学生过生日的"愿望"，又达到了活动中进行教育的目的。

（5）趣味美。趣味是学生接受教育的动力。所以主题班会一定要开得生动活泼，富有浓厚的趣味美。通过浓厚的趣味性，来激发学生参加主题班会的主动性和积极性。例如，召开"从小培养自我服务能力"的主题班会，可设计一些竞赛项目和实际操作项目，像择菜、炒菜、做饭、洗衣服等。

三、团队活动

中学的团队活动是指共产主义青年团（以下简称共青团）活动。共青团的性质决定了它是班集体的核心力量，是班集体各项活动的积极支持者和直接参与者，是协助班主任做好班级工作和推动班集体各项工作顺利开展的得力助手。

班主任与班级共青团的关系是协助和配合的关系，班级团支部由学校党支部通过团委进行领导。由于它的成员是学生，其活动主要在班级里开展，它要接受班主任的支持和帮助。班主任关心、支持和帮助团支部的工作，主要表现在以下几个方面：

（一）激发动机，引导学生加入共青团组织

中学时期，大部分学生到了入团的年龄。从少先队到共青团，这是一个从有到无，从无到有的过程。为了加强团、队的衔接，班主任应指导学生认识到，共青团是中国先进青年的群众性组织，是青年学习共产主义的学校，引导学生了解团组织的意义、目的和崇高的使命，增加团组织的吸引力，并不失时机地向学生提出"加入共青团"的新目标，提高对学生的要求。班主任要注意发现并培养入团积极分子，对积极分子，班主任要与他们经常进行个别谈话，指导他们学习团史、团章，逐步克服缺点，再接再厉。对条件已具备的学生，班主任应推荐其入团。在引导学生积极加入共青团方面，班主任可采取下列措施：

1. 结合少先队活动和主题班会活动进行团的知识教育，如请共青团员做"团旗指引我成长"、"金色的团徽在闪光"等报告和学习团章讲话，增加少先队员对团组织的认识。

2. 通过少先队集体"退队"仪式，如通过开展"十四岁，新的高度"等活动，指导学生退队后如何选择好自己的青春之路或组织学生搞"十四岁，意味着什么"等演讲活动，引导学生对今后人生之路的思考，来激发学生强烈的入团愿望。

3. 根据校团委的统一布置，在班会上进行入团动员。

4. 发现各种活动中的积极分子并将他们推荐给学校团委，使他们接受入团先进分子教育培训。

5. 鼓励全班同学写入团申请书，在各项活动中接受团组织的考验。

6. 推荐他们加入中国共产主义青年团，把他们培养成为一名光荣的共青团员。

（二）选拔培养团干部

学生中一般存在着青年看团员、团员看干部的心理倾向。团干部经常在团员和青年的监督下工作、学习和劳动。要使团的组织成为团结教育青年的核心，必须首先使团干部成为这个核心的骨干。所以，班主任要注意选拔、推荐和培养团干部，帮助他们克服困难，大胆工作，成为共青团的骨干。具体措施如下：

1. 推荐团支部委员。在已入团的团员中培养组织能力强，热爱团的工作，有奉献精神和活动热情的团员担任团的支部书记、宣传委员和组织委员。有经验的班主任在第一批推荐的团员人选中就考虑了团干部的选择。因此，在条件成熟的学生中，第一批最少发展三个团员，以组成班级团支部。

2. 帮助团支部委员熟悉自己的工作职责、工作任务，并有计划地以团支部名义开展一些活动，在活动中培养团干部的能力，提高团干部的威信，增加团组织的吸引力。

3. 班级团支部成立后鼓励支部委员自己开展工作。如对全班学生进行团的知识教育，对班上积极分子进行培养。指导同学写入团申请书和汇报。主动担当同学的入团介绍人，对入团积极分子给予全方位的帮助，发展新团员，扩大班级团组织等。

班主任要在各项活动中观察支部委员的工作及表现，及时指出其工作中的不足及问题，帮助他们解决工作中遇到的困难，支持他们开展工作，保证团组织工作的顺利开展和团干部的健康成长。

（三）发挥模范带头作用

班主任要做好对共青团员的帮助、指导和教育工作，发挥共青团员的模范带头作用。班主任教育共青团员的方法主要表现在两个方面：一是当团员请教问题时，班主任应为团员提供正确解决问题的参考性建议，指导他们的工作方法；二是参加共青团经常性的活动，包括团员的学习活动、道德教育活动等。通过活动，及时发现团员们存在的问题，并帮助他们提出改进工作的方法措施，鼓励他们保持较高的学习热情，自觉遵守纪律并取得好成绩。在具体的方式、方法上可以从以下几方面入手：

1. 采取恰当方式，将共青团员在各项活动中作用发挥的情况和共青团员的表现及时在全班通报或表扬。

2. 鼓励团支部以共青团名义开展一些有利于班级发展的活动。如"我为班级增光彩"等，配合团中央开展"青年文明号"、"青年志愿者"活动，也可以和学校附近民警一起共建"共青团文明先进岗"等，利用节假日上街义务服务或开展绿化美化校园活动，扩大班级共青团员的影响。

3. 开展共青团员结对系列活动，如每一位团员都要培养一名积极分子，或带班上一名后进同学共同搞好学习和纪律，或为班上做一件好事等。共青团员应吃苦在前、享受在后，真正起到模范带头作用。

4. 经常用榜样人物的先进事迹教育团员，号召团员学习榜样，成为榜样。榜样人物既可以是雷锋，也可以是改革开放中各条战线上涌现出来的先进人物，还可以是本校或本班同学等。要使团员在学习榜样的过程中着重学习榜样人物的优秀品质，成为全班学生学习的榜样。要使学生感到，哪里有困难哪里就有共青团员，共青团的先进作用不是口头上的，而是真实、看得见的。

（四）协助团支部制订和实施工作计划

班主任要了解学校团组织的有关计划和要求，掌握班内团员和青年的实际情况，在分析、总结过去工作经验、教训的基础之上，协助团支部制订出一定时期的工作计划，并指导、帮助其检查、协调，为之提供条件。具体措施如下：

1. 让团支部委员了解学校团支部工作计划。班级共青团活动是在学校团支部的直接领导下进行的，因此，制订班级共青团计划前要先了解学校共青团的工作总计划。

2. 发挥共青团员的主动性、积极性和创造性，制订出内容丰富多彩、形式灵活多样的班级共青团支部活动计划。班主任听取班级共青团支部的工作计划，提出自己的建议和补充意见。

3. 共青团活动每周进行一次，除团的知识学习、时事政治学习以及学校统一安排的其他活动外，班级还可以每月根据年级情况组织一次活动。

（五）协调团支部与班委会的关系

班委会是班集体的领导核心，团支部是班内全体团员的领导核心，两个核心在班内共同开展工作，可能会产生认识和行动上的矛盾，班主任应经常注意对两个核心的协调、教育与指导，使每个干部能明确各自的任务，为实现班级共同的奋斗目标，统一认识，协调活动，以不同的方式和不同的侧重点，互相配合，做好工作。

班主任在指导团队活动时，应注意：

1. 要尊重团队组织的独立性，充分发挥团队组织的主动性和独创性。班级团队组织是直接受学校团队组织领导的青少年群众性组织。同班委会不同，它不受班主任直接领导，具有相对独立的特点。因此，班主任不能对团队组织发指示、下命令，甚至包办代替团队工作。根据团队组织性质以及在班级中的地位和特点，班主任应尊重它的自主权利。只有应团队邀请，班主任才能出席团队的会议，在会上必须遵循以下原则：（1）进行说服而不是下命令；（2）尊重学生的主动精神，而不能强迫照办；（3）使他们对自己组织的工作具有责任感，而不可包办代替。当然，对缺点错误也不应迁就，而应积极引导，通过做深入细致的思想工作，帮助他们改正。

2. 积极支持、帮助和指导团队开展工作。尊重团队工作的独立性，不能放任自流，不管团队工作。团员以及团员干部在班上都是受教育者，团队工作对他们来说主要是学习、锻炼的途径，班主任如果忽视对他们的帮助和思想教育，无疑就是失职。同时，团队干部尚缺乏社会工作经验，没有班主任的指导，团队工作也不可能很好地开展起来。班主任对团队工作的指导和帮助，重点是激发、培养团队干部和团员、队员的主动精神和创造精神，做好政治思想工作，同时帮助他们出点子、想办法，在工作方法上给予指导，遇到困难时热情帮助。

3. 根据团队工作的总目的和总任务，指导团队开展适合团员特点的活动。团队工作一方面要配合班级工作，另一方面又要完成组织赋予的任务。班主任在指导团队工作时要注意，不要把团队工作看成是为班级工作服务的第二班会。团队组织有它不同于一般组织的总目的、总任务，团队活动应该以这个为中心开展活动。如指导团员和青少年学习团队章程，上级团组织的决议、指示，指导团队组织开展各项活动，贯彻落实各项决议等。团队组织的活动要求应比班级开展活动的要求更高，既要体现出群众性，还要体现出先进性，要强调团队活动的教育性原则。团队活动的教育性是运用团队组织的力量，对团员和要求进步的学生进行的有目的、有计划的系统教育活动，同时也要注意适合青少年的特点，将思想性与知识性、趣味性统一起来，形式要活泼新颖。

四、节日、纪念日活动

作为班主任，应充分利用各种节日、纪念日进行有益的或有纪念意义的专题活动。节日、纪念日在每年都有特定的时间序列，班主任应以此为契机，使班级活动形成系列，如雷锋纪念日，可进行弘扬雷锋精神，创新志愿者行动；清明节祭扫烈士墓，学习先烈英勇献身的爱国主义精神；"五四"青年节或举行报告会，或出专刊，还可举行新团员入团宣誓仪式；"七一"建党节、"八一"建军节等均可举行弘扬民族自尊、加强国家意识、增强组织观念的教育；教师节可进行尊师教育；国庆节可进行多种爱国主义教育，等等。班主任应力求使活动寓教于乐，充分利用节日、纪念日对学生情感的影响力，创设条件引导学生在活动中激发积极情感，锻炼良好才能，使学生在集体中健康、快乐地成长。

班主任在组织节日、纪念日活动时，应注意：

（一）安排要有计划性

班主任要把这一活动纳入整个班级工作计划中，系统、合理地组织好每一次纪念活动，使每次活动都具有鲜明的特点。

计划应该根据不同年级学生的思想和心理特点制订。如从初一到初三，活动的主题要逐渐由浅入深，活动的内容要由富于形象性上升到深含哲理性，活动的形式也要由简单到复杂。既要保证教育的经常性和连续性，又要防止活动过于频繁；既要注意教育的反复性和一贯性，又要防止"炒冷饭"，年年一个样。如组织纪念"五四"青年节的活动，在中学一、二年级时可召开报告会或举办"迈好青春第一步"庆贺会，举行新团员入团宣誓会；初三毕业班可举行"五四"小型学术讨论会等。班主任对每一次活动要制订出具体的计划。如确定教育目的，安排活动内容和程序，做好组织工作，提出注意事项以及进行总结评比。

（二）主题要有针对性

组织节日、纪念日活动要有鲜明的主题，要针对学生的思想选材。

节日、纪念日大多具有丰富的历史内容。但同一个节日、纪念日，对年龄不同的学生和对实际情况不同的年级，活动的内容要有所侧重。如同样是在清明节组织追悼先烈、发扬爱国主义传统的活动，对中学一年级的同学，以纪念刘胡兰等小英雄作为活动的中心内容，易于引起他们感情上的共鸣；对三年级的学生，以纪念思想、文化和科学遗产较多的革命前辈为中心，可使他们的感受更丰富，受益更深。内容富有针对性才能激起同学们思想的浪花，收到良好的教育效果。

（三）内容要有知识性

节日、纪念日要收到教育效果，还必须使其带有丰富的知识性。文化科学知识对中学生世界观的形成，是一种最佳"催化剂"。一个人对祖国的历史、河山、杰出人物和灿烂文化了解得越多，对祖国的热爱就越深，一个人如果具有广泛的哲学、伦理学和美学修养，他的道德情操就会更丰富。在组织活动时，必须考虑学生好奇心强、善于幻想、接受新鲜事物快、渴望认识生活及认识周围世界的特点，通过节日、纪念日活动，帮助他们开阔眼界，增长知识。

（四）活动要有趣味性

趣味性是吸引学生的兴趣和注意力，达到教育目的的重要前提。枯燥的知识，乏味的说教，不仅打动不了学生，反而会使他们感到索然无味。所以，组织节日、纪念日活动要力求生动、活泼、新颖，有吸引力、感染力和启发性，能留下一些问题让学生去思索、去实践，有回味的余地。

（五）形式要有多样性

组织节日、纪念日活动的形式很多，有联欢会、文艺演出、报告会、讨论会、演讲会，有参观、访问、游览、扫墓，还有各种竞赛、公益劳动和举办展览，等等。班主任应根据不同年级学生各方面的特点，组织多种形式的活动。

此外，组织节日、纪念日活动还要注意选择典型环境。如举行纪念先烈的活动，在教室不如在烈士墓、纪念碑前效果好。即使都是在教室里开展的活动，如新年联欢，经过精心设计布置会场，节日的气氛就会更浓，学生的兴致也就更高。

五、文体活动

班级的文体活动包括班级健康的文化艺术娱乐活动和班级的体育活动。班级的文体活动是学校教育的重要组成部分，是在国家教育方针指导下影响学生身心健康成长的一项教育活动。班主任在教育管理学生过程中，应努力组织和指导好班级文体活动的开展，以使学生快乐、健康地成长。班级中组织多种多样的活动可以为学生提供更广阔的天地，不仅有助于学生巩固书本知识，而且有助于培养学生的能力，开发学生的智力；不仅能丰富学生的知识，而且能陶冶学生的情操，增强学生的体质，完善学生的个性；不仅能提高学生的道德认识水平，丰富学生的道德情感，而且能磨炼学生的道德意志，强化学生的道德行为。所以，班主任必须组织学生开展好各种文体活动。

（一）文艺活动的组织

班级文艺活动的基本内容主要有：诗歌朗诵会、故事会、乐器演奏会、歌咏比赛、文学作品欣赏、集体舞会、合唱比赛、书法大赛、手工艺大赛、绘画比赛、联欢会等。班主任在组织文艺活动时，应面向全体学生，采取多种多样的形式，使娱乐性与教育性相结合。具体要求如下：

1. 明确的目的性

组织开展一项文艺活动，要达到一种什么教育目的，这是首先要明确的。明确的目的性，来自于班主任对全班每个学生的兴趣、爱好与特长的细致了解。有了对学生思想、学习、生活及兴趣、爱好、特长的深入了解，班主任才可能有针对性地组织相应的、多种多样的、丰富多彩的文艺活动，以达到对不同学生的教育和培养目的。

2. 严密的计划性

班级文艺活动要有严密的计划性，计划性是实现课外活动目的的保证。无计划，"推着来"，"想到什么做什么"，必然无所成果。

班主任对所要开展的文艺活动要精心设计，包括人员组成、活动内容、活动形式、活动步骤的细致安排等。计划可分为长计划与短计划（或称总计划与分计划），长计划即班主任对自己担任该班班主任三年期间有关该班课外活动的全面的、长远的安排，既体现计划的总体性，又体现计划的阶段性，实践中体现为课外活动的层级性；短计划，一般为本学期及近期课外活动的具体安排。计划制订之后就要切实执行，长计划可以"粗"些，短计划则要"细"些，每次活动之前，对计划还要做更周密的安排。计划制订后要一式两份，一份要交学校领导、教导处，以接受监督与指导；一份自己留存，以便遵照执行。

3. 要做好活动前的充分准备

每次活动前的准备十分重要，是活动质量的保证。活动前的准备包括活动地点准备（如活动场地布置）、活动材料（包括设备）准备、指导教师的指导准备以及同学们的活动准备（包括心理准备）等。报告会还需要请报告人，报告人也要做好报告准备。

4. 要学生做活动的主人

课外活动是学生学习、锻炼的课堂，学生应该成为活动的主人，包括活动前的准备也应该由学生在班主任指导下去做准备，以提高学生的能力。

5. 要搞好活动后的总结

每次活动后，要认真做好活动总结，肯定成绩，找出不足。总结可以充分发挥每个学生的积极性、主动性，由学生来总结，指导教师做好指导，帮助学生提高总结水平。当然，班主任也应重视班主任的总结，特别是学期、学年的课外活动总结。只有搞好总结，才能不断提高课外活动的水平。

在文艺活动中，最常见的是班级联欢会，联欢会的形式主要有：

1. 文艺联欢会

文艺联欢会是在班级里为活跃班级气氛，调节身心紧张情绪而举办的一种形式。有时为了选拔参加学校文艺联欢会的代表或节目，可以采用这种形式进行选拔。

2. 生日联欢会

生日联欢会在中学或高中比较常见。特别是学生由儿童到少年，由少年到青年的转变比较带有标志性的年龄（如 14 岁），班主任常可举行集体生日联欢会，往往能收到意想不到的效果。

3. 节日联欢会

举行节日联欢会既可表示对节日的祝贺，又能达到教育和锻炼的目的。

4. 毕业联欢会

这类联欢，学生面临毕业，情感复杂，顾忌减少，参加的热情高，效果也好。

班主任组织联欢会应注意：

1. 积极准备，调动大多数同学的积极性

组织联欢会和开展其他活动一样，要达到教育学生、锻炼学生的目的，必须以多数学生积极参加为前提，否则就会削弱活动的作用。必须调动尽可能多的同学的积极性，注意做好各类同学的组织、动员工作。

在联欢会之前，除了提出要求和几条必要的、象征性的奖惩规定，让每个学生都自己准备节目外，班主任还应进一步做到心中有数，尤其要抓好两头，带动其他同学。对班里的文艺活动积极分子和有专长的同学要提出较高的要求，激励他们拿出较为精彩的节目，担负起形成晚会高潮的重任。对平日默默无闻、寡言少语、缺乏自信的学生，要帮助他们利用某一方面的优势，选择适合自己特点的节目，鼓励他们鼓足勇气，充分相信异军突起也能成大器的道理。一些平时顽皮淘气、学习不用功、办事马虎随便、对班级活动经常袖手旁观的同学，可能具有嗓音条件好、头脑反应快或讲话幽默的特点，班主任除了肯定他们的长处，使他们真正做到知己知彼外，如能自编自选节目和这样的同学共同表演，对他们将是最好的鼓励和约束，且能教育其他同学。

2. 突出联欢会主题的鲜明性、思想性和教育性

联欢会上演出的节目形式应该生动活泼、多种多样，可以鼓励学生自编自演。班主任对节目的内容不可不闻不问、撒手不管。要在会前就提出必要的要求，会中巧妙地掌握方向，使一些表演恰到好处，适可而止。会后组织学生讨论、座谈，评出各方面的"最佳"，以此鼓励表现积

极、态度认真、文明、有正确追求的学生，保证联欢会内容健康、格调高尚。如搞配乐散文、诗朗诵，帮助学生进一步理解和欣赏语文课的部分章节；也可放几段中外名曲中有代表性的片段，让学生指出曲作者的表现手法。然后按事先规定好的标准进行评分，发给适当的奖品，鼓励获胜者，活跃气氛。还可以创设一些数理化抢答题或反映应变能力的小比赛等。

3. 选出一名或几名活泼幽默的同学充当节目主持人

选出好的节目主持人，晚会就成功了一半。好的主持人能使联欢会开得活泼、热烈，活而不乱，既放得开，又收得拢，让每个参加者尽兴。确定节目主持人后，班主任就可在帮助确定联欢会的基调、重点节目及其演出的时机等之后，作为一个普通参加者出席联欢会，只在必要时充当"配角"，协助督促，使晚会的气氛始终保持热烈、友好和愉快。

4. 做好联欢会收尾工作

晚会或联欢会常见的弊病之一就是虎头蛇尾，前紧后松。往往在有准备的节目表演之后被递条子、"点将"占去很多时间。这固然可以作为一项内容，但如果组织不当就会造成漫无边际，点与被点者互相推诿、相持不下的尴尬局面。从而影响晚会的顺利结束，甚至影响已有的良好气氛。要对每一部分时间加以适当限制，做到点到为止，恰如其分。可将事先准备的一两个较好的节目作为"压轴戏"，以集中大家的注意力，再以全班合唱班歌、校歌或跳集体舞作为结束。这样，就能保证整个联欢会的时间不至于过长，既不影响同学们的学习和休息，又使活动在高潮到来之后尽快结束，留下回味的余地。结尾不必千篇一律，可根据新学期开始、放假前夕和即将毕业等不同情况，选择适当的形式以抒发美好的情怀，表达热爱班集体，追求幸福生活的美好心愿，使高尚的情操得到陶冶，收到余味无穷的效果。

5. 注意时间的选择

联欢会不可在影响其他班级同学学习的时间举行。如果是举行晚会，时间不宜过长，以免影响同学们的睡眠，耽误第二天上课。万一超出学校作息时间，一方面注意控制节奏，一方面及时与学校联系，以争取联欢会的圆满结束。如果是低年级学生，最好选在白天。临结束时，班主任应组织好教室桌凳的正常摆放和清洁卫生工作。

另外，节日联欢会有特殊要求。节日联欢会是借传统节日和革命节日的内容，进行生动而又有意义的教育活动。节日联欢会与平时联欢会的要求不同。

1. 联欢会的内容要尽量按节日的意义安排：如"七一"要有热爱中国共产党的内容；"八一"就要有拥军和革命战斗传统的教育内容。

2. 节目形式要丰富多彩，以吸引不同特点的青少年兴趣，也要有一定声势和喜庆气氛。

3. 联欢场地要讲究装饰和布置，以加强节日气氛。

4. 参加联欢活动的对象除了学生之外，还可邀请家长、教师参加，让更多的人共同关心学生的生活和成长。

（二）体育活动的组织

班级体育和体育竞赛是整个学校教育的重要组成部分，是在教育方针指导下影响学生身心健康成长的一项教育活动。班级体育是班级在课外开展的以增强体质，增进体育技能，促进学生身心全面发展为主要教育任务的活动，是班级集体教育的一个重要方面。主要包括早操、课间操、课后体育锻炼、课余运动训练。班级体育竞赛是为了交流、检查和评比体育运动开展情况，促进技术水平提高，丰富和活跃课余生活，由班级组织或参加的各个项目的比赛活动。它具有种类繁多，内容丰富，规模可大可小，组织灵活多样等特点，是促进体育教学、体育锻炼和运动训练的有力措施，也是实现学校体育目的和任务的基本途径。

因此，班主任一定要提高对这项工作的认识，明确在班级中开展体育活动的目的、意义、任务和方法，根据学生在体育锻炼上的特点和规律开展自己的工作。

开展班级体育工作的基本要求有：

1. 面向全体学生

面向全体学生，实现每个学生的全面发展，是我们的教育目的。为此，要认真组织班级的每一个学生都参加到体育锻炼中来。区别不同情况

113

组织他们参加不同体育锻炼，有体育特长的发展他们的特长，无特长的提高他们的身体素质，提高全班体育运动水平。

2. 制订班级体育工作计划

制订班级体育工作计划，一要了解全班学生身体素质、常发疾病、体育锻炼和卫生保健情况，既要掌握全班总的情况，也要掌握班内每个学生的情况；二要确定班级每年、每学期的体育工作目标，包括学生身体素质目标、常见疾病防治目标和卫生目标等；三是按照目标要求制订相应的措施，措施要具体、明确、可行；四是形成书面计划。

3. 严格执行学校有关体育工作的规章制度

这些规章制度主要有：

（1）中小学生"一日生活制度"，即一日生活常规，如要求小学生一天睡眠不可少于 10 小时，中学生不少于 9 小时，小学生学习时间不超过 6 小时，中学生不超过 7 小时，等等。其目的在于合理安排学生的课业负担，保证学生的课间活动与休息。

（2）"每天一小时体育活动制度"，包括早操、课间操和课外体育活动，课间休息不计在内。

（3）认真实施《国家体育锻炼标准》，增强学生体质，提高运动水平。班主任要认真组织本班学生按照"达标"标准认真锻炼、训练。

（4）认真执行"学生体质、健康检查制度"，每年一次，认真进行，搞好记录，掌握每个学生的健康情况，采取相应的防治与训练措施。

4. 培养学生对体育活动的兴趣

"兴趣是最好的老师"。班主任要帮助学生认识体育锻炼的作用，利用学生对名人的崇拜心理，讲述名人锻炼身体的范例；利用教师的示范作用，把游戏引入体育活动，开展灵活多样的体育竞赛，发挥有体育特长的同学的带头作用。

5. 配合体育教师开展教学

体育教学不只是体育教师的事，同时也是班主任的事，班主任是体育教师的助手。为此，要求班主任也能成为一名合格的体育教师，既要掌握有关体育知识，也要掌握有关体育训练要领，并能给学生以指导。

114

6. 抓好学生良好卫生习惯的培养

良好卫生习惯包括:

(1) 个人卫生习惯,如勤剪指甲,饭前便后要洗手,睡前洗脸刷牙,女学生要注意经期卫生等。

(2) 公共卫生习惯,如不随地吐痰、擤鼻涕,不随地大小便,不乱扔杂物等。

(3) 生活习惯,如按时作息,早睡早起,养成正确的走、坐、卧姿势等。

(4) 饮食卫生习惯,如定时定量,不暴饮暴食,不偏食、挑食,细嚼慢咽,不边走边吃,食不言,不吃生冷、腐烂食物,餐具专用等。

(5) 用眼卫生习惯,如阅读姿势要正确,眼离书本一尺远,做到昏暗不看书、躺着不看书、行车走路不看书,看电视要三米之外,养成做眼保健操习惯等。

(6) 运动卫生习惯,如每天保证一小时户外锻炼,剧烈运动前后要做准备活动和整理活动,活动后不立即大量饮水和吃冷饮,不用冷水冲头和洗澡,身体不适(如女生经期)不做剧烈活动,运动中要注意安全等。

因此,班主任要根据学生特点,合理安排作息时间,让学生劳逸结合;培养学生良好的坐姿;定期对学生进行健康检查,建立学生健康档案卡;积极组织卫生宣传教育,教育学生养成良好的卫生习惯。

7. 班主任要注重充实自己

不断丰富自己的体育、卫生知识,努力提高自己做好班级体育、卫生工作的技能。体育、卫生知识是班主任必须掌握的,应该达到体育教师、卫生课教师的知识水平,并掌握、具备相应的技术、技能与技巧。如体育训练的技能技巧,卫生保健的技能技巧。特别是对中小学生常见疾病症状的了解,以及其基本的预防与治疗技术的掌握。只有做到这一点,才能把班级的体育卫生工作做好。

在体育活动中,作为班主任,在早操、课间操、眼保健操的组织上要注意:

1. 根据不同情况,采取不同的锻炼形式。场地比较宽的学校,可以班为单位做早操、课间操。这样，地点集中，便于统一指导和监督检查，但在做操的内容、方法及运动负荷等方面都难以做到区别对待。学校场地狭窄，可以小组为单位做操，这样组织调动灵活，能节省时间，便于根据不同对象的特点区别对待，但不便于统一指导和检查。因此，必须训练好学生干部，充分发挥其组织作用。同时还要注意安排好各个锻炼小组的活动地点，经常进行检查督促。

2. 早操、课间操锻炼内容要力求多样。除做广播操外，早操还可以进行跑步、练武术或发展身体素质的简单练习。课间操还可以安排游戏、舞蹈和锻炼功能性体操（如防治脊柱弯曲操）等简单易行、小型多样的体育活动，使学生得到积极的休息。

3. 对长期坚持认真做"三操"的学生要及时表扬，对敷衍了事的学生不能轻易放过，在做好思想工作之后，一定要求重做。

4. 加强督促检查，动作务必规范。如果广播操动作走形，眼保健操穴位拿不准，都会影响锻炼效果。在这种情况下，可让动作质量较高的学生做示范，使每个学生的动作都合乎要求。还可以组织广播操、眼保健操比赛，激发学生高质量地做好"三操"。

在课外体育活动的组织上，班主任应注意：

1. 建立体育锻炼小组。班主任应先了解学生身体素质、体育爱好等方面的情况，然后根据性别、体育特长、体质等分别组织若干课外体育锻炼小组，开展课外体育活动。上海某中学的班主任，按体育特长将班上一部分学生组织起来，分别组建了小橡皮球队、乒乓球队、篮球队、排球队及田径队、射击队、体操队和游泳队，并委派专人负责，经常组织这些学生去观摩校、区或市各级体育竞赛。班主任尽量保证他们的活动时间，使得他们的运动水平不断提高，推动了班上课外体育活动的开展。

2. 成立课外体育活动领导小组。领导小组的任务是制订班级课外体育活动计划，检查各锻炼小组执行计划的情况，抓好班级课外体育活动。成员应包括班主任、体育教师、班体育委员、体育骨干、各体育锻炼小组组长。

3. 制订班级课外体育活动计划。计划应规定本学年及各个学期课外体育锻炼的内容。计划应有一定的针对性，对尚未"达标"的学生，应以《国家体育锻炼标准》为准绳，要求加强锻炼；已经"达标"的学生，可以根据他们的兴趣，选择有一定难度且又有较高锻炼价值的项目进行锻炼。课外体育活动，还可以复习、巩固体育课上所学的基本知识、技术和技能。

4. 加强技术指导。体育教师是课外体育活动的指导者，班主任应加强与体育教师的联系，做好学生体育活动的指导工作和体育干部的培训工作，使他们能具备整队、辅导、保护、帮助和布置场地等基本知识和技能。

5. 结合课外体育活动内容，举行小型比赛。小型比赛可以提高锻炼效果，扩大影响，激发学生锻炼的兴趣。有的班主任在课余组织以锻炼小组为单位的腕力比赛、单人拔河比赛、以及"摸高"比赛，简便易行，效果较好。

6. 落实锻炼场地和锻炼内容。学生课外体育活动的场地不落实，锻炼内容也就不可能落实，对此，班主任应及时解决。比如，大多数学生都很喜爱打乒乓球，但学校的乒乓桌又不够用，有的班主任在放学后就带领学生把教室的课桌拼起来供学生锻炼，使锻炼内容落到了实处。如果锻炼场地一时落实不了，应及时调整锻炼内容。

班主任在组织运动会时应注意：

1. 运动会前要做好思想动员工作和组织工作，既要提倡发扬拼搏精神，为班集体争取荣誉，又要反对锦标主义，讲究体育道德，把运动会看做向别人学习的机会。应动员尽可能多的学生参加比赛，使他们人人都得到锻炼的机会。应利用课外活动时间，组织参加运动会比赛的学生，进行有针对性的训练，为赢得优良的成绩做好准备。

2. 运动会上应做好临场思想工作。担任比赛项目较多的学生，应提醒其注意保持体力。有畏难情绪的学生，应启发其看到自己的长处，鼓起勇气发挥出最高的水平。有的学生临场慌乱，班主任应帮助其克服心理障碍，冷静地参加比赛。

3. 组织拉拉队，鼓动士气。没有比赛任务的学生，班主任应将他们组织起来搞好宣传和后勤工作，还可成立拉拉队，为本班运动员助威鼓劲，创造热烈紧张的良好气氛。

4. 加强安全教育。竞赛前，班主任应注意对学生进行安全教育，讲清有关安全知识。在比赛过程中应随时了解每个运动员的身体状况，如发现有人身体出现异常现象，应立即动员他退出比赛，以免造成伤害事故。

5. 运动会后，及时进行总结。班主任在引导全班学生进行认真的总结时，对运动会上出现的不文明行为和不良风气，应予以批评教育；对涌现出来的好人好事，好的体育道德风尚，应予以表彰；对那些虽然尽了力，但未能取得名次的学生，应予以安慰，并分析失败原因，鼓励其再接再厉，自强不息。

游泳也是一项非常不错的体育活动，但班主任在组织学生游泳时应注意：

1. 选择好游泳地点。城市学校最好到游泳池去游泳，如果没有条件，也可以到天然水域去游泳，但应事先到现场了解水域情况（水的深浅、清洁程度，有无暗流、漩涡，有无缠绊水草、暗礁等）。

2. 每班编成若干游泳小组，一般每组以三至五人为宜。指定一名水性较好的学生担任组长，负责安全及辅导工作。

3. 游泳前要检查身体。患有心脏病、高血压、癫痫病及各种传染病的学生，都不宜参加游泳。女生在月经期间不要游泳。

4. 初学者应该在水深不超过胸部的地方练习，即使会游泳的同学，也要在一定范围内游泳。下水前要统计人数，在游泳中应该核对人数，游泳完毕要清点人数。还可设立安全瞭望哨，一旦发现异常情况，及时报告。

5. 下水前要做好充分的准备运动，并以水擦身，以免在水中发生抽筋或其他受伤事故。

6. 由水性好的学生组成救生小组，负责救护工作。

7. 向学生介绍游泳的卫生常识和急救方法。

班主任在组织学生体育"达标"时应注意：

1. 有针对性地开展持久的锻炼。一位班主任接手的一个班全都是来自山区的学生，没有受过体育训练，没有一个人"达标"。这位班主任与体育老师研究，针对山区缺乏灵活性的问题，加强对学生进行跑跳训练。第二学年，这个班就有 12 个人"达标"。另有一位班主任，要求仰卧起坐有困难的学生进行"家庭锻炼"，即每晚睡前和早上起床前各练两次，经过一段时间刻苦锻炼，全班除一人外，全部达到了"良好"。

2. 培养体育锻炼小组长。体育锻炼小组长是班级开展"达标"活动的骨干。班主任应与体育老师互相配合，加强对体育锻炼小组长的技术辅导工作。

3. 在经常锻炼的基础上，加强监督检查。可采用定期测验的办法，激发学生的锻炼热情。但测验的项目和时间不要太集中，不能搞突击测验或限期"过关"。学生体育课考核成绩和运动会成绩，如果达到了《锻炼标准》，也可记入锻炼手册。此外，还可以举办"达标"运动会，检验学生的成绩。

4. 为了调动学生"达标"的积极性，还可将《国家体育锻炼标准》中的各项要求用分来计算，按人进行累计，定期公布，看谁最先"达标"。

5. 把"达标"作为评选优秀团员的条件之一，要求全班学生努力争取，这也是一种提高学生锻炼积极性的方法。

6. 对于怕吃苦、不肯下力气进行锻炼的学生，可以定期组织"困难学生对抗赛"，通过比赛提高成绩。还可让已经"达标"的学生向"困难学生"介绍经验，带动他们进行锻炼。

班主任在组织学生进行体育活动时，应加强安全教育，具体措施是：

1. 体育活动组织要严密，对学生应加强组织纪律教育，要求他们锻炼时要精力集中，态度严肃、认真。

2. 加强体育保护，特别是练习体操动作，要教会学生保护、帮助别人以及自我保护的方法。

3. 锻炼前要做好充分的准备活动，特别是做难度大的动作时，更应重视准备活动。

4. 开展体育活动，一定要注意循序渐进，不要让学生做那些难以胜任的复杂动作。

5. 体育活动开展前，班主任要认真检查学生的穿着，看是否会影响活动的开展，还应检查场地、器材，看是否安全牢固，布局是否合理。

六、课外活动

课外活动是在教学大纲范围以外的由学生自愿参加的多种教育活动。它可以丰富学生的课余生活，通过自觉自愿的健康的实践活动，有效地培养学生优良的思想道德品质。能够促成学生在全面发展的基础上充分发挥各自的特长，适应学生多种需要和个性差异，培养、发现和选拔各种专门人才。能够使学生多渠道地获得即时信息，扩大知识面，开阔视野。课外活动是实施全面发展教育的重要途径，是班级教育活动的一个重要类型，对促进学生充分、主动地全面发展，全面实现中学教育目的，科学有效地提高教育效果，具有不可低估的作用。

（一）课外活动的内容

课外活动的内容十分广泛，大致可以分为：

1. 社会活动

这是以培养学生正确的社会意识、丰富学生的社会阅历为目的的活动。如重大节日的政治报告会、社会调查、访问座谈、参观游览等等，都属这类活动。这类活动可以使学生走向"天地大课堂"，接触社会，接触自然，了解人生，从而培养学生的社会责任感和社会适应能力。

2. 科技活动

这是以培养学生爱科学、学科学、用科学，以适应科学技术发展的需要，树立科技兴国观念为目的的活动。这类活动可根据学科教学的内容去安排，如某些实验和制作、气象观测、地理考察等。亦可根据学生情况去组织，如某些发明创造、种植饲养等。这类活动可以激发学生的科学兴趣，扩大知识领域，培养动手能力，启迪智慧，展示才能。

3. 文学艺术活动

这是以丰富学生的精神生活，满足学生的精神需求，培养学生审美意识和高尚情操为目的的活动。如文学欣赏、文艺演出、书法绘画等。组织这类活动可以使学生受到美好事物的陶冶，领略美的神韵，从而提高审美素质。

4. 体育活动

这是以增强学生体质，促进正常发育，培养坚强意志和勇敢精神为目的的活动。如体操、武术、游泳、爬山等。通过这类活动，可以使学生的体能得到多方面的锻炼，培养体育才能。

5. 公益劳动

这是以培养学生的劳动观点、劳动能力以及热爱劳动和劳动人民的思想感情为目的的活动。如清扫环境、绿化美化校园、参加工农业生产等。通过这类活动，可以有效地消除现代学生尤其是独生子女的娇气，树立"粥饭思不易，物力念维艰"的观点，理解劳动者的伟大和劳动过程的艰辛。

（二）组织学生课外活动要注意的问题

1. 争取各方面的支持和配合

班主任要想卓有成效地开展课外活动，一定要善于动员家庭、社会和学校这三方面的力量。

首先，要争取家长的支持。如有一个班进行理想教育时，班主任事前给家长发了通知，然后请学生回家问家长为自己取名时的想法，举办了《我的名字——父辈的期望》的主题班会。家长和班主任默契配合，活动非常成功，孩子们受到了深刻的教育。做好家长工作，使他们认识到望子成龙不能"夹攻"学生，课内、课外紧密配合有利于提高教育质量。让他们充分发挥作用，班主任可以把全学期的活动计划印发给家长。

其次，班主任可以聘请劳模、英雄、专家、干部、教师、退休工人做校外辅导员。雷锋、张海迪都曾当过校外辅导员。实践证明，这种办法是行之有效的。

最后，班主任要利用好学校这个主战场。学校要高度重视，层层落实，建立组织，由一位校长或教导主任分管，专人负责，定期检查，以保证课外活动有序地进行；同时，学校还要提供政策、经费和场地。另外，班主任还要依靠教师集体，许多活动都离不开任课教师的配合，如学科学兴趣小组的指导教师大多是任课教师。

2. 精心拟定计划

任何一项活动的开展，都不是随意的，应有明确的目标。班主任在考虑整个学校的工作计划后，结合本班实际，精心安排一系列活动。如小组活动计划要"七定"：定活动小组和小组的成员；定活动时间、地点；定辅导教师；定活动内容；定活动经费及筹集方式；定活动形式；定评比、竞赛和奖励办法。

拟定计划要不离开学生现有的水平和可接受性。活动要有专题，要有连贯性，层层推进，一个时期突出一个重点。要考虑不同年龄学生的身心特点，根据学生的个性差异，安排活动的形式和内容。年龄越小，计划中的活动要越简单易行；随着学生年龄的增长，实验制作、专业性操作活动加强，逐步引导学生开展研究性、探索性的活动。

3. 因地制宜，因时制宜

我国幅员辽阔，各地情况不一样，各校之间差异很大。因此，开展课外活动要因地制宜、因校制宜。经济发达地区有图书馆、博物馆、文化馆、少年宫、动物园、植物园等，可以利用这些场所开展课外活动。很多地方都有名胜古迹，可以组织学生游览，进行爱国主义教育。如南京大屠杀纪念馆就是爱国主义教育的基地，这样的基地各省市都有。农村学校自然条件优越，有山、有水，有农田、林场、苗圃、养殖场等，可以用来开展与农业、牧业、渔业、林业、副业有关的各种课外活动，如安徽金寨县一些初级中学，开展的银杏套种活动，既有经济效益，又有实践价值。

此外，有些活动有时间性，要因时制宜，如"彗星"、"流星雨"、"日食"、"月食"等天文观测活动，宜在夜间进行，必须及时观察。如植树种草也有时间限制。有些体育比赛，如冬季滑冰、滑雪有季节要求，等等。

4. 课内外相结合

各种课外活动，都应当与课堂教学相配合。学生参加课外活动不仅不会影响课内学习，而且可以促进课内学得更加生动活泼，更加扎实。当然，不能把课外活动变成课堂教学的延续而大量地补课、做作业；也不能把课外活动视为额外负担，放任自流。各种课外实践活动要和课外阅读、研究活动结合起来，如科技小组的科学试验活动，实验过程、结果都要写成报告，这可提高学生的写作能力。此外，提倡动手动脑，课外活动所需的设备，除购置外，可以发动学生动手制作，如某些仪器、教具、标本、模型等，让学生在制作过程中学会运用知识，主动地、独立地、创造性地完成任务，这样可以收到预期的效果。

难点八　如何掌握各种班级管理的艺术

一、班主任的公关艺术

教育实践研究表明，班级管理工作的成败，往往有赖于班主任能否在教育过程中与学校领导、科任教师、学生家长、学生群体以及社会各界建立良好的人际关系。这是因为，教育过程中的人际关系直接影响着师生教学的态度情绪和行为，是心理环境中最敏感、最有影响力的因素。因而，在社会主义市场经济体制影响下，每一位班主任都必须增强协调意识，不断提高公关艺术。

（一）处理好学校与领导的关系

班主任是学校各项教育指标在班级工作中的落实者、执行者。身为班主任，须明确与领导关系的特点，即在组织上是上下级关系，在职责上是平等协作关系。保持与学校领导的步调一致，保证学校计划、决策的贯彻执行。为了完成教书育人的任务，班主任要大力支持学校领导的工作，正确处理好大集体与小集体的关系。当然，与学校领导相处，也不是唯命是从，应该树立主人翁意识，当好领导决策的智囊员。

（二）处理好与前任班主任的关系

由于工作需要，原班主任调离，新任班主任接任，这就产生了前后班主任间的关系。要处理好这种关系，必须遵循"理解他人心理，提高别人声誉"的原则。在工作中，既要发挥自身的特长，选择时机，适当改变前任班主任留下的工作安排，又要力争不影响，甚至是提高原班主任的威信。

（三）处理好与同年级班主任的关系

要处理好与同年级班主任的关系必须坚持两条原则：（1）虚心好学。

即学习别人长处，学习别人的班级管理艺术；切忌阳奉阴违，盛气凌人。

（2）协作互进。即要严于律己，宽以待人，以诚相待，相互切磋，共同提高；切忌嫉贤妒能，以邻为壑。

（四）处理好与科任教师的关系

班主任对全体学生施行教育，单凭自己"孤军奋战"是不行的，必须与科任教师密切合作，发挥教育群体对学生教育的"共振"作用。

在处理与科任教师关系时，班主任要把握"三要"：一要培养尊师风尚，树立任课教师威信；二要互通信息，协调好各方面的关系；三要虚心听取任课教师对班级工作的建议和意见。

（五）处理好与学生群体的关系

班主任和学生群体存在多重角色关系，即教育者与被教育者、领导者与被领导者、长者与晚辈、有知者与无知者等多种角色关系。多维的角色关系决定了班主任是更具权威性和影响力的一方，因而，处理好班主任与学生群体关系的关键在于班主任。班主任在教育过程中要注意增加感情投资，把慈母般的师爱和严父般的宽容倾注在学生身上，以爱培植爱，架设师生感情上的桥梁，建立起良好的师生关系。

（六）处理好与学生家长的关系

学生的进步成长，是学校、家庭和社会紧密配合，共同教育的结果。要处理好与学生家长的关系，班主任必须做到"一个尊重"、"两个主动"。"一个尊重"是指尊重家长，尤其是农村学生的家长，同时还要教育学生尊重家长。"两个主动"是主动以各种形式与家长建立经常的联系，主动听取学生家长对班级工作的意见，争取家长对班级管理工作的理解和支持，共同促进学生的健康成长。

二、班主任与家长的合作艺术

（一）当好家长教员

盼子成龙的家长是绝大多数，而不懂育子成龙的家长也是绝大多数。他们或忙于事业，或忙于赚钱，或忙于玩乐，把孩子送到学校，只做盼子成龙梦，不做育子成龙的实际工作，片面认为"育"是学校老师的事。因此，当孩子一旦考得不好或升不了学时，则满腹牢骚，一怨教师，二怨孩子，就是不怨自己。

"没有家长和学校，我们就不可能想象有真正的家庭——学校教育。"有的教师就遵照现代教育家苏霍姆林斯基的教海，举办本班的学生家长学校，向家长传授教育的理论和技巧，采取函授和面授的教学形式。函授，即通过发放学习资料，传授教育学、心理学以及家庭教育理论和经验；面授，即通过家访，辅导解决个别问题。

某中学王老师班上的小明的家长是一名司机，平日早出晚归，无暇过问孩子的事，孩子捎回家的学习资料也忙得没时间看。当得知小明在校不守纪律，在校外结伙惹事，学习成绩下降到倒数第一时，气急败坏，要大打出手，教训小明。这时候，王老师到他家进行面授。王老师说："孩子的过错是家长忽视家教酿成的。子不教，父之过。家长应该冷静地按教育科学规律教育他才对。"小明的父亲听了王老师的话十分懊悔和羞愧。王老师看教育时机已经成熟，首先讲授了少年儿童心理基本知识和教育管理的技巧，然后帮助他制订了家教计划：要求孩子按时到校，按时回家，以防止他在校外违反纪律，结伙惹是生非；家长天天检查老师留下的家庭作业是否完成，是否说谎；家长每周来学校一次同老师联系……

小明家长认真执行家教计划，小明有了明显进步，学习成绩告别下游，进入中游，期末又以优异成绩升入中学。

班主任办好本班的家长学校，能提高家长教育管理素质，优化家庭教育环境。可以说，家长学校架起了学校与家庭之间的桥梁，沟通了教师和家长的感情和追求。教师和家长心往一处想，劲儿往一处使，为把学生培养成四有新人起到了事半功倍的作用。

（二）当好家长教育孩子的导演

某中学刘老师班上的学生小清的父母离异。对小清精神生活产生了十分消极的影响。小清失去了学习兴趣，多疑、戒备、凶狠的禀性暴露出来，经常打架斗殴，成了班内违纪学生的首领。小清随母亲来到新的家庭后，继父持冷漠态度，母亲束手无策，整日以泪洗面。

怎样当好小清父母新的导演？苏霍姆林斯基的话给了刘老师灵感。刘老师说："在童年时代，每个人都需要同情心和温柔的感情。如果一个孩

125

子是在冷漠无情的环境中长大的，他会变得对善良和美德不关心。学校不可能完全取代家庭，尤其不可能完全取代母亲。"刘老师对小清的母亲说："您的儿子变成现在这样子，原因是你们夫妻不和，发展到离异，失去了正常家庭的温暖和幸福，美好前程在小清脑子里变成泡影，内驱力被瓦解。要让小清变好，您作为母亲，从现在起，要把慈爱还给儿子，通过一言一行表达您是为他吃苦、操心，是为了他在校学习好进步快。小清从您的言行中得到母亲的爱抚和温柔的情感，希望之火一定会重新燃起。如果您做好小清继父工作，消除他的顾虑，配合您工作，小清重新得到家庭的温暖和幸福，效果会更好。"小清母亲按照刘老师的话，从起居、吃饭、洗衣、更换新铅笔盒、新钢笔等事做起，渗透慈母情。当小清听到母亲关切地诉说，看到继父热情的笑脸，情不自禁地扑在母亲怀里泣不成声，向父母保证，从现在起努力学习，遵守纪律做一名好学生。

小清被母爱召唤回来了，与往日判若两人，刘老师在班里表扬了他，并把他品学进步成绩以喜报形式报告他的家长，让他的母亲和继父对他充满希望，再鼓励他进步。

小清的家长在刘老师的"导演"下，家庭教育工作很有起色，小清像一只充满氢气的气球升腾起来，令全班师生刮目相看。

（三）当好学生家长的医生

某中学陈老师班上的学生小军，他的父亲是某局局长，平日家里人来车往，热闹非凡。节假日宾客满门，灯红酒绿。小军受家庭环境的影响和父母的溺爱，养成目空一切，不守纪律，不爱学习，花钱如流水的坏毛病。小军天天张嘴闭嘴他爸爸如何如何，他爸说了，等他长大了，就给他安排好工作，等等。

近几年，陈老师教的学生里每年都有几个小军这样的学生，有的家长官做大了，有了权。有的家长买卖做大了，有了钱。据陈老师了解，百分之七八十的有权有钱的学生家长感染上了新时期的"读书无用"流行病。其症状是：在思想上认为权大于法，权是银行，有权能给子女安排好工作，办学历，金钱万能。在行为上表现为对子女在校学习不闻不问，送孩子上学就是让老师看着，只要不磕着不碰着就行。对子女娇生惯养，从不过问家庭作业情况，放任自流。

　　一天家访，刘老师找到小军父亲，他放下大哥大，仰在老板椅上说："树大自直，你们教师应该懂得。他在校学不学无所谓，你们老师给我看住了，别磕着碰着就行了。现在只要人有钱，孩子大了，哪个单位好就往哪个单位安排，什么文化不文化的，说你行你就行，您看，大学毕业管啥，分配不了工作，白念那么多年书。"刘老师说："教育好小军是我义不容辞的责任。我们老师既要保障小军在学校不出什么事故，还要保障小军将来在身体上、工作上、政治上不出什么问题。保障的基础，就是让小军从现在起成为德、智、体全面发展的好学生。让小军成为好学生必须要有家长您的配合呀！您仔细想一想，小军不认真学习，没有真才实学，就是将来您给安排个好工作，会给您争气吗？现在他花钱如流水，养成了习惯，将来他长大了，一旦没有您的经济来源，他会怎样呢？如果他再受社会上一些不三不四的人影响，误入歧途怎么办？上学读书在什么年代都有用，在飞速发展的今天，用途更大。没有文化岂能承担建设祖国的重任？现在社会上确实出现了一些怪现象，如知识贬值，钱能买官位，钱能买文凭，权大于法等，这是一种腐败现象，我们党和国家有能力惩治腐败。所以我希望您在忙工作之余还是多想想，就这一个宝贝儿子，您疼他爱他也希望他有出息有作为吧？"刘老师的话对小军的父亲产生了一点触动，小军的父亲点点头说："您讲得也对，今后我还真得多过问过问了。"刘老师又对家长讲，晚上要督促、辅导孩子完成作业，要限制零花钱，家长表示赞成刘老师的意见。

　　小军的家长从此转变了，常常来电话询问小军在校学习情况和品德表现，并汇报小军在家的表现。小军在老师和家长的共同教育下，以理想的成绩考入中学。

　　我们从这个案例中可以体会到：有的学生家长虽然官大气粗，钱多腰粗，盛气凌人，看不起没权没势的教师，但我们教师和学生家长有一个共同的话题，那就是把孩子培养成一个有用的人。只要教师向家长推心置腹，入情入理地讲，以理服人，就可以医治学生家长的"读书无用"流行病。学生家长就会向教师靠拢，和教师密切配合。班主任要和家长合作好，关键在班主任一方，班主任要主动，要因时、因事、因家、因人而异，当好学生家长的教员、导演、医生等各种角色，调动家长的积极性，合力教育好学生。这就是合作的艺术效果。

三、接纳艺术

所谓接纳，是指在教育教学过程中，教育者根据受教育者在言语和行为中表现出来的独立性的举止而给予的承认和接受。它不同于赞成，而是对受教育者的宽容、尊重、认可、真诚和爱心。接纳既是缩短教育者与被教育者心理距离的必要手段，也是最终使教育者的严格要求得以贯彻的良好基础。它是教师，尤其是班主任对学生进行成功教育所应掌握的一种教育艺术。

班主任若不能对学生不同的心理特征、品性差异、现实状况有科学的接纳态度，那么所实施的教育就很可能失效。只有想方设法使学生从班主任真挚的情感中体会到老师的苦心，真正理解老师对自己一片真情，才会收到事半功倍的教育效果。

那么，班主任在实际工作中究竟如何运用接纳这一教育艺术呢？

（一）强化认识上的接纳

班主任在教育学生过程中，常常会遇到有的学生犯错误，一犯再犯，出现反复；有的学生偏偏在班主任强调某个问题之后"闯红灯"，有的学生恰恰在最不应该出问题的时候出了"娄子"，这时，作为集教育者与管理者于一身的班主任，不能认为学生是故意和自己过不去而采取"不予原谅"的态度，甚至采取种种高压手段。要知道，这些调皮学生（或后进生）屡犯过错，他们内心也会感到不知所措，他们这时最需要班主任给予帮助，而不是训斥。此刻正是班主任最易以接纳态度触动他们心灵的时刻。如果这个时候班主任对自己的教育对象不能接纳，而采取简单、粗暴的态度，或者采取高压的手段，这种教育当然不会收到应有的效果，因为班主任既然不能做到以接纳的态度站在学生的立场上看问题，也就弄不清事件背后学生的意图与感受。许多事情是复杂的，如果只注意现象本身，就事论事地裁定这件事到底做得对还是不对，那么问题是不会得到圆满解决的。假如班主任以一种接纳态度，既了解学生表层的行为和态度，又进一步探索更深层的、本质的甚至是下意识的部分，就会发现那种简单草率的处理，永远无法使学生心里埋着的困惑得到解脱。

所以，这就要求班主任应该静下心来认真调查分析，真正做到思想认识上接纳，然后根据不同的情况，采取不同的教育方法。

（二）注重情感上的接纳

班主任教育学生的过程本身就是一个情感过程，教育目标常常是在教育者与被教育者情感的交流、融洽与升华中实现的。因此，让教育过程充满和谐融洽的气氛就显得至关重要。而这种气氛只有班主任从情感上接纳学生的言行时才有可能形成。心理学的研究表明，人们相互间的情感发展，可以是由了解到认同产生情感递进效应；也可能由封闭到对立，形成情感的负向叠加。所谓"通情达理"，情通了，理也就会像春雨，很自然地洒进学生的心田，反之亦然。实践中，我们常会发现这样一种现象，一位新上任的班主任，总喜欢把后进生叫到办公室苦口婆心地说教，劝其改邪归正，结果往往十有八九要失败，学生不是沉默不语，便是顶撞教师。这就是因为在师生之间还没有建立起双向的情感联系，在这种情况下，一般的说教是无济于事的。只有师生间的心相互沟通了，道理的传递才会畅通无阻。譬如，在学生违反常规后，班主任首先从情感上接纳学生的情绪，领会这种事情的出现是可以谅解的（甚至含有合理的成分），然后以敏锐的情感触角去体察前因后果，感知学生心灵的躁动，对学生力求做到宽容而不失严格，热情而不显做作，克服偏见，全面、客观地看待他们，然后以个别交谈的方式，真诚地表达自己的看法，这样，学生才能接受班主任的教育。此时，班主任的说理越细腻、越有分寸，学生对自己身上的缺点认识得越准确、越深刻。因为师生互相接纳的态度，已经消除了他们之间的情感障碍，产生了亲近感和信任感。所以，班主任也只有在情感上接纳了学生之后，才能开始真正意义上的教育。

（三）促成条件上的接纳

班主任在教育学生的过程中努力促成条件上的接纳。首先，应该有一种能无条件接纳学生的胸怀，这种接纳是整体性的，既包括学生的长处，也包括他们的短处。因为学生(特别是后进生)只有在被班主任接纳后,才能最终接纳自己,才能抛弃羞怯与困惑,从而最终建立起正确的自我形象。其次,班主任要积极创造条件去接纳学生。譬如,有些经验丰富的班主任对于学生的错误,努力做到:上课时出现的问题,尽可能放到课后解决;公众场合发生的问题,尽可能和个别学生交换意见;学生当天没有承认错误,第二天承认,也允许并给予肯定。尤其是对后进生,更要注重教育条件上的接纳。如有的班主任对后进生坚持"六个不批评",即早读不批评,在办公室不批评,反映情况时不批评,提问题和回答问题时不批评,无意做错了不批评,当着家长面不批评。这样做主要是为了创造自我约束的教育条件,尊重学生,不挫伤学生的积极性。再次,班主任在条件上接纳学生,还表现为允许犯错误的学生"讲条件",给学生改正错误的机会。例如,当班主任准备请家长来校或家访,学生请求不告诉家长时;当班主任要求犯错误的学生当着全班同学检查错误,学生却请求写一份书面检查时;当班主任要把犯错误的同学交学校处理,而学生请求在班里解决时。在这些情况下,作为班主任老师不妨"妥协"一下,只要学生是真诚地认识错误,并决心改正,就应给予条件上的接纳。

(四)妙用方法上的接纳

在班主任的工作实践中,有不少优秀班主任表现出得心应手的高超艺术,收到了显著的教育效果。具体说有以下几种方法:一是谅解式接纳。一次隆重的班集体活动中,有名从未迟到过的学生在活动中途才汗涔涔地赶来。面对此情此景,班主任微笑着招呼她加入活动之中。事后了解到,这位同学迟到的原因是把迷路的小孩送至家中后才匆匆地赶来。随即,班主任把事情真相公之于众,并对她大加表扬。可以设想,如果这位班主任对学生不是采取谅解的方式予以接纳,而是不问青红皂白地训斥,那以后事情的发展不知会是什么样子。二是间隔式接纳。有些学生一有过错,当时提心吊胆,摆出一副等着挨批的架势。在这种情况下,有经验的班主任并不追求"立竿见影"的效果,而是暂且搁置一边,时隔一段,再相机进行"冷处理"。这种与"趁热打铁"截然相反的间隔式,让学生在接纳的氛围中深刻反省,逐步提高自我道德评价能力,远比单靠外界的批评匡正要强得多。三是分解式接纳。有个全校闻名的差生，纪律散漫、学习落后，还时常打架斗殴。新班主任既不是把他当"包袱"，也不是整天板着面孔训斥，而是动员全班同学和他交朋友，说服家长给他以温暖，从不同渠道、不同侧面和不同角度帮助他，最终通过分解接纳，促使他打破了"破罐子破摔"的想法，在行为规范月活动中跨入前列。四是反差式接纳。常出现过错的学生，他们会有一种特殊的感觉，什么样的过错会受到什么样的惩罚，他们心里早有谱儿了。如果班主任能以接纳的态度，对他们"破格"进行处理，那么，这种反差式的处理，将会在学生心目中留下深刻印象，从而成为其进步的起点。

当然，我们并不夸大接纳在班主任工作中的作用。但无数事实证明，在班主任工作实践中以接纳的态度对待学生，容易取得教育的成功，所以接纳在班主任教书育人中是一种行之有效的教育手段和艺术。在具体运用"接纳"这一教育艺术时，也要因人、因事、因时、因地灵活掌握，要用得恰到好处，最大限度地追求教育的成功和发挥教育作用。

四、班主任的"点化术"

班主任的"点化术"，指的是班主任在恰当的场合与时机，对处于特殊状态下的学生进行指点，使其开化。这种方法，三言两语就可以使学生醒悟，无须多费工夫，简洁实用，可以取得比长篇大论更好的效果。

运用"点化术"，主要应注意以下三点：

（一）因人而异

学生的品性智力等各不相同。有的喜欢正面鼓励；有的反面敲击效果更显著；有的脾气较为柔顺；有的性格特别倔强；有的一"点"即"化"；有的屡"点"仍"痴"。班主任在点化学生时，应首先考虑学生的这些个性差异，选择点化方法，因材施"点"。

对于素质优良、基础较好、潜力较大的学生，可进行公开点化，有话明讲。在集体活动之中，众目睽睽之下，指出学生的优缺点，以引起注意，促使其进步或改错。对于性格内向而自尊心较强的学生，可进行私下点化，有话直说，使学生迅速开化，简洁明了，干脆利落。对于个性强烈、容易激动的学生，可进行间接点化，直话曲说，转弯抹角，使学生心领神会。

（二）要趁时而"点"

班主任对学生点化的时机不同，效果也会大相径庭。趁热打铁，"点"得及时，功效突出。事后诸葛，误失良机，事倍功半。一般来讲，学生处于下列几种状态时，要及时进行点化。

1. 当学生取得成绩，考试名列前茅或进步明显，学科竞赛取得良好名次，做较难的事情获得成功时。这时，学生也许会飘飘然，忘乎所以。班主任应及时进行点化，提醒他"成绩只说明进去，以后更要努力"，鼓励他"百尺竿头，更进一步"，让他正确对待成绩。

2. 当学生遇到挫折，处境不顺，竞赛名落孙山，测验考试成绩不好，家庭发生变故，做事屡遭失败时。这时学生心理压力大，精神处于失衡状态，学生自身难以驱散消极的阴影。这时，班主任应友善地进行点化，安慰鼓励他。

3. 当学生犯了错误、痛心疾首时。学生犯错误，一般都很难受，内心痛苦，需要理解和安慰。班主任不能一味地批评惩罚，而要进行点化，给他以安慰、支持和帮助，使他迷途知返。

（三）要找关键而"点"

班主任对学生进行点化，不能泛泛而"点"，随便乱"点"，班主任应了解情况，找出"症结"，抓住主要的、本质的东西，争取一步到位，一"点"成功。不但要使学生醒悟，而且要点出努力方向，这样才能彻底解决问题。

班主任对学生进行点化，其前提是对学生情况要了如指掌。学生的思想、性格、兴趣、爱好、学习、家庭等基本情况都应清清楚楚，并随时注意学生的各种动态。只有这样，才能因人而"点"，趁时而"点"，抓住关键而"点"，充分发挥"点化术"和"点石成金"的功效，使学生向好的方面发展。

五、疏导的艺术

疏导，是班级德育中运用最广泛、最经常的一种方法，也是班主任德育工作的一项基本功。善于疏导的教师，工作往往驾轻就熟、得心应手。疏导不得法，尽管付出了艰辛的劳动，却很难得到学生的理解和欢迎，甚至引起学生的反感，产生逆反心理。

疏导是一门艺术，在平时工作中，怎样才能运用好这门艺术呢？

（一）"理"字当先

有理，才能服人。理要实在，要讲"真理"，讲"实理"。学生在行为上存在这样或那样的毛病、缺点，根源往往在思想意识上。这就需要我们在对学生进行疏导教育时注意摆事实、讲道理，帮助他们提高思想认识，使之心悦诚服地接受教育。在工作中，我们时常遇到那种大错没有、小错不断的学生。他们学习成绩不差，但纪律涣散，究其原因，则大多是对纪律的意义认识不清而导致行为上的不检点。对这类学生，如要标本兼治，就必须让其知"理"，真正认识纪律对他们成长的重要性。

某中学的李老师批评一学生的错误时，学生却反问老师为什么要给班级学生制订那么多的条条框框，且振振有词："李老师，您这样的管理，束缚了我们个性的自由发展。"似乎挺理直气壮。李老师避开他的话锋，温和地"请教"这个学生骑车上街为什么要靠右行，他说这是交通规则，李老师再问他为什么要制定交通规则，能不能取消这些交通规则时，他语塞了。李老师因势利导地建议他在想象中做一个小实验——把木桶或木盆上的铁箍卸掉，会有什么后果。他说："轻则漏水，重则散架。"李老师总结道："纪律就是木桶箍。木桶没有箍，不能成器；人要是不守纪律，将来就难以成才。"这简单的"理"，解开了这个学生平日思想上的"死结"，他诚恳地接受了批评，并在实际行动上改正了以往的错误。

在疏导教育中，教育者还要注意突出"两面理"，辩证地看待学生的过失。如中学生早恋，本是不对的事情，违犯了校规校纪，但在教育过程中，如一味地指责训斥，棒打"鸳鸯"，或羞辱挖苦一番，让学生无地自容，问题就很难得到解决。

某中学的郭老师曾成功地做好了一名女生早恋的工作，当郭老师发现她因陷入早恋而导致学习成绩大滑坡以后，并没有急于批评她，在谈心中，郭老师关切地询问了她有关的情况，解除了她思想上的戒备和恐惧心理。郭老师接着设身处地地肯定了她这份感情的纯洁、美好，他说："人生是花，爱情则是它的蜜，但中学时代还不是酿蜜的时候。果实未成熟时，其味是苦涩的。未到时机的早恋，将给学习带来极大影响，会严重影响身心健康。"郭老师又接着用了很多生活中的事例证明早恋的危害，要求她把人生最美好的感情珍藏在心底，集中精力，珍惜大好年华，学好本领。经过多次耐心开导及教育，该生终于走出了这段感情的误区。

（二）"情"寓其中

"感人心者，莫先乎情。"感情本身就是一种教育力量。做人的工作，首先要用感情去吸引人、打动人。"情"寓其中，就是要求我们在说服教育过程中，以平等的态度对待学生，以真挚的感情温暖学生，使他们在潜移默化中始终感受到老师的一片爱心，从心底意识到"老师是对我好"而不是"跟我过不去"。

漂亮的孩子人人喜爱，而爱所有的孩子才是真正的爱。教师对后进生应更加倾注爱心，少一点怨气和怒气，多一份和气和爱心，切忌讽刺、挖苦、训斥、歧视。只有宽容后进生，偏爱后进生，才能缩短师生之间的心理距离。学生一旦感受到老师可亲、可敬、可信任时，他们的心灵之窗才会打开，教育才能奏效，这就是人们通常所说的"亲其师，信其道"。爱学生的情感，是促使差生教育内化的催化剂。

（三）法中求"活"

对学生的要求，命令式、家长制往往会引起学生的反感，产生抵触情绪。在工作中，如果急于求成，疾言厉色，耳提面命，以为这样才能尽到教育之责，那就大错特错了。园丁栽花，仅有美好的心愿是不够的，还需熟悉花的特性和喜好，才能育出鲜花满园。有经验的教师，对犯错误的学生，总是多做"参谋"，少做裁判。他们的疏导教育，犹如春风化雨，润物无声，他们追求的是淡化教育痕迹的灵活方法。疏导是一种艺术，同样一件事，是关心询问，帮助出点子，还是指责训斥，其效果迥然不同。在对学生的疏导教育过程中，教师要相信学生自身力量，满腔热情地关心他，诚心诚意地帮助他，使教师的要求转化为学生的需要和自觉的行动。教育家苏霍姆林斯基说得好："唤起人实行自我教育的教育，乃是一种真正的教育。"

某中学的王老师做班主任期间，曾遇一学生怒气冲冲地来请假，细问其因，方知是其家人与村人田间争水发生冲突，托人带口信要他回家帮忙。王老师问他回去以后准备如何处理此事，他说不知道，并表示要打要吵都不怕。这时，王老师给他讲了一则小故事：清朝安徽桐城出了个宰相，他家族因造房子与乡邻发生争斗，于是写信至京城，要求帮忙干预。很快，家人收到了宰相的来信，信中是四句短诗："千里书信为一墙，让他三尺又何妨。万里长城依然在，如今哪见秦始皇。"于是族人将房基后退三尺，邻居也退后了三尺，一场干戈化为玉帛。学生听后，很受触动，当即表示："老师，我知道该怎么做了。"

有人说："教学有法，但无定法。"疏导亦然。学生个性的千差万别，决定了教育方法的灵活多变，它需要我们"一把钥匙开一把锁"，耐心细致地做好学生思想工作。总之，教育工作者在对学生进行疏导教育时，如能入情、入理、得法，就一定能取得事半功倍的效果。

六、班主任工作的"方圆"艺术

影响班主任工作水平的因素很多，而工作方法上的"方圆"艺术起着至关重要的作用。所谓"方"，即工作的准则、原则；所谓"圆"，即工作的策略、技巧。如果班主任在工作中过于求"方"，虽威严正统，公正无私，但有悖于"感人心者，莫先乎情"的古理，搞不好会导致班级学生敬而远之；如果班主任在工作中过于求"圆"，虽能赢得学生好感，皆大欢喜，但有损于原则的坚持，制度的执行，搞不好会背离学校的要求，完成不了学校交给的任务。所以，班主任工作的高超艺术应该是："方"中求"圆"，"圆"中求"方"，"方""圆"统一，相得益彰。具体说，应在以下四个阶段上灵活运用"方圆"艺术。

（一）先"圆"后"方"

开局，即新班主任上任伊始要克服急于求成、锐气过盛的心理，在工作中不能只烧"三把火"，应长远打算，准备演好"连续剧"，尽量显其"圆"的艺术。如不随意用强制手段命令学生，不随便指责班干部在工作中的失误，不当着多数学生的面批评个别后进生或犯了错误的学生。应及时抽出更多的时间深入到学生之中，和学生打成一片，与学生进行心理沟通，进一步了解班级实情，观察班干部的工作能力，培养学生骨干和积极分子，掌握全体学生的思想动态，逐步向"方"的目标过渡。

（二）外圆内方

定局，即班主任在大局已定之后，组织实施自己决策的阶段。此时班主任绝不能声色俱厉地指责学生、训斥学生和挖苦学生，而是要在容忍克制的前提下，集中班级的优势，启发激励学生，制订适合本班实际的工作计划；组建班级各类组织机构；采取情理交融的疏导手段，对学生"动之以情，晓之以理"，说服教育。在充分发掘班级民主的基础上，提出比较长远的奋斗目标，并逐步建立各项规章制度。从而有意无形地纠正班上存在的问题，合情合理地解决各种错综复杂的矛盾，使学生在不知不觉中接受你的施政，自觉自愿地规范自己的行为，积极主动地创建奋发向上的文明健康的班集体。

（三）上圆下方

经过开局、定局之后，班级状况势必出现一个相对稳定的时期，这就是稳局阶段。这一阶段是班级工作做出成绩的关键时期。班主任在这一关键的时期，对学校及学校各部门的规章制度和布置的各项任务，既不能置之不理，也不能不顾学生与班级的实际，强令学生去做，以防止引起多数学生的不满，失去"民心"。正确的做法应是在了解吃透学校或各部门意图的前提下，结合本班实际与特点，积极开导学生，创造性地执行并完成，从而走出新路，形成特色，使班级工作既不偏离工作轨道，又不脱离本班实际，这就叫做"上圆"。所谓"下方"，即班主任要不失时机地加大工作力度，坚持原则，严格执行各项规章制度，扶正祛邪，积极支持班干部的工作，充分发挥骨干和积极分子的作用。开展各种教育活动，调动每个学生发奋努力，朝着既定的目标前进。

（四）小圆大方

结局，即学年度将要结束的最后阶段。在这一阶段，每个学生的学习、工作、思想品德的好坏已明显表露出来，一些不良倾向与矛盾冲突也容易在这时激化，搞不好就会前功尽弃。因而，班主任在这一阶段，要把好最后一道关，及时回顾总结前一段时期的工作，在处理班级整体的重大问题上，要立场坚定，态度明朗，充分显出"方"的艺术。如支持正确观点，反对错误的倾向，大力表扬各类的好人好事，评优树模，扶正压邪，鼓舞士气，巩固所取得的成绩，保持良好的学风、班风。对无关大局的细节或局部范围的小事，要充分显示"圆"的艺术，如大事化小、小事化了，不扩大事态，冰释嫌隙等。总之，方圆艺术如能把稳用活，班主任工作将会更富有成效。

七、班主任工作的渗透艺术

班主任对学生的教育工作，有很多行之有效的方式和方法，从其发挥作用的机制分析，是学生对教育方式和内容在心理和思想的认可和同化。这种机制有两种类型：一类是尖锐的、暴风骤雨般的批评所引发的顿悟；另一类是和风细雨、"润物细无声"的教导所产生的心理同化。前者应慎用，后者则应用较普遍、效果较理想。

"润物细无声"的方法，随着时间推移，能产生累积效应，潜移默化中塑造学生的心灵，感染学生的思想，熏陶学生的情感，最大限度地教育学生。分析其作用过程，实际上是班主任将正确的观念、思想和行动传授给学生，采用的方法是渗透。渗透是班主任工作的主要方式，是教育学生常用的手法。按其形式分，有语言渗透、表情渗透和行为渗透三类；按其内容分，包括思想渗透，品德渗透，情感渗透，知识渗透和能力渗透等。现就其形式作如下浅议：

（一）语言渗透

我国古代教育家倡导的"言传身教"，其"言传"就是通过语言教育教导人。语言教育可以正面进行，造成一个大气候，产生强大的舆论导向，促使学生领悟正确的东西。也可以苦口婆心，循循善诱，逐步启发.

引导学生认识世界和人类，认识社会和自我，从而树立正确的人生观。诲人不倦就是这方面的概括。

学生有着敏感的思想，又有积极上进的心理，对国内国际大事，急于发表见解，更急于发表正确的见解。班主任若能用平等的方式与学生交谈，在和谐友好的氛围中交换看法，这种谈话给学生的好处不仅是内容本身，重要的是学生从中受到鼓舞。学生感到自己能与老师谈论政治大事，且有了一定的高度，这就保护了他们积极向上的心态。

调查表明，班主任以导师、权威的身份站在学生面前时，由于巨大的"威慑"作用，使学生的认识系统关闭，出现短时的认知混乱，从而产生排斥、厌恶情绪，不利于正确意见的接收和内化，对错误难以心平气和地认识。班主任以友好和善的神态与学生交往，会唤起学生认识的渴望，易于接收和同化新思想，更易省察错误，校正自身。

从这个意义上讲，班主任在语言渗透时，多用商讨交换的语气，少用"应该"和"不应该"。因为班主任和学生站在同一世界面前，学生的认识和感受有偏差是正常现象，应鼓励他们去探索，而不是指责。

语言渗透是将正确的思想和观点以各种活生生的事例为载体，以语言做媒介，渗透到学生的思想行为之中，并同化为学生世界观的一部分。

（二）表情渗透

在班务工作中，班主任以丰富的表情输送各种信息，处理许多事情。正确运用表情渗透，会对工作效果起放大作用。

学生经过拼搏，取得了某项成功，或出色完成某项任务，班主任露出满意舒心的微笑，是对学生的赞许和肯定。与学生发自内心的喜悦相撞击，产生共鸣。表情的流露诱发了感情的流通，理解增加了，信任增强了。体育比赛之中，队员在竞技场上奋力拼搏，班主任投去关怀的目光，做一个助威、加油的表情，对学生的成功报以掌声。这不单是对其成就的赞许，而且也传递着信任的信号。学生从班主任的掌声、笑容和点头中，感受到的将是更多更富情感的内容。这种及时的恰当的表情渗透，比一个呆板的庆贺会，比一个公开的表扬更有作用（当然并不否认庆贺和表扬）。

公众集会，学生不专心听讲；班主任讲话，学生做小动作。班主任不

138

是点名批评，而是送去一个责备的目光。学生从中感受到的，有责备，也有关怀。班主任既不容忍错误，又尊重犯错误者的人格，通过特殊的眼神，使犯错误者读懂了，犯错误者感受到的，不仅有内疚，也有感激。

表情渗透的最大特点是以情感交流为基础，使得令人尴尬的局面，令人生畏的批评，变得自然、柔和了。有情有理，易于接受。以表情为载体，以情感交流为媒介，创设一个良好的心理环境，学生乐意敞开心扉，让善意的东西流入。这种交流，既有教师的心理活动，又有学生的心理活动，双边的心理活动，互相沟通，达成谅解，产生同心同德之效果，也正是"此时无声胜有声"的妙处。

（三）行为渗透

我们的教育思想更重视"身教"，倡导教师以行动教导学生。教师以行动证明什么该做，什么不该做。学生从教师的行动中破译和辨别正确与错误的东西。这个过程就是行为渗透。

班主任对学生除进行正面教育外，更多的是要在处理日常事务和集体活动中渗透教育。

学生的日常行为规范是班主任最头疼的一件事。强调教室里不能打闹，讲话要文明，要爱护公物，但却效果甚微。班主任若能身体力行，身先士卒，做出榜样，学生会仿而效之。班主任的行为就是最好的规范，不需要语言解释，不需要共同商讨，班主任良好的行为会渗透到学生思想之中，体现在学生行动之中。

我们随处可见的事实是：班主任要求学生尊重他的人格，自己却不尊重学生的人格。如批评学生时冷嘲热讽，学生称之为"心理迫害"。班主任的言行不一，或者是将自己游离于班级之外，或将自己凌驾于班级之上，没有带来正导向作用，只能产生负导向，甚至是恶果。

班主任工作的渗透艺术，关系到教育成果的好坏，一个懂心理学，懂教育学，热爱人民教育事业的班主任，一定会利用渗透方法，教育和培养祖国的建设者。

八、沉默的艺术

沉默对于育人有其独特功效，如果班主任能够恰到好处地运用沉默，能起到"此时无声胜有声"的教育作用。

（一）沉默用于暗示

班主任对学生进行思想品德教育，应该遵循"身教重于言教"的原则。班主任要求学生做到的，如果自己首先带头做到，就能在沉默无声的行为之中，给学生做出暗示，使学生模仿班主任的行为，形成良好的习惯，从而收到不教而从之效。如有的学生在教室里乱扔废纸，有教育经验的班主任并不直接提出批评，而是在发现地上有废纸时就默无声息地拾起来，放进装垃圾的簸箕里。这样，经过一段时间，班主任良好行为的暗示，使乱扔废纸的学生再也不好意思乱扔废纸了，而且后来也像老师那样，发现地上有废纸，就自觉地拾起来扔进垃圾箱。

（二）沉默表示和缓

班主任在上课或与学生交谈时，适当地使用短暂的沉默，自己既有了理清思路、选择措辞和观察学生反应的机会，又可让学生有思考、理解和休息的机会。特别是当学生之间发生纠纷，班主任在处理问题时，可以适当运用沉默，进行"冷处理"，能够和缓气氛，使学生冷静和理智，从而接受班主任的教育。

（三）沉默令人慑服

现代人际交往心理学研究表明：在双方交往过程中，如果甲方适时地沉默不语，让乙方唱独角戏，乙方因从甲方得不到任何信息就会胡乱猜测，甚至惊惶失措，乙方最后就会被甲方的沉默所慑服，从而顺从甲方的意志。班主任一旦发现学生犯有比较严重的错误，而又弄不清情况的时候，为了使学生及时认识其错误思想和行为，也可以适当运用上述原理。如班主任发现个别学生有偷盗或打架的恶劣行为时，班主任在学生面前就应该显得和蔼而稳重，凝视而严肃，让学生在教师的沉默中感到震惊和力量，自觉地把问题谈出来，班主任就可以对症下药，因势利导了。

（四）沉默代替批评

班主任在批评和劝诫学生不要犯这样或那样错误的时候，最容易犯的错误之一就是当众把一个学生说得一无是处。这种批评容易伤害学生的自尊心，招致学生的抵触和反感。因此，班主任应该在不伤害学生自尊心的原则下，批评、劝诫和说服学生。有些时候，用沉默可替代对学生的直接批评。苏联教育家苏霍姆林斯基在《认识自己，教育自己》一文中谈到："柯里亚坐到课桌前准备，正当他把两个手指伸到袖筒里，要取出小抄时，他的目光突然与老师的目光相遇了。老师急忙把目光移开了，他从主考人桌边站起，沉默地走向窗前。柯里亚呆住了，柯里亚努力克制着紧张的心情，准备着答案。等轮到柯里亚上前应考时，那位老师离开了教室，直到柯里亚答完，老师才又回到教室来。从那以后，柯里亚再也没有打过小抄。遇到同学中有人偷偷提示他时，他便告诉他们，他总是想起老师默默地走到窗前时的情景。"这个事例生动地说明，教师恰当地运用沉默，比直接批评或斥责更能震撼学生的心灵，从而使其改恶扬善。

班主任在不同的场合，面对不同的学生，针对不同的问题，还可以运用沉默来表达对学生的许诺、期待、赞扬、关心、宽容、留恋、惋惜等等。

当然，对沉默的使用要慎重，如果用得不当，就可能成为学生误解或酿成犯错误的一个开端。因此，班主任在使用沉默时，首先应该热爱和关心学生，在学生身上"培养和磨炼出接受教育的能力"。这种能力表现在学生内心对老师的目光、手势、微笑、沉思和缄默的异常敏感。此外，班主任运用沉默时，要与沉默之前的谈话内容、方式、神态和表情联系起来，才能有助于学生正确理解班主任的沉默，从而受到良好的感染和影响。

九、学生消极情绪的化解艺术

教育心理学表明，教师不当的批评，同学之间的矛盾、隔阂，家庭的冷漠、不和睦，社会不良风气的影响等等，使部分学生存在着较为严重的消极情绪，影响了学生身心的健康发展，妨碍了学习活动的正常进行。因此，努力把握消极情绪的化解艺术，变消极因素为积极因素，化不利条件为有利条件，是我们教育工作者的一项重要任务。

（一）在增进沟通中求化解

化解的前提是知情，只有详知内情，才能把握学生的现实心态，了解他们希望什么，向往什么，需要什么。而要知情，教育者就必须和学生在心理上架起联系的桥梁，实现情感上的交流。实践中怎样才能通过沟通知情，实现化解的目的呢？

（1）以沟通求信任。俗话说："精诚所至，金石为开。"教育者真心诚意求得学生的信赖，学生便会直抒胸臆，畅吐积怨，教育者才能听其言，观其行，知其情。

（2）以沟通求融洽。教育者由于年龄、地位上的差异，往往会使学生产生畏惧心理而"敬而远之"。交往中，教育者得放下架子与学生交朋友，和学生平等相处，尊重学生，使之产生一种自尊心理，获得愉快、轻松的情绪体验。这样，他们就会大胆反映意见，发泄牢骚，师生间那种格格不入，互相对立的消极情绪也会自然而然地得以消释。

（3）以沟通求理解。教育者教育学生时，如何达到忠言不逆耳，良药不苦口的效果呢？这离不开相互间接触、理解，只有当学生对教育者的工作思路、工作方法有一个正确的认识，才能消除误解，增进谅解，自觉接受教育者的规劝、批评。

（二）在自我表率中求化解

在思想教育中，教育者占主导地位，一言一行，一举一动，都会影响、感染学生，所以教育者应时时处处做学生的表率，虚心恭谨，真诚坦率，用自己的模范行为和实际行动去感化、教育学生，化解学生的怨气。首先，要注意正确调节情感。教育者也是人，如果遇到不顺心的事就借机向学生发泄，凶神恶煞，怒气满面，大声训斥，势必制造恐惧与过度紧张气氛，使学生产生不安。对此，马卡连柯曾说过："我从来不让自己有忧虑的神色，抑郁的面容，甚至不愉快的事情，生了病，我也不在儿童面前表露出来。"这就是说教育者要善于调节自己的情感，将不良情绪深埋心底，自我解脱，始终给学生以亲切之感，以良好的心境，积极的情绪去影响、引导学生。其次，要正确对待失误。教育者不是完人，孰能无过？有时缺乏调查研究，也会产生失误。教育者如何对待工作上的失误呢？一方面要真诚坦率，不讳言自己工作中的缺点、错误；另一方面要敢于向学生道歉，因为教育者虚心恭谨地向学生致歉并予以纠正，这不但不会损害自己的形象，降低自己的威信，反倒能体现教育者的豁达大度，有助于学生消除误解，化解怨气。再次，要正确对待困难。班级常规分数不高，学生学习成绩下降，良好班集体形成有困难，教师不检查自己工作是否得法，而一味地埋怨、责怪学生，把责任推卸给大家，这就容易使学生产生失望心理。因此，教育者在困难面前，不能惊慌失态，悲观失望，而应用自己智慧的力量去帮助和引导学生，以自己能克服困难的乐观情绪去启发和感染学生，激发学生战胜困难的勇气，带领学生在克服困难中前进。

（三）在关心激励中化解

学生的消极情绪和来自心中的积怨在很大程度上是因为缺乏经常性的疏导，缺乏足够的情感激励，教育者"严"字有余，"爱"字不足，训诫多于照顾，要求苛刻而缺乏关心，学生生活中的忧虑，学习上的烦恼汇聚，产生"思想疙瘩"。要解决这一问题，教育者既要向学生讲明道理，又要多方面地施以精神激励，使他们体验到学校的温暖，老师的关心，从而产生积极情绪。教师应该做到：

（1）施以爱心。教育实践表明，对学生冷漠无情，根本不爱学生的教育者，是不可能使自己的要求转化为学生的自觉需要的。"心灵的创伤只能用心灵来温暖"，特别是对有消极情绪的学生，教育者只有充分施以爱心，用火热的心肠去温暖学生的心，与学生在心灵上搭起一座感情的桥梁，才能感化学生，消除"冰点"。

（2）体现关心。关心学生、爱护学生是教育学生的基本前提，教育者必须深入实际，潜心着意，细心观察、了解学生的需求，生活上对他们嘘寒问暖；学习上，不只满足于完成教学任务，而应注重不同层次学生的不同心理需要，尽可能地满足学生的娱乐要求，如组织春游、野炊，开展一些文体活动等，注意让学生的表现欲得以充分显露。在经常性的关心、照顾中，建立一种新型的师生合作关系，使消极情绪在良好合作中得以化解。

（3）注重激励。学生情绪处于低潮时，教育者应注重于细微之处，发

143

现学生的"闪光点",对他们的点滴成绩、微小进步予以认可和接受,并给予表扬、奖励,让学生在积极的心理体验中,寻找情感上新的"兴奋点",从而消除怨愤,奋发向上。

(4)教给方法。学生心胸开阔、积极乐观时,消极情绪的滋生便会减少,因此,教育者要帮助学生寻求息事宁人,解忧除烦的调节方法,努力启发学生的内在积极性,激发积极心理的生成,使大量的消极情绪在学生的自我调适、自我化解中得到消除。

关注学生篇

难点九 如何全面了解学生

一、树立正确的学生观

班主任的工作对象是班级集体中的学生。班主任在从事教育工作的整个过程中，都要与学生打交道。受旧的教育观念影响，教师常常认为自己是教育活动的主体，"我说你听"，"我教你学"，虽然教师的社会职业地位不算高，但在学生面前是至尊至贵的。这种观念沿袭下来，使许多教师在自己的工作中不去有意识地研究学生，不能正确地认识学生，这样就会对教育工作产生很大的影响。检讨教师的工作，特别是班主任教师的工作，发生问题，效果不佳，班级混乱，学生中出现不应有的现象等，其中主要原因就是教师不能真正认识了解学生，没有与学生真正协调起来。因此，班主任必须从整体上和具体教育对象上认识和把握学生，做到对每个学生都有深入的了解。

（一）学生是内因与外因的统一

中学学生现有的发展状况，一方面受其生理心理发展规律的制约，另一方面是其家庭、小学时期及社会影响的结果。从本质上讲，人是一切社会关系的总和，这也是人区别于其他动物的本质之处。哲学上讲内因是事物发展变化的根本原因，外因是事物发展变化的条件，外因要通过内因起作用。中学生的特点是由内外因共同起作用的结果。要想正确认识学生，必须从这两个方面入手。学生是现实的人，这是人的社会属性的反映。中学生的社会属性的反映程度还处于起始阶段，他们正在学习做社会的人，是准备进入社会的人。学生生活在社会中，必然要受父母、邻里、朋友、广播、书籍、报刊、电视等各方面的影响。由于缺乏生活经验，接触社会的广度和深度不够，知识水平的局限，以及他们各方面都不成熟等等，他们对社会又不甚了解。严格地说，社会在"关心"他们，从不同角度对他们施加影响，这是个良莠混杂，真、善、美，假、恶、丑并存的"社会"。所以，学生进到学校以后，他们的社会化愈加广泛了，活动的天地扩大了，接触的人更多了，信息复杂了，思想也日益不单纯了。学生的状况，他们的思想，他们所关注的问题，他们对社会所持的态度和他们的表现等，是社会存在的反映，是随社会的变化而变化的，他们自身形成不了与社会相脱离的独立的特点。所以，认识学生，先要认识社会。一个时期学生的表现，的确有些突出的地方，这只是社会背景的变换给他们带来的较突出的影响的反映，离开社会的变化，学生只具有基本的特点（如青少年的生理特点和心理特点），而没有什么其他的"特点"可言。

从这个认识出发，我们说，学生是内因与外因的统一。由于他们是年轻一代，对新鲜问题、新鲜的社会现象存有广泛的兴趣，因此，现实社会的影响在他们身上反映较快，甚至很容易形成热点，形成风气。当今中国处于社会转型时期，社会变化急剧，当各种社会现象杂色纷呈，当人们的价值观念、价值取向多元化的时候，带给青少年的影响是相当复杂的，特别是社会精神文明方面出现的不健康的问题，如物质欲强化、人情的冷漠、人们心理的浮躁以及粗俗的表现等，都在直接地甚至"生动"地影响着学生。这种状况，反映在学生的头脑中就是他们认识上的多元性；反映在他们的价值观念上就是"我"的分量加重；反映在伦理上就是道德观念的淡薄；反映在群体意识上就是集体观念的淡化；反映在人际关系上就是人与人之间的冷漠。当我们认识学生时，这些都是不能忽视的。就是说，不能离开他们的生活背景和环境来认识他们的表现。

（二）学生是主体与客体的统一

在学校中，一方面，教师是科学文化知识的传播者，是学生能力智力的开发者，是学生良好身体、心理和品德素质的培养者；学生是传授对象、发展对象和培养对象，是教育、教学过程的客体。另一方面，中学学生自我意识较小学阶段有了显著发展，自觉性、主动性、独立性、创造性有了明显提高，因此，中学生在接受教育时并不是消极被动地接受，而必然会运用他们已有的知识经验能动地接受。这种能动地接受表现为有时全部接受，有时有选择有条件地部分接受，有时概不接受。态度上便会表现为积极、中立、怀疑、迷惑、不以为然甚至对立。因此，班主任在研究学生的过程中必须要认识到学生是主体与客体的统一，从教师的主动性及学生的主动性两个方面去选择或设计教育的或管理的方法及途径。

学生是有主体意识的人，他们的主体意识支配着他们的需要、选择、愿望、尊严等，并且在他们的行为表现中，有很大的推动作用。

第一，学生受教育的过程是主体能动性发挥的过程，当教师向其施加教育影响时，必须有这个主体能动性，教育影响才能奏效。教育是两方面碰合的过程，没有主体——学生的能动性，再好的"教育"也必定失败。因此，可以说，教师教育学生的过程，也是调动学生主体能动性的过程，"调动"得好坏，就意味着教育效果的成败。

第二，学生的品德表现，也是主体意识决定的。学生的行为规范是建立在自觉的基础上的，他们有了自觉性才能使他们的品德表现成为可能，否则，他们的表现就是一时的，或是难以持久的、难以稳定的。所以，压抑主体能动性的教育，不能培养出道德健全发展的人。

第三，主体意识常常由学生的需要、选择和愿望表现出来。只强调教育的共性、强调一致性、强调集体的需要是片面的要求，教育中也应该强调个性的发挥，并使其与"共性"协调起来。学生对教育内容和方式，有强烈的"选择"，与这种"选择"一致的是有效的教育内容。这就需要教师引导学生、了解学生，在学生心中树立威信，与学生建立感情，以调动他们"选择"的积极性。显然，千篇一律、千人一面，不利于学生主体意识的发展，相反，教育的针对性才是促进学生主体性发展的关键。

第四，学生的主体意识也表现在他们的荣誉感、自尊心上。学生在班级集体中渴望得到尊重、关心和爱护。他们多数人在家庭生活中得到的是真诚的爱，无微不至的关怀，父母的尊重以及家庭人际关系的和谐，在学

147

校也要求得到同样的东西。假如学校不能给他们这些，他们必定会由不适应到反感，与集体不协调，甚至产生厌烦集体的心理和主动性的压抑。在这样的情况下，学生会与集体不协调，甚至疏远和脱离集体，与教师产生隔阂，并容易出现各种问题，尤其容易接受不良影响。主动性的压抑，往往使学生处于一种渴望发挥的饥渴状态，他们的心态很不平衡，当他们在不适当的时机、不适当的事情上发挥出来之后，就能产生各种新的矛盾。由于一些班主任教师没有注意这个问题，一味在"教育"上下功夫，不去在心理上找原因，结果往往适得其反，收不到应有的教育成效。所以，平等地对待学生，尊重学生的人格，是班主任教师调动学生主动性的方法。否则，会使教师失去教育的信度，最后使学生达不到提高思想的目的，对他们的健康发展是不利的。

认识学生是有主体意识的人，是主体与客体的统一，是班主任教师的一种成熟。这种意识应该渗透到各种教育活动之中，渗透在教师与学生的关系当中，渗透在班主任的管理活动中，渗透在班主任的一切言行与观念之中。

（三）学生是共性与个性的统一

班主任在研究学生时，既要掌握学生的年龄特征，即该年龄段学生的生理、心理发展的共同特点，同时又要注意每个学生所具有的身体发育特点、品德及个性发展特点。不了解该年龄阶段学生的共性，既影响对班级及全体学生的正确认识，又影响班主任对某个学生的正确认识，从而难以做出科学的教育教学管理，影响教育效果。

个性，是指一个人的基本精神面貌，是在个人自然素质（禀赋）的基础上，由于社会的影响，通过人的活动而形成的稳固的心理特征的总和。这里包含四个基本观点：

第一，自然素质（禀赋）是个性形成和发展的自然前提和必要条件。人的自然素质包括许多方面，特别是作为劳动工具的手、言语器官，尤其是大脑，对个性形成至关重要。但它们本身并不能决定人的性格、能力或者兴趣、爱好、理想、信念等。个性的任何一种心理特性都不可能是先天决定的。

第二，社会影响。个性是人性的特殊表现，是一种社会历史现象，如理想、信念、态度等都是在社会影响下形成的，离开了社会，个性便失去了存在的基础。

第三，人不是消极地、被动地接受社会影响，而是通过自身的活动与社会影响相互作用，形成一定的人际关系系统，从而形成某种个性。

第四，称得上个性的那些心理特性，都是比较稳固的，即不是一时一事的个别表现。当然，这种稳固性也不是绝对的，在一定条件下也会发生变化。

由此可见，人不是一生下来就有个性，个性是随着人的心理机能的发展逐渐形成的。每一个人由于先天遗传素质和后天社会物质生活条件的不同，反应在心理活动中就各有显著的心理特征。这主要表现在人们兴趣的不同、习惯的不同、气质的不同、性格和智能的不同等。个性的形成过程就是个性社会化的过程，即个人掌握许多世代人们的社会经验的过程。社会化包括两方面的含义：从个人的角度说，是指个人在成长过程中通过掌握符号系统来接受社会经验，从而使自己在社会结构中占有一定的位置，充当一定的角色，进行一定的社会活动，以便积极地再现社会经验的过程；从群体的角度看，指一个社会或民族通过社会教化对其成员进行塑造，从而使社会经验得以传递和更新的过程。

我们常提到的培养全面发展的人，并不意味着是只有"共性"而没有个性的人。承认学生的个性，想方设法培养他们有良好的个性，这才是教师的职责。也要指出，我们说学生是有个性的人，并不是说他们的心理特征与别人完全不同。实际上，人的个性也包括许多与众相同的心理特征。这就要求教师辩证地看待学生的个性问题，辩证地开展教育活动，使学生健全地发展起来。认识学生是有个性的人，除了可以避免教育的"公式化"，更重要的是对班主任教师提出了更高的要求，在发展学生良好的个性时，班主任的责任是重大的。学生的个性之所以多种多样，其原因主要是社会生活实际是多种多样的。但是，教育在个性形成或改变中起着重要作用，所以，班主任要坚信教育是起主导作用的因素，要充分发挥教育在学生个性形成中的作用。

（四）学生是稳定性与动态性的统一

学生是稳定的，在特定的时期里，他们表现出相对稳定的特点。但人又是动态的，和世界万物一样是在动的状态下生存的。学生的动态有更深一层意义，这是由于他们的年龄、生理、心理和知识特点决定的。认识学生是动态的人很有意义，这不仅使教育有了基础和生机，也使教师能去"启动"学生，使其向健康的道路发展。

学生是"动态"的人，首先是指学生随年龄的变化而动。他们的年龄变化与成年人不同，这种年龄的增长，意味着他们的特点在"动"，六岁和十岁的特点不一样，十岁和十三四岁也不一样，动的过程中有变化，有增长，有新的东西。每个年龄阶段，他们都有不同的生理、心理特点，因为他们读小学、中学的时间较长，几个不同特征的年龄段都在里面，所以学生随年龄而动，这是班主任必须加以区分和认识的。

其次，学生随社会而动。这有两方面的意义：第一，社会的变化，给他们带来不定的影响，这种"动"是随时随地出现的，有时能很明显地表现出来。第二，他们对社会的看法和态度，也不是定式的、定型的，对同一事物也可能随时改变看法和态度，也是"动"的。

再次，学生随环境而动。不仅大环境能够影响学生，使他们产生各种变化，就是他们生活的小环境，也起着重要作用。好的班级集体，本身就是一种教育因素和力量，这其中就有班级环境的作用。小环境的优化，能产生很大的教育效果，一个学习气氛很浓，文化气氛很高雅的环境和一个学习气氛很淡，粗野无礼，吵吵闹闹的环境大不一样，这时候学生随环境的不同就会产生动态的变化。更主要的是人际环境，大凡团结和谐，朝气蓬勃，互助互爱的同学关系，都能使学生性格开朗、积极向上、热爱集体；相反的情况，会使学生变得对人冷漠、不信任，甚至相互敌视。集体的舆论、集体的风气、集体的总倾向和集体的固有风格等，都是影响学生使其产生动态变化的条件。有的学生受集体的影响，逐渐地，甚至是不知不觉地发生了新变化。比如，在文化活动气氛很浓的班级集体，一些不好动的学生也逐渐活跃起来；在学习气氛很浓的班集体，带动了学习不太努力的学生；在班级集体中早恋的苗头出现，本来不关心这种问题的学生也会有所萌动和行动……这些都能说明学生与环境、与集体影响的关系，说明集体环境是作用学生的一种因素。

最后，学生是动态的人，最主要的还是随教师的教育影响而"动"。这个问题笼统地讲一般没有非议，但针对某些具体的学生情况，有的教师就有异议了。他们常常认为某个学生是不可教育的，甚至是不可救药的。他们对反复教育而效果不明显的学生，常常判定为"刀枪不入"，认为教育是无效的。对于站在教育第一线的教师来说，遇到难以教育的学生确实是常有的事。因为学生不只是生活在教师教育的影响下，他们还同时受社会、家庭、要好的朋友及其他影响，一个时期内谁的教育力度大很难说清，加上我们有的教师教育方法不当，与这样的学生产生了感情的隔阂等。就是说，学生是个复杂的因素，施加的教育影响和取得的预期的效果常常是不一致的，这既有外部因素，又有学生的主观因素，还要承认也有教师教育不力、教育不得法的因素。但应该强调的一点是，在教师的思想上，应该确立以下观念，即学生是动态的，是可以随有力地教育影响而改变的。教师应看到学生"动"的一面，发现他们的闪光点。当然，在具体学生面前，确立这种学生观，并身体力行，想方设法去改变学生，并非易事。这需要感情的转变，先去爱难教的学生，还要深挖细找发现他们的闪光点和教育的突破口，这往往是艰难和辛劳的。然而却是充实的、快乐的。

学生是不断发展的。学生的发展一般是指学生身体的发展、心理的发展、智力的发展、阅历的发展、思想认识的发展以及道德水平的发展等。认识学生是发展的人有重要意义。以发展的眼光看待学生，教师的眼界就放宽了，这样能把自己教育的学生看成是一个"成长过程"，并能够把教育活动和教育目标联系起来，既有教育的起点，又有教育的预期，也有明确的"终点"。教师心中有了学生这样发展的"过程线"，就容易形成教育培养学生发展的蓝图，就能够明确学生的发展方向要求，并帮助学生实现这一要求。

总之，教师必须从根本上端正对自己的教育对象的认识，这样才能在富于变化的学生群体中，保持清醒的认识，从而有目的、有计划、有组织地教育好学生。

二、中学生的生理、心理特征

一般来说，青少年从 12 岁左右开始进入青春期，在这一时期中，生理上会发生一系列的变化。青春期正处于人体第二次生长高峰急骤变化的时期。班主任认识学生是多方面的，而了解他们的生理、心理特点又是十分重要的。把握中学生心理、生理特点，不仅有益于教育内容的设计，也有益于班主任了解学生，更好地与学生交往，避免教育活动中的成人化。把握青少年生理、心理特点，是对班主任的基本要求。

（一）中学生的生理发展特征

进入中学阶段便开始了青春发育期，受神经系统和内分泌的影响，"蓬勃成长，急剧变化"便成为中学生生理特征的概括，中学生的生理特点，具体表现在身体发育、性机能及脑的发育三个方面。

1. 身体的发育

孩子从六岁上小学，一般在十二三岁到十五六岁中间在中学学习，这一阶段正是人的生长发育的第二个高峰期。人的生长发育，从胎儿起到停止发育，是一个不停止的持续过程。其中经历两个高峰期，其一是从出生到两周岁；其二是从九岁左右到十六岁左右，小学高年级开始学生就处在第二个高峰期的年龄阶段。这时候他们的身体高度突增，人均年增长约六厘米到八厘米。身高突增的具体年龄男孩为十一岁到十五岁，女孩为九岁至十三岁。同时他们的体重也迅速增长，男孩在十三岁到十六岁体重年均增加 4.30 公斤。因为中枢神经系统还不能立即适应这种迅速增长的变化，这时孩子们的动作不够灵活和协调。另外，这时候孩子的骨骼也在迅速生长，特别是他们的脊柱、胸廓、骨盆、四肢的骨骼发展较快，但他们的骨化过程没有完成，容易出现弯曲和损伤。这个年龄段身体发育的再一方面是心脏的活动加强了。因为其身体迅速发育，血液循环路线加长，但心脏大小没有增加，因此容易出现头晕和疲劳。到了这个年龄段的后期，身体发育逐渐减慢，体态已经比较均衡，动作也开始灵活和协调，生长发育虽然没有最后完成，但已经日趋完善。

2. 性的成熟

青少年在中学阶段是性的萌发和成熟的阶段，这表现在性生理的变化上。性的发展是由于下丘脑和垂体前叶迅速发育，促性腺释放因子和促性腺激素分泌量增加。青春期是性成熟的时期。性成熟期男女是不一样的，女性性成熟与结束比男性都早两年左右，一般为 10—18 岁，男性为 12—20 岁。

性成熟的标志是生殖器官由原来的幼稚状态发育为成熟状态，成为有了成熟功能的生殖器官。这就是第一性征的成熟。性成熟的第二个标志是第二性征发生了明显变化。女性第二性征是乳晕的出现、乳头的突出、乳房的发育、阴毛和腋毛的生长，骨盆增宽等。待到女孩子初潮，意味着女性的生殖器官开始成熟。男性的第二性征的突出标志是毛发、胡须、腋毛、阴毛的生长，喉结变大，声音变为低沉，肌肉骨骼发育结实，形成男子汉的体态。第一次遗精，意味着男性性机能的成熟。

3. 脑的发育

到达十二三岁时，脑皮质的生理发展已近于完成，脑皮质是神经系统中枢。胎儿时期人的脑皮质细胞就基本具备，到半岁左右已达到 140 亿个，这就不会再增加了，但这时的脑皮质细胞的机能还没成熟，直到青春期开始，脑皮质细胞的机能才与成年人相同。

脑的重量和容积在儿童早期发育较快，到青春期增长缓慢，但脑神经纤维变粗、加长，生出许多分支，髓鞘也形成了。这给儿童对外界环境的认识提供了物质基础。青春期开始以后，脑的形态和结构已经基本达到成熟，十岁左右脑的重量和容积已达到成人的 95%，并且脑皮质纤维的髓鞘化、增长与分支也已接近完成。所以这时脑的功能应该更科学地发挥，到了青春期，大脑完全有认识难度较大问题的能力。研究表明，大脑越用越灵活，担心用脑会造成对脑的损害是没有科学根据的。脑的运动，可以使大脑皮质酶的活性增高，可以促进神经细胞的体积增大。因此，其功能也愈能改善和发挥。教师应该记住，大脑的功能是无止境的，问题是如何引导和训练学生发挥脑的功能。

综上所述，中学阶段是人的一生中一个特别重要的时期，躯干、四肢、各种器官的机能特别是脑和神经系统的结构、机能等生理发展，正处于一生中第二个也是最后一个生长高峰。随着生理发展的日新月异和急剧变化，性及其他机能也逐步成熟和完善。这是一个为以后成长打基础的时期。错过青少年的大好时光，会造成成长中的很多弊病和遗憾。当然，青少年生理的发展，整个身体是统一的、有序的、有规律的，其每个个体发展速度的快慢、发展的先后和发育的程度都不一样，这就要求教师形成科学的认识，以便更好地把握教育的分寸。

（二）中学生的心理发展特征

青春期，也就是在整个中学阶段，曾被人喻为多事的季节，心理学上谓之"心理断乳期"，其年龄范围大体为13—18岁。在这一时期，同学们的心理会随着生理发育，知识、能力的增长及社会环境的变化而引起相应的变化。中学生身体的迅速生长发育，特别是大脑的发育趋于成熟，为其心理的迅速发展提供了物质保证。青少年心理发展是由其生理发展，特别是神经系统的发展作为前提的，但是决定心理发展的因素，却是社会环境和教育，因此，心理发展更为复杂。中学生心理发展的特点主要表现为：

1. 认识的发展特点

（1）感知。中学生感觉的各个方面及其各种特性都有很大发展和提高。视觉感受性不断提高，区别各种颜色和色度的精确性不断增加；听觉方面，区别音高的能力，辨别音节的准确性，与小学生相比都有很大发展。他们在视觉和听觉的灵敏度上都已达到甚至超过成年人。其他各种感觉，特别是关节肌肉感觉，都得到较高发展。这些感觉的进一步发展为学生学习掌握书写、音乐和美术等方面的知识技能奠定了基础，但在学习中也应注意对各种感觉器官的保护。

中学生在知觉方面出现许多新的特点。首先，知觉的有意性和目的性进一步提高。他们能够自觉地根据教学的要求去知觉有关事物，并且能够自觉地、长时间地知觉这些事物。其次，知觉的精确性和概括性进一步发展。他们已能够比较全面地感知事物的各种方面，并概括出事物的主要特征和属性。再次，逻辑性知觉开始出现，日益能够把一般原理、规划与个别事物或问题联系起来。

（2）记忆。中学学生在各种教学条件的影响下，记忆水平显著提高，主要表现在：

① 有意识记日益占主导地位。由小学到中学"记忆"也在发展，中学生的记忆已开始发展到意义记忆，他们已逐渐改变死记硬背了。由于知识的加深，知识之间相互联系较为复杂，他们已经能够通过理解来掌握知识，记忆的能力向意义记忆方向发展。中学一年级学生的无意识记忆常常表现明显，还保留有小学生的特点，识记的目的任务往往需由教师提出。从中学二、三年级开始，随着教学的需要和学习动机水平的提高，学生逐步学会根据不同学科、不同内容提出自己的识记任务，选用适宜的记忆方法，自觉地检查记忆的效果。当然，中学生不仅有意识记在发展，无意识记也在发展，充分利用学生的无意识记也是必要的。

② 意义识记逐步成为主要的识记形式。由于教学内容和方法要求小学生运用机械识记的方式较多，机械识记是小学生主要的记忆方式。中学低年级学生机械记忆仍起很大作用，此后，在教学要求和学习过程中，意义识记开始明显占有优势地位。

③ 记忆容量日益扩大。中学较小学阶段学习最大的区别之一便是学习科目、记忆内容的陡增。由小学阶段 2—3 门主要课程增加到中学的 8—9 门主要课程，新的学习需要促使中学生的记忆能力快速发展，记忆容量迅速扩大。研究表明中学生不仅仅以记忆具体、直观的材料为主，而且开始大量地掌握各种科学概念、规则和原理，进行判断、推理和证明，以形成概念体系。

（3）思维。思维能力是认识能力即智力的核心。思维能力的发展受观察力、记忆力、想象力的影响和制约。在思维方面，中学生的抽象思维能力日益发展，在中学阶段虽然其抽象思维能力还需要一定的直观的感性的事物作支持，但到了高中阶段他们的抽象思维能力已经可以运用概念、判断和推理来进行了。中学生思维的另一显著特点是，他们愿意独立思考问题，不轻易相信别人的意见，批判意识很浓，表现为较明显的独立意识。而且，在这一阶段，思维的创造性开始萌发。由于知识经验的不断丰富和思维水平的进一步提高，中学生的创造性思维开始萌发，他们能够对自己爱好和有兴趣的领域进行初步的探索，提出一些新的见解和设想，并根据掌握的材料尝试进行一些创造发明和文学艺术的创作活动。实践证明，中学生是可以进行发明创造的。

（4）想象力。想象是人们利用已有的表象进行加工改造，进而创造新形象的过程。想象属于认识过程的高级阶段，它的发展与思维能力的发展是紧密联系、相互制约、相互促进的。中学生思维品质的发展，各种思维能力的增强，大大促进了想象力的发展。在这一时期，有意想象逐步占主导地位。中学生往往从某一目的出发，自觉地沿着一定方向甚至能够通过意志努力、调节行动、克服困难进行想象。学生的创造想象也开始出现，但此刻再造想象仍占很大比重。

2. 情感的发展特点

（1）情绪的易感性突出。中学学生情绪的易感性具体表现在：首先，情绪的易动性明显。虽然中学生自我控制能力有了明显发展，但由于神经系统的兴奋性较强，而调节能力又比较差，他们容易接受外界刺激的影响，易于激动、振奋或暴怒，产生激情。其次，情绪的两极性强烈。顺利时容易自满，甚至得意忘形，目空一切，遇挫时灰心丧气，认为自己一无是处，产生自卑，甚至走上轻生的绝境。再次，情绪的感染性较强。看到别的同学做好事，他们也会很高兴地跟着去做。看到别人胡闹，也常常"踊跃"地跟着"起哄"，甚至欺负弱小同学，讥笑残疾病人。

（2）情感的隐蔽性显现。一般说来，人的年龄越小，情绪的表现越直观。小学生的喜怒哀乐都明显地写在脸上，而中学生则开始变得"深沉"了。由于自我控制能力的不断发展，中学生已能控制自己的情绪，外部情绪表现与内心真实情感常常不一致。如有时心中忧闷而外表高兴，有时表面平静却内心激动。

（3）情绪延续性较长，出现心境。中学生不再像儿童那样经常破涕而笑。在取得好成绩时会激动几天，延续为良好的心境；在遭受挫折和失败时不快或苦恼也会延续成为抑郁烦闷的不良心境；放假了，学习任务胜利完成，就会产生欢快、放松的心境；开学时，学习任务繁重，师长要求严格，容易产生紧张焦虑的心境。对此，教育者应注意关心和疏导。

（4）高级情感进一步发展。随着认识能力的提高和活动范围的扩大，中学生的高级社会性情感，如爱国主义情感、集体主义情感、正义感、友谊感、理智感、美感等都有进一步发展。由于中学生集体生活的扩展和教育影响，他们在集体活动中可以表现出强烈的集体荣誉感。社会交往活动增多，增强了他们的友谊感。在学校和社会交往活动中，渴望被承认和接纳。与成人交往渐少，与同伴交往增多，这利于他们在活动和交往中发展自己，但也容易形成学校或班级中具有消极性的非正式群体，还可能被社会上的流氓恶势力拉拢利用。对此，教师尤其是班主任，要善于引导学生，努力把各种消极的非正式群体转化为积极的正式群体。

三、全面了解中学生

班主任对学生的了解是做班级管理的基础。只有了解学生，掌握丰富的资料和信息才有可能科学地研究学生，才能谈得上理解学生、教育学生。

（一）了解与研究学生是班主任管理班级的基础

了解与研究学生是伴随在整个班主任工作过程中的，没有对学生的了解，就不能做好班主任工作。

1. 了解学生是教育学生的前提

要想教育学生，必须首先了解学生。前苏联教育家苏霍姆林斯基曾说："教育——这首先就是人学。不了解孩子，不了解他的智力发展，他的思维、兴趣、爱好、才能、禀赋、倾向，就谈不上教育。"学生有共同的特点，每位班主任教师都面对着年龄段大致相同、有共同身心特点的学生。班主任对此必须要了解，这样才能在总体上教育学生。但仅仅总的了解学生还不够，因为学生又有各自的特点，只有把握每个学生的个性特点，才能有针对性地进行教育。所以，班主任教师必须从总体上了解学生，从个性上了解学生，从变化上了解学生，从可能出现的影响上了解学生。

了解学生是教育学生的前提，体现在教育的实施上，首先在于做到心中有数。因为心中有数，就会从学生的实际出发，才能知道矛盾的焦点和解决矛盾的突破点。否则，就会由于对学生情况形成弥散性的认识，无法对学生进行教育。其次，要有的放矢。由于对学生心中有数，自然会对教育学生形成对策，即能够"对症下药"，有的放矢。假如心中没底就会缺乏相应的教育举措，或是泛泛而教，或是无的放矢，结果都会导致教育的失误。有些班主任教师，教育学生常常不得要领，其中一个原因就是因为对学生心中没底。班主任在制订和实施工作计划的过程中，只有熟悉、了解学生，从学生的实际水平出发，才能分层次、分阶段地确定目标。让每一个学生都找到适合自己的目标，并为实现目标而不断努力，进而实现总体目标。只有全面地了解、理解学生才能调动学生的积极性，才能从学生的特点、特长和优势出发，发挥他们在班集体中的作用，并充分发挥学生的潜在能量，逐步形成班级工作的特色。

2. 了解学生是正确处理学生问题的关键

学生总是在一定的矛盾中生活和学习，他们总是要出现各种各样的问题。学生中出现的问题，有的是属于一般矛盾的反映，有的却属于特殊的情况。同样是迟到，有的可能是违犯纪律，有的却可能是其他原因；同样是打架，有的可能是不良行为，有的却可能是出于某种仗义。对学生中这些问题的正确判断，唯一的途径是做充分的了解。有的班主任教师，习惯于用"老眼光"看学生，有的班主任教师，又习惯于"热处理"问题，有的班主任教师，习惯于主观主义……这些都是班主任工作的大忌，所以，重视调查研究，对学生的"问题"进行充分的了解，就非常重要和必要。有时候班主任对学生的问题，不了解来龙去脉，急于判明是非，往往会造成判断的失误。有时候班主任对学生中发生的问题，只想到"必然"，没想到事情的偶然，也会造成处理的片面性。有时候班主任只看到局部现象，不了解事情的全面情况，更会造成处理的失误。总之，学生是复杂的群体，学生又是动态的人，处理他们的问题，必须对他们有充分的了解，班主任要明确地确立一种观念，即不调查不表态，不了解不教育。

3. 了解学生是做好班主任工作的基础

班主任的工作过程是在教育、教学、劳动和社会实践等活动中与学生密切交往的过程，班主任工作的目标也是在与学生交往活动中实现的。只有建立民主平等、相互尊重的良好的新型师生关系，班主任工作才具备良好的情感基础。班主任只有深入到学生中去，与学生打成一片，才能不断地了解学生思想品德状况、学习情况、健康状况、心理特点、成长经历以及家庭情况等，才能进一步理解学生的各种需求，以及在刻苦学习中取得成功的喜悦，处于逆境中的苦恼，遇到挫折时的迷惑；才能更加体会到学生需要关心和爱护，从而积极热情地帮助和指导学生。这些对于一位合格的班主任来说都是必不可少的，这是做好班主任工作的基础。

4. 了解学生是建设良好班级集体的保障

每个学生都有不同的特点，都有不同的成员特色。有时候班主任用曾经管理带过的班级的经验去管理新的班级集体，往往行不通，原因就在于此。班主任每带领一个班级集体，必须对这个班的成员做详细的调查了解，并从整体上分析判断这个班的成员特点以及会形成怎样特色的班级集体。同时，也要在学生群体中发现各方面的骨干分子，以利于学生充分的发展和班级集体的建设。

另外还要了解学生的关系，比如与邻居的关系，与家长的关系，以及特殊的交往关系等等，这些都可能对班级集体的发展有重要影响，班主任只有把握这方面的情况，才能有效地抓好班级集体的建设。

（二）熟悉了解学生的内容

很多班主任教师认为自己较长时间地和学生在一起，应该是对学生比较了解的，其实并不一定是这样。的确有许多很了解学生或比较了解学生的教师，但也有一些教师，虽与学生朝夕相处，但并不完全了解学生，或是不了解学生中较深层的东西，因此，每位班主任都要明确该了解学生什么，或是明确从哪些方面了解学生。

1. 历史地了解学生

每一个学生都有一段历史，虽然与成人相比不算长，但也充满着成长的快乐和辛酸、成功和失败、顺畅和坎坷。这些都影响着学生的现在，也能影响学生的未来。因此，班主任要充分地把握学生成长发展的历史脉络，以加深对学生的认识。历史地了解学生主要是了解学生过去的表现，特别是学生过去比较突出的表现，如较突出的优点、较大的过失、较为重要的"事件"等。历史地了解学生还要了解学生所受到过的较大的影响。

以及在他们成长中的主要影响因素（来自过去的教师、家庭成员、其他人）。历史地了解学生也要了解学生较为重要的经历（家庭关系、个人遭遇、其他特殊情况等），以及这些经历在他们身上留下的烙印。

班主任把握学生的历史是很重要的，因为从学生的"历史"，可以看到他们的今天，也可以看到留在他们身上的某些痕迹，甚至很深的烙印，而这些是教育学生最有价值的背景材料。同时，人的发展是连续的，总是有前因后果的，把握学生的历史又有利于采取现实的教育对策，以保持教育的连续性。

2. 发展地了解学生

与了解学生的历史有密切关系的，是要从发展中认识学生，了解学生的成长过程。要把握学生现实的表现，他们的思想状况、道德状况、心理状况和其他方面的状况都是怎么"来"的。即摸清学生表现的发展过程，以便认识他们的"来龙去脉"。这种"了解"的重点是：了解学生在何时何种情况下发生何种变化或重大变化的；了解学生在成长中经常发生作用的因素是什么，这其中积极因素、消极因素和制约因素是什么；了解学生在成长发展过程中，有哪些潜在的积极因素未被发掘。班主任必须想方设法去了解学生尚未被发掘的潜在动力和闪光点，这对学生的成长至关重要，这往往是他们成长发展的新起点。首先要确认每个学生都有各自的积极因素和闪光点，然后要分析这些闪光点和积极因素为什么没有显露出来。表现好的学生和问题学生，都有他们各自的能驱动他们发展的闪光点和积极因素，尤其是对问题学生，更应挖掘他们的积极因素。认为问题学生一无是处、不堪造就，是对他们不了解造成的，由于这种认识，也难以促进他们的发展。因此，教师要特别注意这一点。

3. 现实地了解学生

一般来讲，班主任是比较注意了解学生现实情况的，问题是要把握了解的范围和了解的深度。假如不注意了解的范围，就会形成了解的片面性，致使教育失去针对性或教育失当；假如不注意了解的深度，就会忽视问题的本质，忽视学生内心深处的东西，致使教育表面化，或只能就事论事。班主任了解学生的现实情况，大致有以下几个方面：

第一，综合了解学生一般表现，以判断学生的一般特点和属于什么样的类型。班主任教师接触学生后，要大概地了解学生、直观地了解学生、静态地了解学生。这种"初步"了解，可以为进一步了解打基础，但班主任切忌不要停留在一般了解的状态上。

第二，了解学生的家庭情况。这种了解不要限于书面材料或只满足于对家长职业、文化程度、年龄、家庭人口的了解，而要深入进去，了解家庭的人际关系、家长的文化教养与文化品位、家庭对子女的态度、家庭经济关系以及对子女教育的投入状况、家庭的周围环境以及家长的性格等等。这种了解越深入，越能发现孩子内心深处的东西，越能把握孩子的特点。进行这种了解，班主任要深入到家庭中，甚至和家长交朋友，尤其是在进行家访中，要以"了解"学生为前提，以教育学生为目的。有的班主任进行家访，多半是"反映"学生在校情况，或者听听家长对孩子在家中一般表现的介绍。这是远远不够的。

第三，了解学生的人际交往关系。人际交往关系是对学生的影响因素，班主任要充分了解和把握。学生的人际交往，一般比较简单，但其中也不乏个别复杂、使学生深受影响的因素，对此班主任一定要进行了解，尤其是对较高年级的学生更要注意。学生的人际关系，除学校内同学间的正常交往和家庭成员中的正常关系外，主要是少数学生之间较密切或很密切的交往、家庭外的成员（亲戚、朋友）与学生的较直接的或不正常的交往、社会成员与学生的较直接的或不正常的交往等。这些交往对学生有三种影响的可能：一是相互来往中产生的一般影响；二是相互交往中产生的特殊影响；三是别有用心，要达到某种目的的影响。学生在自己选择的交往中，因为意气相投、趣味相投、性格相投，或为了满足某种需要，或由于某种原因不能摆脱，其所受的影响作用往往是很强的。因此，班主任必须对此有很清楚地了解，要尽量把各种关系及其影响作用和影响点搞清楚。

第四，了解学生的学习情况。学生的学习情况很复杂，单纯地从考分上了解学生的学习状况是不够的。班主任要了解学生的智力因素，把握学生的智力发展水平。有的学校建立了学生的智商档案，但班主任也不能只凭智商的高低来判断学生的智力水平，要从学生的学习活动和其他活动上综合地了解学生的智力状况。更主要的是班主任要了解学生的非智力因素，了解学生的学习动机、兴趣、情感、意志、性格等等。一般情况下，学生的智力发展合乎正态分布，大多数学生的智力属于正常发展水平，在这种情况下，学生学习的好坏，就与他们的非智力因素有极大的关系。班主任要了解每个学生的学习动机是否明确和正确；对学习是否有兴趣，或对哪些功课有兴趣，原因是什么；有没有积极乐观的学习情绪；学习上经受挫折的能力怎样以及是否有坚持学习的毅力等。班主任了解学生这些"表现"的"现象"比较容易，但是深入到矛盾的深处，找出学生非智力因素表现的各种原因却比较困难，这就要求班主任能够较深入地看到这些"现象"背后的东西，准确地了解学生非智力因素的形成原因，并寻找教育的突破点。

第五，了解学生的品德表现。这里品德表现是指学生的政治表现、思想表现、道德表现和心理健康状况。中学生的政治表现应该说还不十分成熟，也不十分稳定。他们的政治态度常常因为各种外界因素的影响而很容易发生变化，但基本的政治倾向性还是比较清楚的。班主任要了解他们基本的政治倾向性（政治上的主动性、对政治活动的态度等），并了解他们的政治态度受什么因素影响、受影响后的表现是什么等等。

学生的思想表现常常在人生观、世界观上表现得较突出，要了解学生对集体的基本态度（与集体的关系、如何对待集体利益与个人利益）、理想、信念等等，同时也要了解学生的思想方法，如是否简单武断、片面偏颇、急躁偏激、固执轻率，等等。这些东西有时是青少年年龄特点的反映，有时却是思想方法修养的问题，班主任既要了解也要分析。

了解学生的道德表现，主要了解他们的道德观念、道德品质以及道德行为。道德表现也是复杂的现象，有的是学生的道德品质问题，有的是一时的道德行为问题，对此也要深入地了解和分析。

了解学生品德表现，也要了解学生的心理状况。这要求班主任要根据学生的综合表现，了解学生的心理变化情况，把握学生心理的变化规律，尤其要从学生心理活动的认识过程、情感过程、意志过程、动机欲望等方面了解学生的心理状况。学生中的心理疾病常见的是神经衰弱和歇斯底里。前者容易被老师忽视，后者又可能被认为是精神病，班主任要正确地把握并了解这些情况。

第六，了解学生的身体状况。班主任要做到对学生身体状况了如指掌，首先要了解学生的生长发育状况、体质状况、营养状况和视力听力状况；其次要了解学生的健康状况，如有无重大疾病史、过敏反应、慢性病史，有无残疾、有无传染病等；再次要了解女学生的月经周期及其反应等，要了解学生近期的身体不适和病痛反应，以把握学生的活动和休息，最后要了解学生的运动能力和身体适应状况，包括学生的运动特长等。

了解学生的问题应该是多方面的，难以划定具体的内容和范围，以上只是提供一些主要应了解的内容。了解以上的内容，还要进行综合分析和判断，只把握了某些情况、某些现象，不能算深入地了解，真正的了解是建立在综合分析基础上的。班主任对了解到的学生的情况都要问一个"为什么"，都要把此项情况与其他情况联系起来看。人是一个"完整的"综合体，在任何学生身上都不会出现一个孤立的与其他因素无关的表现，对这种表现的关系摸得越准，对学生也就了解得越深入。因此，还要明确指出，"了解"也包括综合分析判断的含义。班主任对学生情况的整理和记述，既要包括学生的静态材料，也要包括学生的动态材料，使学生成为一个立体的生动的人。有的班主任教师没有去注意这方面的工作，他们手中最多只有一个学生登记表，这样就不利于对学生的把握和教育。每位班主任手中都应有这么一个学生详细情况的记载本，并按时或随时向其中补充材料，这才能真正形成对学生的逐步的深入的了解。

（三）了解学生的主要方法

1. 在观察中了解学生

观察法是人们在自然（不加控制）状态下，有目的有计划地对客观现象进行直接感知和观察的一种方法。

观察法是班主任了解学生最基本的方法。学生的内心世界显然不能直接看到，但班主任在学生学习、劳动和各种活动中可以观察到学生的实际表现，透过学生的外表，看到他们的内心活动，看到不同性格、各具特点的学生之间的细微差异，发现学生发展的基本趋向。

观察法最突出的优点是：保持了被观察者的心理和行为表现的自然性和客观性，由此所得的材料生动具体，真实可信，不需要特殊的设备和环境条件，可随时随地加以运用。它的缺点是：观察者处于被动地位，消极地等待有关现象的出现；观察者的材料大多是外部表象，又不易作数量上的分析，因而很难精确地确定某现象的真实原因及其本质；观察的现象容易受到观察者本人兴趣、愿望、知识经验和技能的影响。

案例

一次上课铃响了。我又开始了例行的"监督"工作，同学们都很快地跑回教室。过了一会儿，上课的老师也进了教室，第二遍铃响过后，我的目光刚要移开，突然看见我班颇为顽皮的男同学××跑进教室。我当时就想："这小子肯定是课间跑操场上玩去了，才会上课迟到！这是我亲眼所见，准没错！"一下课，我就走进教室，把他叫到讲台前，严厉地批评他上课迟到。平日里大大咧咧的他这下可急了，我分明看见眼泪在他眼圈里转。"您冤枉人，我根本没玩，同学们下课围着李老师问问题，然后李老师又叫我帮她把作业本抱到办公室去，这才晚的！"我的脑中"轰"的一下，是呀，我怎么忘了，为了调动他的学习积极性，我和李老师商量好让他当数学科代表的呀！我知道错怪了他，连忙道歉。他却气呼呼地走了，以后几天都不怎么理我。

都说"眼见为实"，可我亲眼所见，还是错怪了同学，这是深刻的教训，孩子的心是稚嫩而脆弱的，伤害了就很不容易愈合。我们作为教师，每当在批评学生之前，一定要先问问自己，事情搞清楚了吗？事实是这样吗？我批评得有理有据吗？千万不能凭主观想象就草率处理。

有一名同学跟我说了这么一件事，说他以前的班主任特会批评人。一次上班主任的课，后面的同学问他几点了。他回头说："没带表，别问了。"结果被老师看见了。下课把他带到办公室，从上课时讲话说到纪律散漫，又说到学习不刻苦，成绩不理想，拿出期中考试成绩单分析了他在班里、年级中的位置，说很危险，又说到他不关心集体，逃了两次值日，最后还想起他吃午饭时总剩饭，不爱惜粮食，这名学生说当时他真想从办公室的窗户跳下去，无奈之情溢于言表。

这件事对我触动很大，作为班主任我们一定要树立正确的学生观，学生都是可教育可塑造的。我们不能用一成不变的老眼光看学生，而应该用发展的眼光看待学生，要注意到学生取得的每一点进步。学生犯了错误，只要改正了，就应该原谅，而不应总挂在嘴边。批评更应就事论事，今天的事就说今天的，把以前发生的都抖搂出来，学生心里会想"我就算改好了，老师也不会忘记我以前犯的错。"有时老师由于情绪急躁或一时不冷静会说出一些过火的话，如"你真是咱们班的害群之马，我怎么会遇上你这样的学生！""咱们班有了你算是完了，你就是个小流氓的坯子！""你真是无药可救了，还是回家自学去吧！""你永远也学不好，你要能及格，太阳就从西边出来！"这些定性的话、消极的断言，严重伤害了学生的自尊心，使他们失去了努力改正缺点的勇气和信心，严重抑制了学生的主体性。有时，教师说一句伤学生的话，就可能使学生永远不能原谅老师，产生对立的情绪，教育工作就更难进行了。

从案例中可见，班主任要进行有效地观察，获得各种客观的信息，必须注意以下几点：

（1）观察的目的性和计划性。必须制订观察计划，确定观察对象、目的、范围、时间和地点，使观察和有意注意结合起来。

（2）坚持观察的客观性。观察要有实事求是的科学态度，尽量排除一切主观因素，不带任何成见或偏见，不先入为主，不把主观推测和客观事实相混淆。要如实记录，不遗漏、不挑选，并注意对观察材料的验证和分析。

（3）坚持观察的全面性。通过各种渠道对研究现象进行周密、全面、系统的观察和分析，包括观察对象的各个方面及发展的全部过程。这要求班主任首先在自己任教学科的教学全过程中对学生进行观察，从中了解学生的常规表现，了解学生学习的兴趣、态度、习惯和能力。其次，班主任要在各种活动中对学生进行广泛地观察，如在游戏、散步、参观、小组活动、班会以及团队活动中可以获得学生的个人与班级的关系、个人与他人的关系、各种个性心理品质，以及个人的特长和闪光点等许多重要信息。再次，班主任还须在日常生活中对学生进行经常性地观察。在日常生活中，班主任常常可以获得更加自然真实的学生信息，如学生服饰打扮和情绪的变化，这些现象看似平常，但常常是发生问题的迹象、征兆。班主任要以敏锐的观察力，及时抓住时机，采取有效方法及时加以指导和教育。

（4）创造良好的师生关系。班主任要努力创造一种和谐的师生关系，优化观察环境。在观察过程中，当观察对象意识到自己在接受观察时，就可能预先考虑给予观察者以一定的反应。在这种情况下，观察者应设法与被观察者建立良好的关系，消除他们对观察者的陌生感和戒备心理，尽量保持被观察对象的常态，排除各种可能的干扰和影响。

2. 从书面材料中了解学生

书面档案材料是记载学生"过去"情况的资料，它们记载了学生的基本情况和过去的表现，前者如年龄、身体状况、家庭情况、民族、就读过的学校以及其他班主任必须了解的情况；后者记载学生的品德表现及学习成绩、体育锻炼成绩的情况。从这些记载中，班主任教师可以了解到学生的大概情况。这些记载虽不"深入"，但对班主任了解学生又是必需的。所以班主任在接手学生之时，在开展班级工作之前，应反复熟知学生的这些基本情况，以作为深入了解的基本点。

书面材料的另一种含义是指学生的日记、作文、文章、周记、调查问卷以及写给教师的有关书面材料。这些材料都是出自学生的手笔，一般都能够比较真实地反映学生的思想状况、心理状况以及其他方面的状况，所以可作为了解学生的一种渠道和方式。但也要指出，有的学生写的东西，并不一定真的代表他思想上的真实状况。特别是有些人常用问卷的方式调查学生，由于问卷的内容、问卷者的身份、问卷者与学生的关系、问卷实况的气氛和环境背景，学生写出的东西有的可能是真实的，有的可能是随意性的，有的可能是虚假的，所以对此要进行分析，并且只能作为了解学生的参考。

3. 在活动中了解学生

在活动中了解学生是班主任了解学生的主要渠道和方法。任何学生只要"动",他们的情况就会反映出来,虽然有时候学生也会"弄虚作假",但在持续的"活动"中,做假是很难的,有经验的班主任教师都善于在各种活动中对学生进行了解和考察。在活动中对学生了解和考察,一是在活动中对学生的表现进行一般地了解。在各种活动中,学生反映出来的性格气质的特点、爱好特长的特点、思想品德的特点、组织纪律性的特点、人际关系的特点、潜在的动力和闪光点等等,都能够表现出来,而且活动开展得越多,这些表现也会越充分。二是对学生进行有意地专门考察和了解,让学生参加某些指定活动,或在特定的活动中了解学生,这种了解和考察因为是有针对性进行的,往往获得的情况比较集中和深入。有的班主任教师对此缺乏认识,整天把学生关在教室里学习,这样学生就会被限定在一种特殊的环境中,他们无法"表现自己",班主任教师也就无法了解他们。有的班主任虽然能够开展一些活动,但把学生限制得很死;或虽然多数人参加,却只是少数人在"活动",因此班主任也了解不到学生的情况。

4. 在与学生交往中了解学生

班主任与学生交往,和一般交朋友不一样。在这种交往中,班主任始终处于主导地位,其目的最终是为了更好地教育学生,因此也要讲求方法。比如在交往中,使用最多的交流方法是谈话,班主任与学生谈话,既是了解学生又是教育学生,因此谈话前必须有准备,要心中有数。同时谈话前对学生的心理状态、可能出现的反应,也要有所分析和准备。谈话时班主任的态度尤其重要,班主任态度要诚恳,语气要平易,使学生感到亲切,感到班主任是与人为善,这样学生才能把班主任当成朋友。班主任与学生谈话交往,还要考虑谈话的时机和学生的特点,要在合适的气氛中展开交谈。在学生感到无拘束的时候,在学生与班主任融洽的时候,学生容易敞开思想。班主任与学生的交往,也要考虑学生的特点,这样才能使交往成为真正的交流,增进彼此间的了解。

班主任与学生的交往是为了了解和教育学生,在交往中难免有意见不一致的地方,甚至很大的分歧,这是正常的。班主任切忌与学生形成僵持的局面,那样就意味着交往的失败。形成交往的僵局,主要是班主任急于求成，或是忽视了与学生平等的关系，也许是因为班主任自身缺乏修养，如教训斥责学生，试图给学生以"下马威"；如讽刺挖苦学生，使学生反感；如声色俱厉"审讯"学生，使学生感到教师的无能。与学生的交往始终要贯穿教育的目的，不能单纯的为"了解"而了解，不论什么情况都要给学生以鼓励和激发，要善于循循诱导，要善于给学生指出方向，要真诚地向学生学习，要给学生发表意见的机会。最后班主任与学生交往，要努力形成一种很自然的状态，营造一种很和谐的气氛，这样对学生的了解才能更真实。

5. 在调查中了解学生

学生中的许多问题都要经过调查才能有真正地了解。有的问题只是学生表现中的一些现象，不做调查就很难深入到矛盾的深处；有的问题头绪纷繁，说不清是非曲直，不做调查很难找到矛盾的症结；有的问题似是而非，不做调查弄不清真相；有的问题是某个学生表现出来的矛盾，但真正的原因却在其他人身上，等等。这些都说明，了解学生必须做调查研究。同时，一个人的表现，总是有个过程的，有些事总有来龙去脉，有些现象是多种作用因素促成的，即使同样的问题，原因可能不尽相同，这也说明班主任进行调查研究的必要。调查了解涉及的对象可能是广泛的，调查了解涉及的内容也可能是广泛的，调查了解涉及的方式方法又可能是多样的，因此班主任要很好地把握调查了解的要求和做法。调查了解的对象可能涉及到与学生有关的任何人，向他们了解学生的有关情况，主要是为了丰富对学生的认识，以使教育内容和手段更加有效。调查了解的内容比较具体为好，同时调查了解学生应该对学生的优点缺点都加以重视，特别要避免专找学生错误缺点的调查。对调查了解到的内容，应做好分析，每个被调查者的角度不同，所反映的材料可能不完全客观和准确，因此也要避免偏听偏信，妄下结论。调查了解所采用的方式可以是多种多样的：开调查会，找被调查对象个别交谈，采用"访问"的方式，采用迂回的方式。可以让学生参加到某些活动中去，结合观察，了解他们的情况。不论采用什么方式班主任都要事前有准备，要对被调查对象的情况有所了解。在调查了解的过程中，班主任要采取求教的态度，要尊重被调查对象，要善于调节气氛，即使意识到对方讲的情况不真实，也要使调查活动善始善终。调查了解情况是一门工作艺术，与班主任的综合修养有密切关系，因此，班主任要不断加强自身修养，使这项工作达到更好的效果。

6．在日常活动中了解学生

班主任在日常工作中，随时随地都在与学生接触。在这种接触中，对学生的表现视而不见、听而不闻，就会放过对学生的了解。班主任与学生接触多年，但对学生却不甚了解，其原因就是缺乏做"有心人"的意识。班主任与学生在日常生活中接触面很广泛，这里就其中几个方面谈谈对学生的了解工作。

（1）在教学活动中了解学生。在教学活动中了解学生有相当多的内容，如学生的学习动机、学习态度、智力因素与非智力因素的发展水平、与教师的关系、与其他学生的关系以及其他方面的品德表现、心理状况等等，都可以在教学活动中反映出来。班主任要有意识地在教学活动中多方面了解学生的情况，并且主动地、经常地与任课教师联系，一起分析学生的情况。要特别注意，通过教学了解学生的情况，不仅要了解学习成绩和学习态度，也要通过学生的学习情况，了解上面说到的其他方面的情况，以达到全面认识学生的目的。

（2）通过偶发事件了解学生。学生中经常出现预料不到的偶然发生的事件，如学生间突发的较为激烈的矛盾冲突；教师与学生之间，学生与家长之间，学生和其他人之间的矛盾冲突；意外的事故使学生突然卷入某种矛盾之中等。偶发事件可能有某些"先兆"，又可能是没有"先兆"，连事件的当事人也预料不到。偶发事件对学生是个"意外"，在"意外"中，学生的思想意识、道德素质和心理承受能力容易较突出地显露出来，这当然是了解学生的一个机会。在日常生活中，学生的表现是有"思想准备"的，或是经过思考的。但偶发事件来得突然，且具"爆发性"，所以学生常常会很"本色"地表现。这时他们的"综合品质"就会反映出来，而且比较明显。所以在偶发事件中，班主任在积极帮助学生解决矛盾的同时，不要忘记去了解学生，深入地熟悉学生。有的班主任教师在处理偶发事件中，着重去"解决"问题，轻视了对学生的了解和教育，这是不够的。

（3）在日常表现中了解学生。学生的日常表现，能够比较全面地体现学生的情况，包括他们的思想认识水平、道德表现以及心理状况等等。这些表现是在日常的生活中随时表现出来的，只要去留心，就可以得到对学生的认识和了解。班主任平时要通过学生的日常表现。比如学习方面的表现、品德方面的表现、体育活动中的表现、与同学及老师关系方面的表现等去了解学生的情况。学生在这种日常的大量行为中所表现出来的各种状况，有时因为太一般了，好像日复一日差不多总是如此，容易被班主任所忽视。其实就是在日常的表现中，也可以发现学生的个别差异，发现他们的某些一贯的品质，发现许多闪光点，发现学生突然出现的异常或是发现某些不易引人注意的新因素。就是说学生在正常的生活中，在不断地发展、不断地进步、不断地成长，或许是向消极方面变化……这些都需要班主任用敏锐、深刻地观察了解去发现、去开掘。

（四）建立学生档案资料

班主任在使用各种方法对每个学生个体的情况和整个班级学生群体的情况有了基本了解之后，接下来的工作便是对这些资料进行分析处理，建立档案。通过对学生和班级的系统研究，最终达到科学地管理班级和教育学生的目的。

1. 分析学生情况

分析学生是班主任全面把握学生、发现学生问题和解决学生问题的基础。班主任分析学生，首先应当掌握科学的分析方法。班主任分析学生的方法主要有以下几种：

（1）因果分析研究法。因果分析研究法是指班主任对全班学生所表现出来的言行从原因和结果的联系方面进行分析研究的方法。

无论是对班集体还是对每个学生，班主任都要根据不同情况，进行实事求是地分析研究。一个先进集体的形成是由诸多方面的因素作用的结果。概括地讲，不外乎班主任具有较高的思想素质、业务素质和工作能力以及高水平的管理和教育；学生干部精干得力，学生中优秀分子占主导地位；班风、班纪好，歪风邪气被克服；学习氛围浓，目的明确，学习成绩不断上升；后进生转变快等。所有这些，都是先进班集体形成的原因。对先进的班集体，班主任要认真地进行总结，分析研究，整理出成功的经验，归纳出培养先进班集体的规律。

总之，班主任在分析研究中，要注意因果关系，在实施教育和转化工作中，要不断地总结教育成功的经验和不足的原因，以便使教育具有针对性。

（2）比较分析研究法。比较分析研究法是指通过对学生各方面的情况进行纵向和横向的比较，发现学生思想、心理或生理上存在的问题，找出问题产生的原因，制订相应措施和方法。纵向比较是把某班级或某学生与以往的班级或学生相比，找出进步和不足。如对这个班的班干部与以往的班干部在学习成绩、各种能力和团结协作等方面进行比较。纵向比较还包括学生、班级本身今天与昨天的比较。例如，某学生初一第一次期终考试各科综合成绩在一个 50 人的班级里排在倒数第 10 名，是属于末流，但班主任不应以此轻易下结论，而应翻看该生入学及小学时的各科成绩及表现，再确定评价及教育。横向比较也是这样，应包括该生与其他同班、同校、同年级学生的比较，掌握其在同质群体中的位次；还应包括该班或该生本身各方面情况之间的异同。如班主任就不应对现在一般称之为"乱班"、"差班"的班级轻易地认同。因为现在不少人衡量班级及学生的标准主要是学业成绩，事实上衡量班级质量的指标除了学生成绩之外还有其他许多方面，如品德、班风、凝聚力、学习热情等。所以班主任要从各个方面去比较，有全面的比较才有全面公正的鉴别，只有判断准确了，才会制订出切实可行的措施。

（3）系统分析研究法。系统分析研究法是班主任掌握班级情况，判定正确措施的重要方法。它要求班主任将班级情况和全班学生的具体情况进行有时间性、专题性、层次性的系统归纳和科学分析，得出正确结论，制订有力措施，搞好班主任工作。这种方法是在系统广泛地了解班级和学生情况下进行的。为此，要弄清每个学生的优点、缺点和特点，充分掌握学生的兴趣爱好、思想品德、学习情况、身体状况、个性和交往等，特别是要从学生的成长过程、发育过程、学习过程、世界观形成过程中，系统地、客观地进行分析，掌握学生每一方面的情况，从中总结出学生成长的规律、教育的规律、家庭教育和社会影响与学校教育的关系的规律，班集体的形成、发展与班主任工作、科任教师的工作相结合的规律。在对学生成长过程和班集体的形成过程系统分析的研究中，要防止就事论事，更不能就学生一时一事的表现而肯定一切或否定一切，要全面地历史地看待一切，从而进行系统地分析研究，这样才能做到指导思想明确、工作方法得当，才能使教育落到实处，取得好的教育效果。

（4）趋势分析研究法。趋势分析研究法是根据事物发展的动向，在思想（头脑）中经过反复思考，对事物各个方面进行具体分析，再综合起来把握矛盾的整体，深入事物的本质，抓住事物发展规律的一种科学方法。这是一种把握苗头、分析动向、研究因果、及时育人的好方法。为此，班主任首先要注意和发现班级学生中的某些"苗头"，观察其是向好的方面发展还是向坏的方面发展。如果是向好的方面发展，就应加以引导和指导，反之就应及时地进行制止和教育。少年儿童正处在成长时期，缺乏认识和识别能力，很容易受到外界的影响，模仿性强，好奇心强，爱动易变。班主任应从少年儿童这些特点出发，注意观察、分析，要有预见性，随时随地分析研究学生的发展趋势，从而拟定出工作部署、教育计划，确定工作内容、要求和做法，以便引导学生向好的方面发展。要防止不能及时发现、及时引导，坏苗头不能防患于未然，往往在出现一些偶发事件和碰上一些难解的矛盾时才发现，使班主任工作处于被动的局面。

2. 建立学生档案

班主任在对学生全面分析的基础上，应将分析结果进行整理、分类存放起来，即建立学生档案。学生档案是班主任在教育中将学生各方面有价值的材料以文字、表格、照片等形式存放起来。建立学生档案是班主任捕捉学生成长轨迹，把握班集体形成、巩固和发展规律，形成教育合力，促进教书育人工作顺利进行的重要手段。

从管理学的角度来看，档案的建立一般包括四个环节，即档案的收集、整理、鉴定和保管。档案管理是有目的的，对班主任来讲，由于班主任建立学生档案的主要目的是收集学生成长的各方面信息，因此，档案建立只是教育的手段，主要目的是为了教育。档案管理学中档案的建立和班主任建立学生档案两者既有联系又有区别。一方面学生档案建立要遵循档案管理学中档案建立的一般规律，同时班主任建立学生档案的过程又有其特殊性。班主任了解学生的过程就是学生档案的收集过程，而分析学生则是对学生信息的鉴定和整理。建档是班主任教育的依据。学生档案的内容最常见的形式有文字表达式和表格调查式。文字表达式要求班主任将收集、分析过的学生情况，以总结或评语等方式记录下来存放，它包括学生各门功课的学习情况、德智体各方面的表现、学生心理健康状况等方面的内容。表格调查式是将学生各方面的表现以表格调查的方法收集并原始不动地存放起来，因此调查是手段，又是存放的主要内容。文字表达式和表格调查式各有优缺点，文字表达式更有利于描述学生发展变化的过程，并可进行有关方面的归纳分析；表格式简捷方便，使人一目了然，但发展变化的原因需要班主任自己分析了解。班主任应把这两种形式结合起来。

难点十 如何对学生进行心理健康教育

现代教育是以培养个性充分发展的人为特征的。一个能够适应新世纪需要的人，不仅是继承了人类丰富的文化遗产，而且是会独立思考，有丰富的情感、坚强的意志、乐观的情怀，与人合作愉快，愿意又能够充分发挥出自己改造世界潜能的人。我们面对的中学生，正处于人生发展的重大变化时期，要能够成为这样的人，必须进行全面的学习，学习做一个健全的完整的人。这种学习，需要有全面的指导，这个工作责无旁贷地落在了班主任的身上。

一、中学生的心理健康教育

作为一个班主任，必须充分重视学生健康心理的培养，并把这项工作渗透到班级德育工作的一切环节中去，真正实现《中共中央关于进一步加强和改进学校德育工作的若干意见》中的要求："要积极开展青春期卫生教育，通过多种方式对不同年龄层次的学生进行心理健康教育和指导，帮助学生提高心理素质，健全人格，增强承受挫折、适应环境的能力。"

（一）中学生心理健康的标准

心理健康是指人的一种持续的、良好的心理状态，人在这种心理状态下能对外界作出良好的适应，充分发挥其身心的潜能，创造性地学习和工作。

由于人的心理现象十分复杂，人们很难对心理健康的标准加以精确的界定。根据心理学家们的研究成果，一个心理健康的中学生主要应具备以下特点：

1. 智力正常，反应适度

能正确认识现实社会。基本适应学校生活和周围环境，并能作出良好的反应。有学习的自觉性，能不断追求新的学习目标。

2. 有与自己年龄阶段相符合的自我意识水平

对自己有足够的了解、较客观的认识和正确的态度。如对自己的生理特征、健康状况、智力水平、兴趣、情感、能力、气质、性格等有较全面的认识，自知、自制、自强，既不骄傲自满，也不妄自菲薄，能直面人生，悦纳自己。

3. 情绪稳定，性格开朗

能承受欢乐与忧伤的情感体验，并理智地作出相应的反应。做情感的主人，能及时克服并调整由于各种不良的情绪体验，如过度紧张、焦虑、忧伤等引起的心理暂时失调状态。心境始终乐观、豁达、稳定。

4. 乐于交往，具有人际关系的良好心理适应

能与周围人保持较和谐的良好的人际关系，敬老尊贤，团结同学，自尊自爱。多体验积极的情感，如尊重、信任、诚恳、善良等，多抑制、克服消极的情绪体验，如仇恨、嫉妒、虚伪、怀疑、畏惧等，从而积极地、主动地适应社会环境。

二、心理健康教育的基本原则

心理健康教育是根据社会发展、教育改革的要求和年轻一代心理发展规律而提出的，它是素质教育内容的重要组成部分。心理健康教育具有一定的理论基础，是建立在发展心理学、教育心理学等多门学科基础之上，

通过学校心理辅导、心理测试及心理咨询等多种活动进行的。确定班级心理健康教育的内容，应遵循一定的原则。这些原则主要有：

1. 目标性原则

心理健康教育的根本目标在于促进学生健康发展，提高学生的基本素质，培养学生的优良心理品质，提高学生的生存、适应能力，促进学生自主发展的潜能。围绕这些目标，心理健康教育的内容主要有人生观与价值观教育、人格培养、情绪情感训练、意志力的培养、自我觉察与认识、生存训练、潜能开发等。除此，还应包括与之相关的心理测验、咨询辅导、课程安排、活动训练等各项工作。

2. 现实性原则

班主任要从本校的实际情况、本人实际的教育能力、学生发展的实际水平和需要出发，有针对性地选择适合本班心理健康教育的内容。

3. 发展性原则

确定班级心理健康教育的内容，应面向全体、注重发展，选择具有普遍意义和有代表性的主题内容，从而有效地发挥心理健康教育的预防、促进功能。例如，中学应当把青春期教育作为核心内容来抓。

4. 差异性原则

在班级心理健康教育中，学生的心理健康水平存在明显的差异，不仅有个体差异，还有年级差异。因此，确定心理健康教育内容时应当遵循差异性原则，以满足不同年级、不同学生的心理需要，这是保证学校获得心理健康教育效果的前提。如进行同伴关系的心理健康教育时，面对不同年级的学生，所讲的知识内容、所举的教育实例应有所不同，所设计的教育活动、训练内容及方式也应有所调整，对不同特点的学生应该进行分类指导。如对离异家庭的子女或有不同心理、行为问题的学生往往需要进行特殊的心理健康的教育与活动。

5. 活动性原则

根据实践性与应用性的要求，在确定班级心理健康教育的内容时，应突出以活动为主的特点，把心理健康教育的内容渗透在灵活多样、富有情趣的活动中，发挥活动的优势，注重活动过程的教育作用。在班级心理健康教育的内容中，应创造性地设计各种丰富多彩的活动，如角色扮演、绘画、想象、辩论、演讲、表演等，让学生在活动中、参与中和亲身体验中获得成长与发展。

三、心理健康教育的基本内容

中学生心理卫生的宗旨是以预防为主、治疗为辅。因此，要想使中学生身心素质得到提高，保持健康的心理状态，必须从心理健康教育入手。心理健康教育包括如下内容：

1. 教育学生树立正确的人生观

人生观是关于人生的目的、态度和行为的根本看法，是学生精神生活的支柱，也是培养良好性格的基础。有了正确的人生观，就会有坚定的信念、崇高的理想、美好的追求，才会胸怀宽广，即使遇到挫折，也会正确对待，积极向上。反之，如果学生受到消极人生观的影响，就可能产生消极厌世的态度，经常对现实不满，对前途失去信心，甚至自绝人生。因此，教师要创造条件，帮助学生树立科学的人生观，使其精神境界达到较高水平。

2. 引导学生正确认识自己

中学生处于青春期，身体和心理的变化引起他们一些行为变化。这时，必须使他们正确地认识自己、了解自己并能正确地评价自己，从而正确地对待现实，顺利地处理好各种人际关系，准确地制订符合自己实际的奋斗目标。不去追逐超越现实的幻想，不勉强去做办不到的事情，从而在现实中发展自我，使自我健康地成长。

正确对待自己，首先，要使中学生认识自己的生理特点。中学生较小学生发生了很大变化，身体外形剧变，骨骼迅速生长，身体迅速长高，肌肉、体重明显增加；体内器官机能趋于成熟，肺活量增大，心脏机能增强，脑重量已达到成人水平，大脑的第一信号与第二信号系统的功能已经完善；性逐渐成熟，第二特征出现等。

其次，正确地认识自己的心理特点。处于这一时期的中学生，抽象思维开始形成并发展；情感体验强烈，渴望友情，注意异性对自己的态度，情绪易波动且波动幅度较大；兴趣广泛，但转移很快；道德意识和自我意识逐步发展并增强，产生个性成熟感等。

最后，引导学生正确地评价自己。由于心理的巨大变化，虽然中学生自我意识、自我评价和自我控制能力增强，却仍不能完全正确地认识自我，不能完全正确地对待自己的优点和缺点，这影响到其心理健康。所以，必须让他们正确地认识并评价自己，正确地对待自己。

3. 培养良好的情绪

良好情绪状态，是心理健康的重要标志之一。青少年正处于精力旺盛，充满活力的时期，他们的情绪变化大并带有冲动性，难以保持稳定、深刻和持久，不善于用理智来控制自己的情感和情绪。他们可能因为偶然的成功而得意忘形，也可能因为偶然的失败而抑郁不乐。因此，教育他们学会控制和调节自己的情绪，理智地看待问题，培养他们纯洁高尚的情操，转移和宣泄消极情绪，对青少年学生心理健康有着重要的作用。

4. 指导学生树立正确的心理健康观

青少年阶段，在一些人身上出现这样或那样的心理健康问题是很难避免的。因此，班主任要指导学生正确对待心理健康问题，相信绝大多数青少年学生的心理是健康的，心理健康问题是可以预防的，偶尔表现出一点儿心理健康问题并不意味着心理不健康。要正确对待有心理问题的同学，并相信心理问题是可以解决的。

四、心理健康教育应注意的问题

在对中学生进行心理健康教育时，班主任应做好相关工作，注意调控学校环境，正确对待学生的情感发展及人际关系，科学地安排学生的学习，提高自身心理素质。

1. 改善学生心理环境

环境可以驱散不良情绪，治疗人们心理上的创伤；环境也可以增加人的心理压力，使本来抑郁不快的心理罩上更为浓重的阴影。社会的大环境，家庭、学校的小环境，如生活条件不够理想，学习任务繁重，都会引起心理上的刺激。对于社会的大环境，教育工作者较难直接干预，但对于学校的具体环境，教育工作者完全可以加以改善，以利于学生心理的健康发展。

2. 科学地安排学习、生活节奏

学校生活节奏对学生的心理健康也很重要。长时间紧张学习，特别是片面追求升学率的压力，对学生心理是一个沉重的负担，容易导致学生的心理疲劳，降低他们的心理防御能力。许多学生的心理问题都与过分紧张的学习有关。学校生活的有节奏性和科学性，可以使学生的大脑皮质活动耗能少、效率高，使学生的大脑神经系统得到充分的休息。

3. 帮助学生建立和谐的人际关系

人际关系是重要的心理环境。和谐的人际关系是保持心理健康的重要条件。如果一个人的人际关系紧张或者恶化，他的心理健康就失去了一个重要保证。调查表明，与正常的学生相比，有心理健康问题的学生，其人际关系往往较为紧张，轻者自身有焦虑、恐惧、孤独之感；重者对人有怀疑、嫉妒、敌对之举。

4. 正确对待学生的情感发展

随着青春期的到来，异性之间接触的增加，异性友谊已成为一种客观存在。班主任应做好学生的青春期教育和异性交友教育，指导学生正确认识男女性别差异及相关差异，正确对待学生之间的友谊与感情倾向，避免使用"早恋"这种字眼，以丰富多彩的活动来充实学生的生活，把他们的兴趣和爱好引导到学习中去。

5. 正确对待有心理障碍的同学

要教育学生正确对待有心理障碍问题的同学。心理健康有问题的同学，怕人家说他有病，因而不愿主动向别人倾诉心中积郁、烦恼和苦闷，容易对别人怀有戒备、怀疑和恐惧心理，往往加重心理失常。心理正常的人对心理失常的人往往因怕惹麻烦或"羞与为伍"而远远避开，结果使心理失常的人格外自卑，不利于心理健康的正常化。心理健康失常不仅是个人的不幸，也是社会、家庭、学校的不幸，使社会、家庭、学校失去一份力量。所以，对有心理健康问题的同学，不应歧视、疏远，而应多接近他们，关心他们，谅解他们，体贴他们，向他们伸出温暖的手，帮助他们恢复心理健康。

6. 提高班主任心理健康水平

好的班主任对学生的成长具有强烈的责任感，能以建设和营造有利于学生心理健康的环境为己任，注意自己的言行并承担相应的责任；能利用心理学的原理对学生进行恰当的奖励和惩罚，因材施教；能接纳学生的行为，尊重学生的人格，乐于帮助学生；还能进入学生内心世界，分享学生情感体验，能理解学生……要做到这一切，首先自己必须是一个心理健康的人。班主任要重视自己的心理健康，有意识地改善自己的心理健康状况。

难点十一　如何对学生进行道德法制教育

一、中学生的思想品德教育

思想品德是人们在社会生活中，通过处理与自身、与他人、与集体、与国家和社会的关系，而逐渐培养起来的做人做事的稳定的思维方式和行为习惯。中学生一般都是 13—15 岁的孩子，是思想品德形成的关键时期，也是学做人的关键时期，因此，必须紧紧围绕他们成长过程中遇到的思想品德问题进行教育。

（一）思想品德教育的内容

思想品德教育是社会主义精神文明建设的奠基工程，也是保证青少年儿童沿着正确方向健康成长的必由之路。中学生思想品德教育的基本内容有：

1. 热爱祖国、热爱人民、热爱中国共产党、热爱社会主义的教育；
2. 热爱劳动、艰苦奋斗的教育；
3. 文明礼貌、公民道德教育；
4. 遵纪守法、民主与法制教育；
5. 良好行为习惯、良好心理品质形成教育；

6. 努力学习、热爱科学的教育；

7. 辩证唯物主义的启蒙教育与基本观点形成教育。

（二）思想品德教育的原则

1. 面向全体学生的原则

就是教育要面向全班所有的学生，不丢掉任何一个学生，尤其是后进生。越是后进生，班主任就越要多给一份关怀和教育。这是由社会主义教育的性质和人民教师的职业道德决定的。

2. 热爱学生的原则

爱是教育的基础，没有爱就没有教育。教师对学生的爱不是在某个特定环境中的即兴抒情，而是在长期的、艰苦的、细致的思想教育过程中所形成的一种稳定的心理品质。这种优秀心理品质发源于对祖国及人民的热爱，表现为在漫长的教育实践中，无论处在任何情境，都能做到关怀和体贴学生，能够把炽热的情感传递到学生的心灵中去。这不是简单的外部形态，而是一个人民教师复杂的、深刻的、持久的内部特征。

3. 正面教育原则

正面教育，即坚持说服、说理教育，实行启发、诱导、引导，调动学生头脑里的积极因素，克服其头脑里的消极因素。坚持正面教育原则，就要坚持以鼓励、表扬、奖励为主，以批评、惩罚为辅，切忌讽刺、挖苦、体罚和变相体罚。正面教育原则是依据教育的客观规律提出的，即自尊心、上进心、好强心在每一个学生心理品质中居主导地位，既可因教育者的教育得法而成为一种强大的内驱力使受教育者幡然改进，也可因教育者的教不得法而使这种强大的内驱力泯灭，甚至形成一种反作用力与教育者抗衡，从而使教育产生负效应。"逆反心理"的作用，就是这种教育负效应的典型反映。

4. 从实际出发原则

从实际出发，一是说对学生存在的问题，特别是对后进生的缺点、错误，有一说一，有二说二，不夸大，不缩小，即论"过"的实事求是；二是说教育方法的选择上，从受教育的年龄、心理特点出发，既注意针对性，又注意可接受性，即教育方法的实事求是。论"过"不实事求是，不从实际出发，必引发其逆反心理；教育方法不实事求是，不从实际出发，必定失去教育的针对性，欲教而不成。实现"从实际出发"，要坚持深入细致地调查研究，既摸清后进生所存在的缺点、错误的事实真相、实质及其产生的真正原因，又要摸清后进生产生缺点、错误时的心理活动及心理、性格特点与接受教育的实际水平，从而进行最有针对性的、可接受的教育方法的选择。

5. 集体教育原则

集体教育原则，即通过教育集体从而使集体成为一种教育的力量去教育集体中的每一个成员的原则。实行集体教育，即努力创造心理"教育场"，既尊重、爱护、保护后进生的自尊心，又为后进生的幡然改进创设良好的集体舆论和心理环境。坚持集体教育原则不是取消个别教育，而是强调集体教育原则下的集体教育与个别教育相结合，对其个别教育则应十分注意教育方法的选择。

6. 以情导行原则

知、情、意、行，既是教育过程的反映，也是实现教育的客观规律。无"知"则无"情"（情感），无"情"则无"意"、无"行"，决定"行"（克服缺点、改正错误的行动）的主要是"情"，即"知"之后的欲克服缺点、改正错误的心理需要。班主任坚持这条原则就要千方百计地保护、激发后进生的自尊心、自信心，千方百计地帮助后进生用自尊、自信战胜自卑、自弃，千方百计地为后进生创造战胜旧我、超越自我、创造新我的心理环境。

7. 以身作则原则

这条原则的提出，既是由教育规律（青少年儿童长于模仿和教育者的非权力影响力等）决定的，也是由人民教师的师德决定的。人们称身教为"无声教育"，"身教重于言教"，可见坚持以身作则原则的重要。实现以身作则，班主任教师就要严于律己，要求学生自己做到的要首先做到，没要求学生做到而应该自己做到的也要做到。教师之谓"人师"者，不仅是言教，更重要的是身教。因为我们每一位教师都清楚，我们教育学生的最终目的是要他们身体力行。

（三）实施思想品德教育的途径

1．配合思想政治课教育

思想政治课是向学生系统进行社会主义思想品德和政治教育的一门课程，在各种教育途径中占有特殊重要地位。班主任应当积极配合该学科并要做到：

（1）主动关心政治课学科情况，主动帮助学科教师克服困难，与其保持密切而和谐的关系。

（2）经常教育学生积极主动地学好思想政治课，做耐心细致的思想工作。

（3）对学生的政治学科成绩要了解得具体、翔实，及时同学科教师共同研究如何帮教后进生。

（4）注重实践，教育学生学以致用，理论联系实际。

2．寓教育于各学科教学之中

各学科教学内容都具有相当的思想教育的因素。班主任除重点配合政治学科教学外，还要配合各学科教学对学生进行潜移默化的教育和熏陶，如文科教学对学生进行语言美、形式美、意境美的熏陶，进行爱国主义教育和理想情操教育等；理科教学培养学生辩证思想、实事求是、勇于探索的精神等；艺术课程要努力培养学生正确的审美观点等。

3．支持、配合团、队、学生会工作

团、队、学生会是学生自己的组织，也是学校德育工作中一支最有生气的力量。班主任要大力支持和配合团、队、学生会的工作，协调相互的关系，经常过问班级的团、队、学生会的干部工作情况，及时给予指导。及时向团、队、学生会组织推荐全面发展的优秀学生班干部。调动全班同学的热情，积极靠近团组织，为自己能早日成为一名光荣的共青团员而努力学习和工作。

4．劳动和社会实践教育

劳动和社会实践是培养全面发展的一代新人和提高民族素质不可缺少的重要途径。

学生的劳动观念、劳动习惯和热爱劳动人民的思想感情，只有在劳动实践中才能逐步形成。班主任要教育学生学会自我服务性劳动和必要的家务劳动；要组织学生参加一定的生产和公益劳动。在劳动过程中培养学生珍惜劳动成果的思想品德和行为习惯，进一步发扬艰苦奋斗的作风。

班主任还应积极组织学生进行社会实践活动。如参观、访问、社会调查、社会服务、军训等，使学生开阔眼界，了解社会，熟悉工农，增长才干，逐渐形成自我教育能力。

5. 活动课教育

活动课是促进学生全面发展的重要途径。在学校统一领导下，班主任要直接组织和参与学生的活动课。如组织学生开展丰富多彩的科技、文娱、体育等活动，组织兴趣小组，进行多种竞赛等。通过活动课，扩展学生的知识视野，发展学生的个性特长，培养学生良好的素质。

6. 配合家庭教育

家庭对学生思想品德和心理素质的形成有着直接的重要影响。家庭教育是贯彻教育方针和德育要求的重要渠道。班主任要积极配合家庭教育，通过家访、信访、家长会等多种渠道和家长建立联系，共同商量教育手段和措施。

7. 配合社区教育

充分发挥社区环境中的积极教育作用，对学生身心健康的成长有着重要的意义。在学校及社会有关部门的配合下，班主任要充分利用社区各种教育力量来完善对学生的思想品德教育。例如，与有关社区委员会、工厂、部队机关等建立固定联系，初步建立学校与社会相互协作的教育形式；聘请各行业的先进模范人物担任校外辅导员，形成社会教育网络等。

班主任要重视社会各种信息对学生的影响。要过问学生的业余生活，帮助学生选择有益于身心健康的书刊、影视、音像等；大力争取社会团体和各方面力量对教育的支持，共同树立全社会都关心下一代健康成长的新风尚。

（四）思想品德教育的基本方法

1. 说服教育法

通过摆事实、讲道理和启发引导，充分调动学生头脑中的积极因素，并及时捕捉"醒悟"的契机，对学生进行正面教育，使受教育者发自内心地接受或改变某种观点或错误信念，并建立崭新的行为规范。这是一种直接的正面教育法。

班主任在与学生谈话时，要收到"随风潜入夜，润物细无声"的实效，应努力做到：

（1）真情。"感人心者莫先乎情"，情深出良言，良言一句三冬暖。同犯过错误的学生谈话，要和风细雨，情理兼通，实事求是地分析其错误，及时发现并表扬其优点，使其感到亲切温暖。

（2）真诚。精诚所至，金石为开。情是前提，诚是基点。以诚求诚，才能心心相通。谈话时要诚恳、耐心、尊重，用朴实的语言引导他们以优点克服缺点，达到"心诚则灵"的目的。

（3）深入。谈话要深入学生的心，重要的是使对方听清（解决"是什么"）、听懂（解决"为什么"）。因此，分析问题要合情入理，循循善诱，引导学生把自己摆进去，使之有所知、所感、所说，达到入心入脑。

（4）风趣。谈话时，或委婉幽默，扣人心弦，耐人寻味；或妙语连珠，饶有风趣；或因事论喻，借题发挥，能使学生易于接受。

2. 榜样示范法

当思想认识转变为个体的道德需要时，优良的品德和行为才可能产生。榜样的力量在于影响个体产生道德需要和自我教育的意识。

班主任在选择榜样发挥其作用时，要注意两个问题。一是要善于选择与本班学生年龄相仿的、社会地位大体相同的榜样，作为学生个体某种信念的体现者。这种榜样对学生的影响力最大。当然，宣传时代英模，也是发挥榜样力量的手段。二是注意发挥教师自身的榜样示范作用。学生好奇心强，又喜欢模仿。所以教师特别是班主任要时时事事注意为人师表，用自己的模范行为去影响和感化学生，这又叫做无声教育，是对学生思想品德教育的特殊方式。

3. 实践参与法

注重与实践相联系，坚持理论联系实际的原则能够增强思想品德教育的吸引力和针对性，也可以加强和巩固思想品德教育的成果。教师可以通过多种途径增强思想品德的实践性。

（1）以遵守《中学生守则》和《中学生日常行为规范》为突破口，从身边的点滴做起，从日常行为的养成做起，从具体的小事做起。这些常规必须常抓不懈，在点滴中见精神，使习惯成自然。

（2）在教育教学过程中参与。班主任要创设让学生参与的条件和情境。让学生自导自演，参与体验，主动去尝试、探究、思索和抉择，发挥他们的创造潜能。如情景剧、模拟法庭、辩论赛等；班级管理中可搞轮流管理包干负责制，可设"师生民主对话日"，可指导学生创办"班级日报"，设"征答信箱"等。

（3）指导社会实践，走向社会。包括校内外劳动、公益奉献、调查走访等。实践参与法，实质上是在班主任指导下的学生自我教育、自我管理的培养教育活动。

二、中学生的生命道德教育

生命对于每个人来说只能有一次，如何善待生命，让人生更有价值，这是一个永久的话题。从 2003 年起，世界卫生组织决定把每年的 9 月 10 日定为"世界预防自杀日"。自杀是一种极端的做法，与珍爱生命是背道而驰的，对于现代社会的中学生来说，这个话题显得有些遥远而沉重，但我国青少年自杀现象却又是一个非常现实和不容忽视的问题，时有某某学生自杀的事情见于报端，看后让人触目惊心。作为班主任，应该加强对学生的生命道德教育。

（一）关注中学生不稳定、易变、易受干扰的心理特征

对于青少年而言，生命就像花朵一样，既娇艳又脆弱，因为他们无论生理还是心理都处于未成熟阶段，尤其是在 14—16 岁阶段，这是正确生命观形成的最为关键阶段。正确生命观的形成是一个复杂的过程，既有个性心理和内在需要的内驱动力，也有社会文化和突发事件等外驱动力。对于一个处于青春发育期的中学生而言，其内在的心理发育尤其值得关注。

从心理学的角度看，人脑的发育是缓慢而渐进的，青少年的脑正在不断发育健全，因此自我意识也还很不稳定。青少年在青春期最普遍的意识莫过于要求独立，开始不愿意事事处处受到家长和教师的控制和约束。这

种意识也是一把双刃剑，如果青少年能正确地认识自己，认识自己和客观世界的关系，让自己的感知动作、行为方式、动机兴趣、情感意志、能力性格、理想信念和世界观等与自己和集体和谐发展，那么这种独立意识是有益的，也是积极的。

如果青少年的兴趣、能力、性格、情感、意志和道德行为有悖社会和集体，那就是一种无益无效心理，甚至有害青少年成长。所以，青少年虽然自我意识趋于成熟，世界观也初步形成，但其可塑性大，稳定性低，意识具有片面性、情绪性和波动性。而且，青少年对于周围人给予的评价非常敏感和关注，哪怕一句随便的评价，都会引起内心很大的情绪波动和应激反应，以致对自我评价发生动摇。特别是具有强烈的独立意识，经常对成人进行反抗和抵触，同时在心理上闭锁倾向加强，不愿意向别人倾诉。因此，班主任对学生正确生命观的培养必须关注中学生此时的不稳定、易变、易受干扰的心理特征。

（二）班主任应采取的具体措施

1. 加强理论教育

一是教育学生了解网络。作为走在时代前沿的中学生，不应该对网络陌生，应通过查找资料等途径，让学生了解网络，揭开网络的神秘面纱。二是教育学生认清网络。网络有"秀才不出门，告之天下事、遥谈天下事、完成天下事"的功能。但是，网络经济被称为"眼球经济"，网上竞争的本质是对"注意力资源"的争夺。谁掌握了用户，谁就掌握了经验利益的优势地位和舆论导向的主动权。"点击率"就是生命。因此，一些网站，为了吸引用户的注意力，提高网站的"点击率"，不惜传播一些不健康的内容（如色情、暴力信息等），有的出于商业目的，甚至传播一些虚假信息。所以中学生在复杂的网络社会中探索的同时，教师要引导学生提高自身素养。三是教育学生利用网络。中学生应该正确利用网络：浏览一些诸如学习方法辅导、心理咨询、智力开发训练等网站；利用网络中的声音、动画等多媒体技术，创造设计现实生活中还不存在的东西。这样，网络不仅是娱乐的工具，还是充实他们头脑的武器，更是培养创新精神和综合素质的重要手段。只要掌握好尺度，安排好作息时间，网络将会成为学生学习的帮手，而不是绊脚石。

2. 重视实践活动

一是开好走进网络主题班会。通过班会活动，一方面培养学生的社会责任感，使他们意识到个人的利益包含在集体的利益之中，集体的利益是个人利益的集中反映。人的社会属性决定了个人的生存和发展都必须依靠社会提供的条件和手段得以实现，因而，个人就承担着对社会集体的责任，并受社会集体的制约。片面追求自我，极端个人主义是错误的、有害的。另一方面培养学生的社会公德意识。有一部分中学生缺乏网络道德，利用网络世界的虚拟性，大肆谩骂、攻击，就是缺乏社会公德的具体表现，反映出其极端自利的道德本质。通过教育，要使中学生明白，社会公德代表全社会的共同利益，代表全体社会成员对生活的共同要求。只要在有公共生活的地方，不管任何人都必须遵守社会所公认的公共生活秩序和准则，破坏社会公德就会受到广大群众的反对和社会舆论的谴责。因而，我们要着力塑造中学生的社会公德意识。

（三）班级日常管理中要重视对学生的生命安全教育

作为班主任，要加强对学生的生命安全教育，培养学生"珍爱生命，远离危险"意识。对中学生进行生命安全教育的内容有很多，如校园安全教育、网络安全教育、交通安全教育、毒品安全教育等。

1. 珍爱生命教育

生命教育不应该只是出现在生死抉择的当口，而是应该与青少年心灵成长伴行，教师不应该只是传授预定的生命教义，而应该用自己的生命关怀和生命智慧来回答青少年成长历程中遇到的每一个心灵困惑！"心灵中的黑暗必须用知识来驱除。"我们的班主任应该承担起观察学生心灵困惑的责任，帮助学生认识生命，珍爱生命，尊重生命，从而敬畏生命之宝贵。

据教育部发布的一份安全调查报告显示，校园安全最危险的时段是体育课和运动会，最危险地点是楼梯，而"校门口200米内"紧随其后，排名第二。因此，班主任要加强班级安全教育，使同学们认识到美丽的校园是健康快乐成长的地方，如使用运动器械时，要严格按照体育教师所指导的去做，减少危险事故的发生；要爱护学校安全设施，如消防箱、灭火器等，不随手乱动；不要挥舞剪刀、裁纸刀等用具，不要在楼梯及过道处洒水，要消除一切安全隐患。同时，班级也要制订相应的安全规章制度，要求同学们遵守执行。如课间在走廊不打闹，不追逐，上下楼梯做到靠右行走、文明礼让；不允许带水果刀等利器上学等。

另外，班主任要对中学生进行死亡教育。现在，一些卡通动画片、网络游戏让有些学生对死产生了误解，以为不管怎样都死不了，把生命当成游戏一样。凶杀武打片中血淋淋的场面也让孩子不把生死当回事。死亡教育在国外已开展了很长时间，美国波士顿儿童博物馆里有一个死亡教育馆，专门教导孩子死亡的观念。而在我国，家长忌讳"死"这个字眼，如爷爷去世了，家长总是想办法不让孩子参加遗体告别活动，告诉孩子爷爷去了。孩子对死亡没有一个正确的认识，致使一些青少年学生遇到一点挫折、打击，有时甚至是一个玩笑，就使自己轻易地放弃了生命，不珍视生命的存在，不懂得生命的意义和价值。

2. 交通安全教育

近几年，重特大恶性交通事故有所减少，但中学生交通安全问题仍然是严峻的社会问题。以2004年为例，全国交通事故死亡的人数达10.6万余人，这些惨死车轮下的亡魂，中小学生占到了20%。每日数次往返于家庭、学校之间，以步行、自行车为基本交通方式的中学生，由于好奇心强，敢于冒险的特点，使他们什么都敢接触，什么都想试试，易于产生盲目的冲动和冒险行为。有这样一个场面：

一个看上去刚上中学的男孩儿骑自行车带着他的同学。两个人在车上还嬉笑厮打着好像是要坐在后座上的同学下来，那个同学还不肯下，结果车子一扭拐向左侧马路中心，后面紧接着就是一声刹车声，一辆黑色轿车紧急停在了他们的身后，也就两米的距离。骑车的那个孩子见后座的同学掉下车去，可能是想趁机不让他再上来，猛然向左打车把直冲出去，根本就没有看到从对面高速开过来的另一辆轿车！一声凄厉的刹车声，两道长长的黑色轮胎印……还好，那同学刚好冲过去了！他的同学向他说道："你差点被撞死。"他扔下一句："这就是车技！"扬长而去。

这不能不让人震惊，震惊他们的没头脑和对自己生命的漠视！也许是他们还太小了根本就不知道什么是死亡，或许是他们根本就不把生命当回事。学生的出行安全，不仅关系到自己的生命和安全，同时也关系到一个家庭的完整与幸福。"关爱生命，安全出行"八个字应在班主任的脑海里显得更加突出。

首先，加强《交通法》的教育，提高学生的法律意识。

中学生在基础教育阶段，知识面相对狭窄，加上只注意文化知识课的学习，缺乏对交通法规和交通安全知识的系统学习和了解，不懂得机动车辆的行驶特点，不明确行人的行走规则，不知道自己违反交通法规将会导致怎样的后果，对违法的危险性没有足够的预料。学生由于法律观念和交通安全意识的淡薄，在交通活动中，往往充满幼稚的自信，想跑就跑，想走就走，想穿过马路就立即横穿，甚至还有穿越隔离栏、与车辆赛跑、追车扒车、骑车追逐嬉戏等行为，从而诱发交通事故。因而，班主任要加强对学生进行《交通法》的教育，使学生意识到违法应当承担的法律责任和后果，从而提高他们的法律意识，自觉落实在日常的行为中。

其次，通过开展各种安全教育活动，提高学生的守法意识。

（1）开好安全教育的主题班会。以"关爱生命，安全出行"为主题，以"安全乘车、安全骑车、安全走路"养成教育为主线，教育学生在日常的行为中要学会"关爱生命，安全出行，从我做起，从现在做起"。使学生们深刻认识到"人的生命只有一次"，行走时的一次走神，横过马路时的一次侥幸，飞旋的车轮都会无情地吞噬掉行人的生命，都会使一个生命转瞬即逝。

（2）组织交通安全知识讲座。请交警同志对交通安全法等有关交通法律法规方面的知识进行讲解，使学生深入地了解什么是交通、什么是交通安全，怎样识别道路交通标志，以及中学生交通行为基本规则、如何走路、面对问题如何处理等交通安全法律基本知识。

（3）举行"交通安全"教育手抄报比赛。通过查找资料，使学生从中学到交通安全知识，受到教育，提高认识，增强出行安全意识和守法意识。

另外，还可以在班级开展"讲述我身边的安全故事"征文比赛、演讲比赛等有计划、有组织的活动，广泛教育学生自觉遵守交通法规，不闯红灯，不占道，不横穿马路，不在道路上打闹，不翻越护栏，不骑英雄车，骑车不带人，文明乘车不拥挤，确保行路安全。

总之，通过各种活动，使学生认识到，作为一名普通的中学生，遵守交通法规，维护交通秩序是应该具备的社会公德。文明行走，构筑和谐，每个公民从自身做起，从小事做起，"平安大道"才能更加畅通无阻！

三、中学生的法制教育

有这样一则案例：

2006年3月29日早上7时多，广东某中学部分学生在学校饭堂吃早餐后，出现了头晕、恶心、呕吐等食物中毒症状，其中7人即刻被送医院救治。直至4月11日，该校先后有117名学生因疑中毒送院治疗。

茂名警方接报后立即展开侦查，初查认定这是一宗故意投毒案，使用的是含有毒鼠强成分的鼠药。经排查，投毒案作案者竟是本校学生胡某（男，17岁，该中学初二学生）。法院查明，胡某因成绩差厌学而起意在校投毒，搞大影响，将4瓶鼠药藏在裤袋带至该校二号学生饭堂，将3瓶鼠药投至已盛好白粥的盆中，并用勺搅拌。连投数盆后，胡某将空瓶及剩下的一瓶带回宿舍卫生间冲走。

法院认为，胡某因对学校产生不满心理，故意投放危险物质，致1人重伤、5人轻伤，已构成投放危险物品罪。由于其尚未成年，又是初犯，胡获得了从轻处罚，判处有期徒刑15年。

由于中学生的年龄特点决定，在行为中往往表现出不成熟，好冲动，意气用事，违法犯法行为时有发生，最终造成害人害己、令人扼腕的后果。

（一）班主任要不断提升对"法制教育"重要意义的认识

20世纪以来，青少年犯罪是各国共同面临的一个突出的社会问题。据有关部门统计，我国青少年犯罪占全国刑事立案的比例一直较高，约为65%。特别值得注意的是，近年来，14—18岁的少年发案率上升较快，成为违法犯罪的高发年龄阶段。究其原因，既有主观因素又有客观因素，更是主、客观因素相互作用所致。

1. 青少年身心发展的不平衡

青少年时期，是人生中至为关键的一个时期，是人从幼稚儿童期向青年期的过渡阶段。处于这一特殊时期的人，无论从生理上还是心理上，都经历着一场巨变，主要表现为：求知欲增强，交往需要增加，有虚荣心，喜欢刺激，富于幻想，易接受暗示，模仿力强，有好胜心，易于冲动，爱感情用事，有较强的独立意向，希望根据自己的想法、兴趣去行事，认识问题直观、片面，缺乏成年人具备的分析判断、辨别能力。这种身心发展的不平衡，使青少年抵抗外部世界的干扰能力显得相当脆弱，一旦遇到外界不良因素的刺激，很容易做出越轨的举动，实施违法犯罪。

2. 青少年不良的个性倾向性

个性倾向包括人的需要和动机、兴趣、信仰、观念体系等，它决定着人对现实的态度，决定着人的认识和活动的趋向与选择。不良个性倾向性是大多数青少年实施犯罪行为的主观心理因素。青少年的不良个性倾向在需要方面主要表现为：具有强烈的物质欲、权力欲和报复欲。在观念体系上，主要表现为以自我为中心，只想索取、不愿奉献的极端利己的价值观；过分追求金钱、享乐、实惠的人生观；善恶、美丑、荣辱、爱憎、是非完全颠倒的道德观；哥们义气高于一切的封建行帮式的友谊观；放荡不羁，崇尚低级感官刺激的性爱观等。正是在这些强烈、畸形的欲望驱使和错误观念的支配下，一些青少年走上了犯罪的道路。

3. 家庭因素的影响

家庭是青少年个体生活、成长的第一空间，是青少年最早接触的小社会。家庭在青少年心目中的位置，应是最为重要的。调查与研究表明，青少年的身心在家庭这一环境中能否健康发展，与家长对家庭的责任感、态度，对子女的教育引导，与其自身性格和言行举止有着密切的联系，若父母对家庭具有强烈的社会责任感，对子女的态度适当，教育、引导得法，自身性格、言行举止良好，家庭的内聚力，亲和力增强。正面影响加大，子女实施不道德行为、违法犯罪的可能性就很小。反之，若父母对子女亲

191

情过淡、疏于管教、家庭暴力，或者是单亲家庭、不轨家庭等，学生受到的负面影响就大，实施违法犯罪行为的可能性就大，甚至直接导致犯罪。

（二）对学生进行法制教育的基本内容

列宁曾说过："在一个法盲充斥的国家里，是建不成社会主义的。"作为新世纪的中学生，首先应该掌握最基本的法律知识，深入了解有关社会主义市场经济的法律法规。比如，要掌握与中学生生活密切相关的《宪法》、《刑法》、《教育法》、《义务教育法》、《未成年人保护法》、《预防未成年人犯罪法》、《消费者权益保护法》、《道路交通安全法》、《禁毒法》、《卫生法》、《治安管理处罚条例》等，不要使自己成为法盲。中学生只有掌握了一些法律知识，才是一个合格的中学生和守法的好公民。

（三）对学生开展法制教育的主要做法

1. 新生入学后，首先对学生进行常规教育，利用班会、晨会等形式学习《中学生守则》、《中学生日常行为规范》和学校制订的有关制度，让学生明白，怎样才能做一名合格的中学生。

2. 日常管理中要组织开展法制教育专项活动。如在活动中，通过做一次国旗下讲话，听一次法制教育报告，开一次法制教育主题班会，看一次法制教育影视图片资料，出一期道德法制教育的黑板报专刊，写一篇学习心得或征文，开展一次"法在我心中"的演讲比赛活动等，帮助和引导学生明道理、知要求、辨是非、见行动，在系统活动中学法、知法、守法，增强法制观念和道德意识。

3. 采用"走出去、请进来"的办法，使学生在实践中接受法制教育。班主任可以聘请政法部门的有关工作人员担任法制教育课外辅导员，定期邀请他们来校向学生作专题法制讲座。也可以组织学生参加少年庭庭审旁听，去监狱或少教所听在押人员现身说法，到社会德育教育基地开展社会实践活动等等，使学生在现场感受遵纪守法的重要性，了解违法犯罪的严重后果，自觉地做一个守法的人。

4. 加强环境建设，充分发挥环境育人的功能。在班级的宣传板报上，定期出刊《法制教育》专栏，宣传有关遵纪守法的内容，以加强经常性的宣传教育。

5. 注重对有"不良行为"学生的个别教育。每次谈话认真做好记录，及时掌握学生思想变化动态。促进学生的逐渐转化。

难点十二　如何对学生进行师爱的传导

一、师爱的效能

崇高的师爱，具有伟大的力量。它是教好学生的感情基础和前提，是教师献身事业的强大精神动力。师爱所具有的功能和效应，对教好学生有着重大意义，是教师把整个心灵献给孩子的力量源泉。

（一）师爱创造了施教的良好心理气氛

教师与学生，有一个"教"与"学"的关系。要使"教"者的意图和"学"者的愿望一致起来，良好和谐的心理气氛起着重要作用。形成这种心理气氛，主导面在"教"者。一个教师具有热爱学生的情感，才会耐心地教育学生，热情地关心学生，就不会因为学生犯了错误而简单急躁；也不会因学生各方面后进而厌恶鄙弃。这样，才能使学生感到温暖、亲切，造成有利于教育的良好心理气氛。

首先，爱生之情是使学生动情的"生发点"。情，在思想教育中有着重要的作用。学生接受教育，离不开感情因素。爱的河流从来不是单向流动的。教师对学生施以爱的暖流，主动去亲近他们，帮助他们，关心他们，就会使他们受到感染、感动和感召。在他们的内心世界产生积极的情感，产生移情体验，就会同教师发生共鸣，这便是爱的"合流"、"支流"和"回流"。这样，学生对教师提的要求乐于遵从；教师的批评，他们也愿意听取；教员讲的道理，他们容易信服。所谓"亲其师而信其道"就是这个意思。

有位农村中学的班主任，很注意与学生建立良好的师生感情，每届新生入学，他都要做好迎新准备，亲自把教室、寝室打扫好，把铺位擦洗干净，把挂蚊帐的绳子拉好。为了消除学生刚离开父母对生活的不适应感，学生病了，他送水送药到床前；需要护理的，则接到家里护理。运动员训练迟了，他还用保温箱为他弄好热饭……他以诚挚的师爱去填补学生离开父母感情上的空缺，极大地赢得了学生的爱戴。有位个性很强，过去谁的话也不听的学生，到他带的班后，对他却十分尊重。该生说："老师待我这么好，乱来的话，我怎么对得起老师？"

崇高的师爱，使学生动心、动情，产生一种积极进取的力量。反之，师生感情对立，互不信任，乃至敌视，教师的话即使有理，学生听起来也抵触；教师的要求即使合理，学生执行也要打折扣。如若教师再来一点批评，就可能形成顶牛的局面。可见，做学生的思想政治教育工作，必须以情领先，有情有理，才能情通理达。而这个"情"，它的"生发点"，首先就是来自于师爱。

其次，爱生之情使学生对教师产生"向心力"。学生与教师之间是具有向心力、凝聚力，还是离心力、排斥力，往往决定思想政治教育的成败。实践告诉我们：一个教师之所以缺乏"磁性"和引力，除了其他一些原因外，最主要的还是缺乏师爱。对学生冷漠无情的教师，学生不是敬而远之就是若即若离，甚至退避三舍，顶撞抗拒。如此，怎么可能接受教师的教育，对教师倾吐衷肠呢？如果教师具有真挚的爱，并使学生亲身得到体验，就可能成为一个巨大的"磁场"，把学生紧紧地吸引在自己的身边，这时学生的心就会向着教师，自觉地团结在教师的周围，施教就有了良好的心理基础。

全国优秀班主任武老师，就是以赤诚的师爱，耐心细微的工作感召了一个四年不曾开口的"哑巴"学生（该生因在四年前读一年级时，一次由于不会回答教师的问题而受到教师的批评和家长的打骂，心灵受了创伤，从此索性一连四年不再开口讲话），使他重新开口讲话，终于把她团结在自己的身边。全国著名模范班主任丁老师克服自己身体多病的困难，以巨大的毅力，赤诚的爱生之情，硬是骑着单车与学生同甘共苦，往返五百里，搞了一次以爱国主义教育为内容的远足活动。回校后，丁老师累得大口大口地咯血，使全班学生受到了极大的感动，一个平常顽皮的学生流着泪说："丁老师为我们真是付出了血的代价，下学期说什么也不能再让老师为我操心了！"

再次，爱生之情是激发学生向上的"催化剂"。做学生的思想教育工作好比做饭，只有米和水，生米还是不会成熟饭的。一定要加热，并达到一定的温度和经过一定的时间，生米才能煮成熟饭。教育学生，有了对象和教育内容，如同有了米和水一样，这时，就应倾注教师的爱，这就是在做加温的工作。事实反复证明，一些被教师爱的学生，由于受到教师的肯定、赞扬，他们不仅感到温暖、受到鼓舞，并且对前途充满信心，朝气蓬勃，积极向上。优秀学生和小干部们如此，中间状态的学生也是如此，后进学生则更为敏感。教师爱他、肯定他、关心他，他的信心就来了；教师对他冷漠、厌弃，他就泄气，甚至自暴自弃，越变越坏。可见师爱对学生心理的影响之大。

（二）师爱是教师献身教育事业的动力

人民教师最本质的特征之一，就是对党的教育事业的无限忠诚和献身精神。这种精神，既是人民教师所必须具备的素质，又是教育学生的需要。它来自于对祖国下一代的无限热爱。这种爱，使教师心甘情愿地为教育学生做出牺牲，甚至包括自己的生命。所谓"衣带渐宽终不悔，为伊消得人憔悴"，"春蚕到死丝方尽，蜡炬成灰泪始干"，就是这种献身精神的写照。苏联著名教育家苏霍姆林斯基，以他对儿童的诚挚之爱，把自己的整个心灵都献给了孩子们。他的献身精神使他创造了世界教育史上罕见的记录：他为了改进作文教学，自写小作文一千多篇；每年听课450—480节；对3700名儿童进行了观察，逐个做了笔记；能说出178个"最难教育"学生的曲折成长过程；一生写了40多本书籍，600多篇论文，1000多篇童话、故事和短篇小说。他为孩子，也为教育事业留下了一大笔精神财富。由于过度辛劳，去世时年仅52岁。可以说，他是教育事业中献身精神的一个典范。有了这种献身精神，我们就不怕困难、不怕挫折，竭尽心力地教育学生，就能表现出一种可贵的耐性和韧劲。我国著名模范班主任刘老师对差生小王的教育就是很好的说明。刘老师找小王谈心，小王与他"捉迷藏"20多次，"精诚所至，金石为开"，终于感动了小王，使小王第一次感到老师是个可以谈心里话的人，并下了决心，对刘老师表示要争取进步，最后成了三好学生，数学尖子。刘老师的耐心和韧劲，正是教师热

爱学生的献身精神的体现。

（三）师爱激发着教师探求科学育人的规律

教育学生的方法必须科学。掌握科学的方法，除了与教师的教育经验、知识水平和教育技能技巧有关外，最重要的，还是对学生的爱。这种爱，激发着教师去探求和思考教育方法，千方百计地摸索育人规律。从这个意义上讲，科学育人的方法来自于爱。

教育学生必须了解学生。了解学生也有方法问题。学生不同于机器，学生是成长发育中的人。了解学生比了解机器难得多。如果没有对学生的爱，就没有和学生打成一片的感情，就深入不到学生之中去，即使勉强让自己和学生混在一起，但心不可能和学生融在一起，脑子里装不住学生，仍然会视而不见，充耳不闻。然而，一旦教师对学生有了爱，情况就大不一样了。教师就会主动深入学生的生活圈中，即使对那些最难接近的学生，也会努力去寻找其接触点；就能下工夫调查研究，细心观察，把学生的内心看得透透的。

教好学生必须正确地看待学生。只有热爱学生，才能正确地看待学生。对学生的了解和对学生的看待并不完全是一回事。正确地看待学生基于对学生的了解；但了解以后，并不等于能正确地看待。因为，正确地认识和看待学生，还有教师的感情和思想方法问题。一个对学生缺乏感情的教师，往往把学生看"扁"看"死"：只看缺点，不看长处；只看枝节，不看主流；只看孩子一时一事，不看孩子的发展变化。相反，对孩子有了爱，就能既看到孩子的问题，也能发现其闪光点；既看孩子的现在，又看到其可塑性和变化；既看孩子一时一事，又能综观孩子全貌。可见，正确认识学生与教师是否热爱学生有着密切的关系。

教好学生，还要找到适合每个学生的具体教育方式和方法。学生性格特点各异，思想状况各不相同，好像是摆在我们面前的一把把锁。要找到打开每一把锁的钥匙，不是轻而易举的事。即使我们对学生很了解，又能正确的认识他们，但到具体开"锁"时，也不是那么容易，有时仍需费许多精力和时间。所以，"锁"最后能不能开，起决定作用的还是教师的爱。只有对学生热爱，才能以苦为乐，不怕费时费力，去寻找开锁的钥匙。有些教师，正是出于这种爱，为了找到育人的规律，在工作繁忙的情况下，还挤出时间攻读教育学、心理学、伦理学、人才学、美学和法学等知识，以开启自己的心窍，使自己成为开锁的能工巧匠。他们这样做的动力所在，全基于对孩子的爱。

（四）师爱是对学生的一种启迪和示范

教师持之以恒地给学生爱，本身也是一种做人的示范，一种精神的感召，一种巨大的启迪。实践表明：教师把自己的爱传到学生的心上，学生不只是被动地接受，也会反馈，还能纵横辐射，产生连锁反应。

教师爱学生，学生也就以教师为榜样，学会爱他人、爱集体、爱祖国和爱人民。全国优秀班主任王老师的教育实践就是生动的说明。

王老师所带的班里有一对小姐妹，父母先后去世，成了孤儿。王老师把她们当做亲生女儿一样看待。秋天天气转冷，她首先想到她们的寒暖，及时为她们买了卫生裤、羊毛衫。春节到了，她赶紧给他们买新鞋和新裤子，为她们缝制新衣，还请她们到家里吃团圆饭。每当班里出外旅行时，她不忘为她俩准备水果和点心。假日，为了不使姐妹感到孤寂，特意带她们和自己的孩子一起到公园游戏。一次，姐姐发高烧，她立即陪着去医院看病、打针，又亲自给她服药，有空就陪伴在她身边。孩子激动地在作文中写道："我虽然失去了母爱，但当我看到王老师的身影，就感到了母亲的温暖。"王老师情同父母的关心和爱护，给了姐妹俩深刻的教育，她俩也学老师的样子，关心热爱他人，把民政局送来的生活用品转送给自卫反击战中受伤的战士。过春节了，她们自己当然不丰裕，却热情地把自己的衣物送给了孤寡老人。师爱产生了巨大的感召力量，结出了丰硕的精神文明之果。

教师热爱学生，还可以影响学生的志趣、爱好和理想。常常可以看到这种现象，由于教师对某个学生关怀爱护，学生就对教师特别崇敬、热爱，因而把教师当做自己的楷模，把教师的志趣、事业作为自己努力的目标。上海市某校学生小赵，从小失去父亲，母亲改嫁后也不爱他了。因此，小赵自小失去了父母的爱和家庭的温暖。但学校的生物老师却非常爱他，让他参加生物小组，带他到郊外采集标本，到动物园观察动物习性，

197

教他如何制作标本，等等。小赵从老师那里得到了爱的补偿，他由爱生物老师到爱生物老师的专业。后来，他决心当个饲养员，到上海西郊公园专门饲养动物，以实现他从事生物方面工作的志愿。这里，我们清楚地看到师爱对学生兴趣、个性和理想的重大影响。

关于师爱有许多问题值得研究。本文仅就师爱的功能与效应作了些肤浅的探讨。至于师爱的培养及要求，师爱中应处理好的若干关系等问题，这里均未谈及。但是，要让师爱发挥应有的功能和产生良好的效应，却与上述问题紧密相关，这是我们必须注意的。

二、师爱的传导

人都有爱的要求，正在发育成长中的青少年和儿童更需要爱的阳光雨露。一个教师以自己崇高的师爱去温暖和滋润学生的心田，满足他们心理上对爱的需要，就可能在教书育人中获得丰硕成果。然而，许多事实告诉我们，有的教师虽有着对学生的热爱，但并不为学生所理解和接受，这就有一个爱的传导问题，即能否把教师之爱，有效地、正确地传导给学生，使他们受到感染、感动和感召，以激励他们进步向上。

（一）传导条件

教师把爱传导给学生，使他们感受得到，能够接受和理解，并受到感动，要创造以下一些条件：

1. 适当的时机

烹调最讲究"火候"，师爱的传导讲究适时。掌握爱的"火候"，选择恰当的时机，就会产生事半功倍的效应。如期末紧张复习迎考阶段，大家都感到很疲劳，班内气氛沉闷。这时，教师对学生做一些简短的鼓动和表扬，再说几句幽默风趣的话，就能提神助兴，使班级气氛顿时活跃起来。如果再安排一些文娱活动，教师主动和学生痛痛快快玩乐一会儿，让大家暂时松弛一下，学生也就自然体会到老师的一片爱心。继而再同学生的家长打招呼，请家长们改善伙食，注意营养，关心孩子的休息和睡眠等，教师的情意，学生就会感受得更深了。相反，教师不问学生冷暖，一味加大作业量，只拼命追求高分，学生怎么可能体验到师爱呢？再如，学生顶撞或触犯教师时，如果教师采取"冷处理"，等待时机，晓之以理，学生就能体会到教师的好心；当学生遇到困难或受到挫折，情绪低落，思想苦闷时，教师主动接触，采取"热处理"，以教师的一片赤诚，去消融孩子心中的"冰川"，学生自然也会感受到教师对他的爱护。相反，如一遇到学生顶撞，教师就火冒三丈说过头话，采取过头行动；或在孩子受挫时，教师冷若冰霜，不闻不问，学生怎能感受到教师的关心爱护呢？可见师爱的传导，要选择和抓住恰当的时机。

2. 相应的环境

人在不同的环境下有不同的心境。也就是说，人所处的环境不同，情况和条件不同，心情就不会一样。不同的心情下，人们对事物的感受和态度是不一样的，甚至大相径庭。学生在心情愉快时，即便听到不同的意见，甚至批评，也容易接受；而当他们心情沮丧、情绪低落时，就是玩耍娱乐也会懒洋洋的，这就是情绪的作用。师爱的传导，也应创设相应的环境，使学生在良好愉快的心境下感受和理解教师之爱。

创设环境，有时应选择恰当的地点。如学生犯了错误，一般害怕进教师的办公室，更害怕进校长办公室。和他们谈话时，最好选择一个恰当的地点。可以同孩子在校园里散步，一边走一边交谈，气氛就要平和得多；或把学生请到自己家里，当小客人接待，然后再谈正题，气氛也会宽松许多。谈话的地点变了，环境不一样，学生的心情不同，不仅有利于学生接受教育，还能增进师生的情谊。

创设适当的环境，要从学生自身的情况和条件出发。学生有不同的兴趣、爱好和特长，因而也就会有不同的要求和愿望。如果教师能创造一些满足并发展他们的兴趣爱好的条件，使他们的愿望得以实现，心理需求得到满足，学生自然会感受到教师之爱。如让喜爱足球的学生和足球明星见面，推荐"小科技迷"的作品参加评选，让有绘画特长的学生担任墙报画刊编辑，请数学尖子任数学科代表等等，都能使学生体会到教师对他们的爱护和期望。

创设适当环境，还要考虑学生的客观实际。每个学生的家庭和社区环境各不相同，学生在班级中的"角色"各异，因而在集体中的地位、作用和处境也不相同。情况不同，方法就不能一样。比如，对于家庭不幸的学生，宜多从生活、思想上关心、照顾，以消除压力，得到宽慰；对于由于家庭的娇生惯养而缺乏生活自理能力的学生，让他们进行适当的锻炼，促其成功并加以表扬；对在同学中受冷遇的学生，创造条件，让他的能力得以显示，尽快地取得大家的信任与友爱；而对那些学习好、工作能力强的小干部，则经常提醒帮助，使其严格要求自己，不脱离群众等等。如果教师把爱的阳光雨露洒在学生进步的"关节"上，自然就会赢得学生的拥戴。

3. 不同的对象

教育对象不同，年龄不同，其身心发展、认识水平、个性特征也就各不一样，师爱传导的方式、方法也应有别。

首先，应考虑学生的年龄特点。小学低年级的学生，你对他摸摸头、拉拉手，他会非常高兴，还会说："老师最喜欢我。"一下子就和老师心贴心了。如果把这个办法用在初中生身上，就不一定奏效，甚至还会引起反感，他们认为老师仍把自己当小孩子看。对幼小的孩子一件事多叮咛几次，他们能体会到关心爱护，而对较大的孩子千叮咛万嘱咐，他们反认为啰唆，对他们不信任。

其次，要考虑学生的性别特征。男生和女生在生理、心理上有许多不同。比如女生体察事物比较细致，自尊心更强。教师的一言一行都应使她们感到是对她们的关心和爱护。如果教师稍一粗心失误，就有可能有意无意地伤害她们的感情，若在大庭广众之下毫无顾忌地批评，更会造成不良后果；而男孩子一般则较开朗，有时还很粗心，即使公开讲讲他们的缺点，只要教师怀有善意，讲的时候注意时间场合和方式方法，一般是能接受的。再如搞一次公益劳动，对女生生理上某些特点应加以照顾，鼓励男生在劳动中帮助女生；同时又要求女生对男生在生活上多关心，这样男生、女生都会体会到教师的爱心了。

再次，要考虑学生的个性特点。有的细致，有的粗心；有的坚强，有的脆弱；有的活泼开朗，有的内向文静；有的勇敢，有的软弱；有的兴趣广泛，有的无甚爱好，等等。教师应根据每个学生的个性差异，恰当地表达自己的爱心。如对自制力强有独立工作能力的学生委以重任；对粗心大意的学生交给他一点细活，如清点作业本；让性格内向、性情较孤僻的学生多参加一些集体活动，并分派一定任务。当他们完成，便及时肯定，给予鼓励。

（二）传导方法

师爱传导有法，但无定法。一切要因人、因事、因时、因地而异。归纳起来有以下六种：

1. 语言表达

即用语言表达教师之爱。教师在说话时，用词的选择、语调的高低、节奏的快慢、语气的刚柔，以及手势、表情和眼神等，都可传导师爱。如一个学生犯错误后受到校长的批评，非常难过，主动要求在班内检讨。班主任在他检讨后，充满感情地说："犯了错误不要紧，就怕不认识、不改正。某某同学今天的认识很深刻，很有诚意，我们相信他一定会改正，我提议为他的进步鼓掌！"全班学生会立刻报以热烈的掌声。这位教师的几句话，就像一剂"兴奋剂"，犯了错误的学生会很快振奋起来。

2. "投其所好"法

即教师和学生来一个"心理换位"，站在学生的位置上想问题，发现并尊重学生所好，然后来一个"投其所好"。如在小学里，男孩子们喜欢玩弹弓，高兴起来还要把同学当靶子射。教师来一个"投其所好"，把小弹弓手们组织起来搞射击比赛，同时做出若干规定，如上课不玩弹弓，不准对路人和同学射击等。凡在比赛中获胜并遵守玩弹弓规则者得奖。这就把有一定破坏力的玩弹弓游戏引上了正道。再如一所中学一个班的女生因追求服饰美，打扮越来越奇，越来越怪。班主任理解少女们正值青春期的心理状态，没有责备，也没有简单制止，同样也来了一个"投其所好"，他组织了一次服装比赛，由每位女生穿上自己认为最美的服装参赛。经评选，几位服装朴素大方、款式新颖、充满青春活力的参赛者获奖，而那种以奇为美、以怪为美，缺乏学生特点的服装则被淘汰。这种做法大大提高了全班学生对服装美的鉴赏力。

3. 行动感召法

即教师以自己的行动表明对学生的爱，使他们受到感动和感召。一名全校人人知晓的差生，在新接班的班主任第一天点名时，他以一种挑衅的眼光瞪着班主任。当班主任宣布值日生名单，再次点到了他的名字时，他猛地张大了嘴，睁大了眼睛，但不是挑衅的目光，却是迷惑的眼神，接着不好意思地低下头来，显出一副难为情的样子。下课后，班主任找到了他，耐心地告诉他值日生的职责，勉励他把值日做好。他从教师一连串的行动中体验了对他的信任和尊重，后来在值日时特别卖劲，各方面也随之有较大进步。学生的眼睛是最敏锐的，他们的心也是很敏感的，教师对他们的爱是真是假，一切都要在行动中体现出来，所以行动感召法是一种传导师爱的好方法。

4. 排忧解难法

遇到困难时，得到过帮助；身处"逆境"时，得到过关怀，这往往会在一个人心灵深处留下终身难忘的记忆。学生也有各式各样的困难，也有处于"逆境"的时候，此时，他们对爱的渴求更甚。如果教师不失时机地将爱无私地奉献，他们将会铭记终生。

学生中的"忧"和"难"多种多样。有学习上的：因某一门功课上不去，或因病因事落了课和因考试失误而焦急等；有思想上的：为没评上"三好生"、未入团而苦恼，或因犯错误挨批评而难过等；有身体上的：身体有某种残疾或缺陷而被人嘲笑，或因患某种慢性病而烦恼等；有生活上的：如丢失了学费或衣物，家庭有了不幸等；还有人际关系上的：经常受某同学的欺侮，在同学中比较孤立，为失去好朋友而伤心，在某件事上被同学误解而十分委屈，等等。看准了学生中的"忧"和"难"，急学生所急，忧学生所忧，脚踏实地地为学生排忧解难。或给以思想上的开导和鼓励；或采取措施创造必要条件，具体加以解决。这都将使学生感到师爱的温暖，以扬起他们前进的风帆。

5. 曲线传导法

在某种特定的情况下，爱生之情可不直接表露，而是通过他人作曲线传导。由于某些原因，有的学生对教师一时产生了误解：或认为老师偏心不公平；或以为老师存心和自己过不去；或因老师在同学们面前揭了自己的短而心怀怨恨等，师生间在感情上暂时"断流"。教师如若直接与学生对话，效果不一定好。这时可以让学生中的干部、该生的好朋友或家长作为传导师爱的媒介。如在小干部会上多谈该生的长处，让干部吹吹风；在该生的好朋友面前表述自己的诚意和希望，并示意请他代为转达；家访时多谈优点和进步，使该生体会到教师的诚意。这样做，往往能缓和气氛，消除误解，最后达到直接对话增进情谊。

6. 接触了解法

即师生在共同学习、共同劳动、共同娱乐中，架起感情的桥梁。

人们的感情是靠彼此熟悉、了解而建立起来的，师生间也是一样。作为教师，只在上课时和学生见面，深厚的师生情谊是断然难以建立的。只有与学生充分地接触，彼此间才能互相理解，从而建立并加深情感。

接触了解学生，首先，要有一个正确的态度。只有放下架子和学生真正打成一片，以平等的态度对待他们，才可能成为"忘年之交"。其次，要善于抓住学生的"兴奋点"，"热门"话题，感兴趣的活动，主动参与，以此作为契机，传导师爱。

学生在静态下，其个性、思想和品德面貌不易表露。可在动态中，特别在各种竞赛、游戏和娱乐活动中，他们的才智、个性往往能较为充分地显露出来，思想感情也会自然流露出来。许多教师正是在与学生打成一片中掌握第一手材料。了解最真实的信息，然后将教师的爱心与期望传导给学生，收到了很好的效果。

师爱的传导，并非是教师的最终目的，最终目的还是让学生感受到师爱的温暖以使他们能更好地接受教师的教育。所以创造传导师爱的条件，摸索传导师爱的途径和方法，应有利于教育的实施，着眼于教育的效果，这是我们所必须强调的。唯有这样，研究师爱的传导，才是有意义的。

语言艺术篇

难点十三　如何掌握讲话技巧

讲话，是班主任最常用的教育方式。有人统计，班主任每周面对学生讲话达七八次之多，字数达一二万。可是，令不少班主任苦恼的是，许多学生对班主任的讲话听不进去，当成了耳旁风。有的班主任曾调查过，他的讲话学生听进去的不足三分之一。面对这种情况，有些班主任发出了"现在的学生真是刀枪不入"的感慨。

班主任的讲话如何使学生入耳入脑，这是当前教育工作需要研究的重要课题之一。一些优秀的班主任在这方面总结了许多宝贵的经验，可以概括为以下几点：

（一）讲话要从学生成才的需要出发

班主任讲话的出发点很重要。有的班主任讲话是从上级的决定出发，目的是完成上级的任务；有的是从学校的计划和规章制度出发，目的是使班集体有良好的纪律……这些仅从上级和学校的要求出发的讲话，虽然学生也能听进去一些，但要入脑就困难了，特别是简单强调"不按规定做，一定要严肃处理"，学生就会误认为讲话是冲着学生来的，是整治他们的，一种抵触的情绪就会产生。

有经验的班主任在讲话时，不论内容如何不同，都能紧紧把握从学生成才需要出发，根据学生成才的需要去设计讲话的主题、内容和形式，使学生感到讲话的内容直接关系他们的成长和前途。这样就能抓住学生的心理，使他们想听、爱听，从而自觉地接受教育。如一次期中抽查考试，某班考了年级最末，许多同学不及格。遇到这种情况，班主任很容易气不打一处来，把学生狠狠批一通。但是，这位班主任却认为这次考试学生遇到了挫折，暴露了问题，是对学生进行健康成长，成为有用人才教育的极好机会。于是班主任确定这次讲话的题目："胜利属于善于汲取教训的人。"在讲话中列举了大量事实，说明中学生活乃至人生道路遇到挫折和失败是不可避免的；说明挫折、失败对一个人成才、成就事业有着重要的积极作用；说明只有善于汲取教训才能使挫折、失败转化为胜利、成功。本来准备挨批的学生，听了班主任这一番感人的肺腑之言，流下了眼泪。一个学生在日记中写道："老师的每一句话，如同十八磅的铁锤重重地打在我的心坎上。"这样的讲话，学生怎么会不入耳入脑呢？

（二）讲话要有知识性，给学生提供足够的信息量

在向学生调查时发现，学生最不爱听言之无物的讲话。如果讲话中没有提供新知识、新信息，而是老生常谈、婆婆妈妈，尽管班主任出于一片好心、苦心，结果学生也不一定领情，甚至会埋怨说："拿我们当三岁小孩子"，"车轱辘话来回说"。

有经验的班主任注意到学生求知欲强的特点，在讲话中为学生提供较多的新知识、新信息。如中国经济、科技、军事、体育等方面最新成就的信息；中国与世界各国发展对比的信息；社会主义建设中的各行各业对人才需求的信息；未来社会各类职业素质要求的信息；与学生升学有关的信息；世界经济、政治、科技、教育的信息等。用这些知识、信息说明一定的道理，寓理于知识、信息之中，这样学生就比较爱听，比较容易入耳入脑。那种从理论到理论，学生是不会接受的。

（三）讲话中要有学生的实例

班主任的每次讲话，对学生都是一次思想上的动员。如果讲话只停留在一般号召上，学生听后就会感到无的放矢、与己无关和不痛不痒。听完讲话后，在行动上也是随大流的。

有经验的班主任在讲话中，总是善于结合学生中的实例，特别是好的典型实例。学生的上进心强，有了榜样，就有了学习和赶超的目标。如果是失败的实例，也可以起到清醒剂的作用。学生中的实例、典型就在学生

身边，可信、可比，在行动上又可以起到典型引路的作用。学生中的典型实例是很多的，班主任讲话中要着重揭示典型实例的形成过程和原因，从而给人以启迪。善于运用学生中的实例是使讲话获得成功的要领之一。

（四）讲话要有准备，努力做到少而精

一些学生烦班主任讲话的原因之一是班主任讲话的时机选择不好，如占用学生休息时间、自习时间或者是放学的时间。另一个原因就是讲话前未认真准备，没有明确的主题，想到哪儿说到哪儿，信口开河，杂乱无章，占用时间过长。这种讲话次数多了，学生就倒胃口了，对班主任讲话形成一种逆反心理。有时班主任往讲台一站，还未开口，学生的厌烦情绪就流露出来了。因此，有经验的班主任给自己的讲话立了个规矩：绝不随意占学生时间去做无准备的讲话。要讲话就要认真准备，争取做到"语不惊人誓不休"。

班主任要想使自己的讲话受到学生的欢迎，做到使学生入耳入脑，从根本上说，就必须提高自己的思想修养、理论修养、知识修养和语言艺术修养的水平。只有自己的素质提高了，讲出的话才能具有吸引力、感染力和说服力。

难点十四　如何与学生进行谈心

一、中学班主任的谈心艺术

谈心是中学班主任帮助学生消除心理障碍、解决思想问题的一个重要方法。成功的谈心，能通过师生情感交流达到帮助、教育学生的目的；而谈心失败，不仅不能帮助教育学生，还会在师生中造成隔阂或鸿沟，导致学生产生逆反心理。因此，班主任必须慎重地对待谈心。

通过长期的班主任工作实践，我觉得谈心成功的关键在于班主任能根据学生的心理特点，启迪学生的觉悟，激发学生内在的积极性。

中学生心理上已逐步趋向成熟。虽然他们有得到别人帮助的愿望，但心理上有明显的闭锁性。因此，谈心时要选择一个合适的地点，以便为学生创造一个有利于消除心理障碍和促使思想转变的合适环境。我们常在教室附近与学生谈心，这种谈话是在众目睽睽之下进行的，因此谈话的内容对其他同学应没有隐瞒的必要。如期中考试后，为帮助同学分析情况、总结成绩和提出问题而进行的大面积谈话就属这一类。有时谈心的目的不仅要教育该同学，还要教育其他同学，而且问题比较简单的，像学生经常迟到等，也可以当其他同学的面，将其叫出，在教室附近交谈。如要解决一些需要保密的个别问题，或利用谈心了解情况，则可以在课余与学生相遇时边走边谈。这样旁人看来像是闲聊，无法猜测谈话的内容。而要处理比较严重的思想问题，如有的学生对教师不尊重，上课时故意戏弄教师等，就必须在办公室里坐下来谈，以便提供较长的时间和形成较为严肃的气氛。有时教师没有做好准备，谈心更不宜当众进行。

有些同学，特别是女同学，对老师的评价特别敏感，谈心时态度要和蔼，要注意遣词用语，不要把话说过头，为了减少这些同学思想上的压力，还可以先谈成绩优点，甚至可在谈话中帮助她整理整理衣领等，用一些亲切的动作，消除她患得患失的心理障碍，把精力集中到所谈的问题上。

有些同学素质较差，对老师的批评无所谓，对自己的问题轻描淡写，班主任谈心前要做好充分准备，做到有理有例，谈话要十分严肃。如班内一干部在分发电影票时，将位置好的票子挑出来分给关系好的同学。开始他认为才几张票子，而且自己拿的是差的，这种小事"用不着讲"。教师向他指出这实质上就是以权谋私，达到讨好一些同学的目的，还是为了自己。接着教师又告诉他，为这件事，班级里三分之一的同学在周记上提出了意见，有的同学还反映他经常把班级里的报纸占为己有，分配劳动任务时，严重不公等。他感到了问题的严重性。教师向他指出，如自己不认真对待，同学不会谅解。最后，他提出，要通过黑板报向同学道歉。

对性格急躁的，要以柔克刚。问题提出后，可以让学生先说，即使他暴跳如雷，教师也要不动声色，让他说完后再谈，这些学生情绪容易偏激，对他过激的言词不应计较，如形成僵局，可停止谈心，让他考虑一下，以后再谈。而有些同学对自己要求严格，则响鼓不用重槌。谈心时为表示老师对他的高度信任,问题点到就好,不宜多讲。有时还可以从相反的角度来谈,如说:"我知道你很难过,事情已经过去,认识清楚,吸取教训就好了。"

中学生十分关注班主任对自己的态度。他们的想法在很大程度上是以老师对自己的情感流露和情绪反应为转移,谈心时,如果老师给学生以热情关怀,让学生切实感到老师对他的爱,那么,学生就容易接受老师对他的教育;反之,在谈心中,如果老师流露出对学生讨厌、遗弃的感情,则会严重挫伤学生,使学生产生抵触情绪。因此,谈心时老师一定要尊重、爱护学生。较长时间的谈心,切忌老师坐着,学生站着,使学生心理受到压抑。千万不能用侮辱、挖苦的话语,更不能揭发学生的隐私。如"我已经了解了,你初中留过级","班级里有你这样的学生,真是倒霉"。对同学要一视同仁,不要将好学生与差学生进行强烈对照。如说:"同样一个老师教,为什么×××每次考试都在90分以上,你却只考……"总之,不能一味埋怨学生,要让学生看到希望,树立信心。

班主任在与学生谈心的过程中,学生的心理状态也在不断发生变化。因此必须密切观察学生的表情,了解学生的反应。要善于抓住谈话中最为学生接受的一点,将这作为转化的关键,因势利导。如×××同学因一些小事与同座的同学闹矛盾,要求调座位。教师说:"你们没有原则分歧,一些小事应多作自我批评,同学之间要相互帮助。""因这种原因调座位,影响不好……"他不动心,但后来教师说:"给你调个位置很容易,但你与同座的同学因一点小事都处不好关系,将来到社会上怎么办?"教师发现他动心了,抓住时机接着说:"将来踏上工作岗位后,总不能动不动就调动工作吧,与人相处中也有一种能力,你现在不应回避矛盾……"听完,他欣然同意不调座位,以后与同学关系也改善了。

有些问题,靠一次谈心是不能解决问题的,要做有心人,抓住时机,反反复复地做工作。一学生与继父的关系很紧张,母亲要求老师帮助做工作。第一次谈心时,学生很激动,举了许多例子,说父亲对他看不顺眼,常有意找碴儿。谈心根本无法进行。后来教师了解到他弟弟是后父生的。再与他谈心时问他:"你父亲对弟弟态度怎样?"他说:"一样的。"教师接着说:"看来你父亲的脾气比较急躁,态度比较生硬,这是性格问题,你们要多谅解,不要对父亲有成见。"学生似有所悟,后来他报名参加了摄影小组,父亲给了他一只海鸥照相机,教师知道后对他说:"看来父亲对你还不错。"他笑了。

中学生意志品质在发展。但他们还很稚嫩,自持力、毅力还不够,因此,教师与其谈心后还要做大量的工作。检查谈心的效果应是一个重要环节。检查的方法,可以观察学生的行动,向周围同学了解情况,也可以进行第二次谈心,再听听学生经谈心后的想法。还要帮助学生创造条件,以便学生能在认识清楚的基础上行动起来。一学生在宿舍里对集体不关心,做值日马虎,同学意见很大。谈心后学生有了改正的想法,接着教师与他宿舍的室长商定,安排他一定的任务,并加强督促、鼓励,给他提出了适当的要求,使他觉得有改正的机会。这使谈心不只停留在师生思想认识上的统一,而迅速成为学生行动的动力。

总之,教育学生是一项十分艰苦细致的工作,与学生谈心更是一项复杂工作。但是这是对学生进行心理疏导和做学生思想工作的重要手段。作为中学班主任,能否与学生成功地谈心,也是一项基本功。因此,我们应该认真研究中学生的心理特点,努力掌握学生的个性,讲究谈心艺术,让谈心成为沟通师生感情,激发学生心灵火花的重要途径。

二、谈心工作八法

谈心是班主任从事思想教育工作的重要手段之一。它通过师生对话的方式对学生进行思想道德教育。有的教师总结了班主任的工作并在实践的基础上,摸索总结了一套谈心工作的方法——谈心工作八法。

(一)激励法

所谓激励法就是在谈话中要善于发现和肯定学生的长处,从而培养学生的自尊心和自信心,调动学生的积极性,激励他们向新的目标前进的谈话方法。这个方法特别适用于班上那些较差的同学。这种学生往往较胆怯,易自卑,所以在谈心中不宜刺激他们,而是想方设法加以鼓励。如班里有个女同学,由于学习较差,总有点自惭形秽,整天蔫蔫的,抬不起头来，更谈不上主动为集体做点什么事。教师全面分析了这个同学的情况，并了解到她唱歌不错这一特长，于是，教师找她谈话便从唱歌入手，于是话便多了起来。教师鼓励她要努力发挥自己的特长，在学校组织的红五月歌咏比赛中让她领唱。这样她在同学中开始产生了影响，精神也逐步变得开朗了。再经过几次谈话，她逐渐变了，自信心增强了，学习也努力了。在高三文科班第一次期中考试时，她的名次在70人的大班中排在第九名。

（二）抑扬法

抑扬法是为了平衡被批评者心理状态采取的一种谈心方法。有先扬后抑和先抑后扬两种。先扬后抑法就是对被批评者先谈他的长处，然后再批评他的短处。这种方法对那些与教师关系比较紧张、对教师比较生疏甚至有些抵触的同学最适用。他们最怕教师有偏见。教师一旦肯定了他的某些长处，他的心理就会得到一些满足。教师的批评也就能听进去了。

先抑后扬法就是开门见山，直截了当地指出不足，进行尖锐批评，然后再帮他分析有利因素和自身优势。这种方法适用于与教师关系较好的、心胸比较豁达的同学。

抑扬法也就是两点论，一分为二地看问题，这样的谈话能心平气和地分析问题、解决问题。例如，班与外班举行足球比赛，一个同学与外班同学发生了口角，继而动了手，事后受到领导的严厉批评，这个学生不服气，因为他也占点理，又为了集体荣誉，觉得委屈。教师找到他，首先肯定了他有理的地方，同时指出了他做法上的错误。这样谈，他心服口服，问题也就解决了。

（三）主客法

主客法就是在和学生谈话时要注意选择环境地点。也就是要选择那些适宜说服人的环境地点，要以我为主。著名心理学家拉尔夫曾经做了一个试验：把一群学生按支配能力——即影响别人的能力，分成上中下三等，然后每等各取一部分组成一个小组，小组中的一半安排在支配能力高的学生寝室里，一半安排在支配能力低的学生寝室里。拉尔夫发现，讨论的结果总是按照寝室主人的意见行事，即使主人是低支配能力的学生。由此可见环境是何等重要。教师谈话也要善于利用这种环境优势来说服学生。所

210

以，教师再与学生谈话，有时就把学生请到家里来，充分利用居家优势，这样做，往往收到不错的效果。

（四）间接法

一般说来，谈话都是师生间的直接交谈，但有时也可以间接地进行，找一个学生最信任的同学或老师去跟他谈。这样也可收到奇效。心理学家哈斯说过一段话非常有道理："一个造酒厂的老板可以告诉你一种啤酒比另一种好，但你的朋友，不管是知识渊博的，还是学识疏浅的，却可能对你选择哪一种啤酒具有更大的影响。"这就是人都具有相信"自己人"的潜在心理。

有一次，班上组织同学报名参加运动会，一个男运动员扬言他不报名，怕耽误学习。听到这个情况后，教师有意识地通过他的一个好朋友去做他的动员工作，果然他报了名，而且取得了较好的成绩，为集体争取了荣誉。

（五）缓冲法

有时与学生谈话会遇到困难，这时教师不能靠班主任的权威强加于人，而应做适当的让步，说一些诸如"我理解，我在你这么大时也……"或"也许我处在你那样的情况下，也会冷静不下来，甚至不如你……"之类的话。设身处地地为学生着想，这样尊重了学生的感情，学生也会尊重教师的谈话。让一步是为进两步，是为了解决问题。如果这样还不行，谈话越来越激烈，这时教师就不能急于求成，要缓冲一下气氛，转移一下话题，找个台阶下，暂时停下来，找机会再说。有位教师曾就一个比较棘手的问题，找一个学生谈了三个晚上，才算解决了问题。

（六）暗示法

对中学生的早恋问题，回避不得。班主任要正视这一问题，更要正确对待、正确处理这一问题。所以找学生谈话时也不能像别的问题那样单刀直入。这样的问题，学生是上瞒家长、老师，下瞒同学，更反对老师在班上公开讲，对老师不分场合地公开他们的秘密十分反感。要正确处理好这类问题，需要老师选择适当的时机，用暗示的方法，在不伤害学生感情的前提下，引导男女同学正常交往。

例如，某班一个男生在一段时间内精神恍惚，不大合群。继而发现这个学生的来信较多，有时一周两封，信封字迹一样，没有发信人地址，只写"内详"字样。经过几位老师分析，认为他有可能是在谈恋爱。于是教师找他谈话，不直接指责他谈恋爱问题，而是举了已经毕业的两个不错的同学的例子，他们就是陷入早恋，而使学习成绩下降，以至高考落榜，痛悔不已。他听了后似有感触，主动把他交朋友的事跟我说了，教师答应给他保密。以后他的心情逐渐开朗起来，学习成绩也明显上升了。为此，他感激老师在帮助他解决问题的同时，不使他丢面子，也没有引起同学的议论。

（七）反复法

思想工作要反复做，甚至要不厌其烦地做。某位教师的班上有个十四岁的男生，按正常年龄来讲，他应该念初二。在十六七岁的高中生中间，他处处像个孩子，不懂规矩，不能约束自己。上课时脖子上像装上了个轴，自习课时，椅子上像是铺满了蒺藜。对这样的学生，教师采取的方法是，每次谈话时间不长，但次数频繁，谈一次解决一个问题，不怕他反复，在反复中发现他的进步，边批评边鼓励。两年来，教师与他进行了三十几次谈话，终于使他有了明显进步，自制能力也大大提高。

（八）自责法

所谓自责法，就是教师在失误时，要勇于向自己的教育对象承认错误，进行自我批评。教师非圣人，在工作中出现偏差是难免的。关键是在出偏差后，万不可自以为是，否则将会处于被动地位，失去学生的信任。例如，一次晨检中一个学生迟到了，正值学校进行纪律教育，于是教师在班上狠批了他一顿，并扣上了"无组织、无纪律、自由散漫"的帽子。后来，这个学生找到了老师，委屈地说他早上打针去了，不愿耽误上课时间。了解到真相后，教师做了自我批评，并在班上做了说明，挽回了影响。学生颇受感动。所以在与学生谈话中，自责亦很重要。

以上八法对搞好谈心活动是重要的。当然，谈心活动是一件很复杂的活动，要做好这个工作，关键是教师要有强烈的事业心、责任心，要不断提高自己的政治水平和思想水平，要能够尊重、理解和信任自己的学生。

但仅有这些还不够，还要掌握微妙的谈话技巧和方法，只有这两方面结合，才能搞好谈心工作，促进学生的思想转变。

难点十五　如何对学生进行表扬

表扬是班主任开展工作一种常用的基本方法。它作为一种积极的强化手段，对学生良好的思想行为给予肯定和赞扬，是班主任教育学生常用的行之有效的方法之一。恰当的表扬不但可以使学生看到自己的长处和优点，激励其进取和自信，而且还会起到对学生思想行为的导向作用。相反，不恰当的表扬，反而会挫伤学生的积极性和进取心。因此，教师的表扬必须注意艺术性。

（一）实事求是

班主任对学生的表扬，既不能夸大也不能缩小，必须实事求是，分寸适度，真诚可信，这样做有利于促进学生的外部动机向内部动机的转化。那么表扬中如何做到实事求是呢？一是不能用夸张语言和虚伪的表情来表扬学生，以避免学生自夸和不求实际的心理；二是要避免成见，做到一视同仁，特别是对常犯错误的学生和成绩较差的学生，要及时发现他们的闪光点，并及时给予表扬，使他们感到生活对他们也是公平的，感到有奔头，有希望，从而增强自信心和上进心。

（二）掌握时机

班主任要做学生的贴心人，善于发现学生身上细微的进步。了解他们的长处和优点，这往往是学生思想转变，奋发进取，努力拼搏的"催化剂"。实践证明，学生在学习过程中每次得到的鼓励和表扬，都对学生形成良好的思想行为起积极的促进作用。这个时机把握得不好，会起到相反的作用。如表扬过早，学生容易产生骄傲自满的情绪，有时甚至会使事情半途而废；如果表扬迟了，时过境迁，学生良好思想行为因得不到强化而消退。

（三）注意分寸

班主任表扬学生是通过语言来实现的，因此，表扬的语言既不能夸大事实又不能谨小慎微。说少了，学生容易产生不平感；说多了，过分夸大，学生又容易产生虚伪感，有时甚至认为你不是在表扬，而是借机讽刺他。所以，每位班主任都应该认识到表扬并非一种教育过程的结束，而是一种教育过程的开始。

（四）大小并重

班主任表扬学生时，不要只重视大的方面，而忽视了学生微小的进步，应该做到大小并重。在日常生活中，有些事情在班主任看来是微不足道的，但对于学生来说，也许他们是尽了最大的努力，所以班主任在发现学生优点和长处时，不论大小，都要给予肯定和表扬。有时可能是一句极平常的表扬也会起到很大的作用，有时甚至会改变其一生。

进行表扬绝非是一项简单的工作，一定要注意表扬的艺术。只有这样，才能使表扬因人、因事、因地、因时而异，充分发挥表扬的功能，使表扬真正成为学生思想品德形成的催化剂。

案例

学生需要表扬

8月30日，新生报到的第一天，我正在教室里给同学们讲当天的工作安排，突然，两名女同学手拉手推门而入。全班同学的目光立刻都集中在她们身上。我一看，其中一名女生我认识，叫赵悦彤，在军训期间曾因染头发、戴耳环、迟到等事情多次批评过她，另一名女生没有参加军训，但我猜出应该叫靳一卓，因为在军训时听赵悦彤提过，属于家里很有钱但脾气很坏的"个性"小姐。然而，令我没有想到的是这两名迟到同学，竟然看也没看老师一眼就径直朝教室后面走去。她们的这种无礼行为使我很生气，我大声地喊道："你们站住，过来。"两个人仍然很无所谓的走到我面前，脸上没有丝毫的歉意之情。我强忍怒火地问道："你们迟到了，知道吗？""我迟到了吗？"那个没有参加军训的女孩不以为然的话令我吃了一惊。"你看看表，现在几点，学校要求几点到校报到？你叫什么名字？""靳一卓，我8：20就到了，在学校门口呆着了。我没迟到。"果然是靳一卓，不过她的回答却令我吃了一惊，什么逻辑？8：20来了在校门口呆着不进教室向老师报到，还说没迟到，而且态度、语气……我更加生气了。不过已没有时间给她们讲道理了，学校要求全校新生马上到操场集合。于是我生气地说："我给你俩记迟到一次，你就是7：00来了，不进教室向我报到也是迟到，现在马上下楼集合。"虽然她们俩没有再说什么，不过我看出来她们心里根本就是不服气。

果然，事情并没有就此结束，接下来的扫除我要求全班同学都参加，可当我验收的时候靳一卓却不知所踪，同学们都说干活的时候就没有看见她。我一听，心里的火更大了，心想，果然是大小姐脾气，下午一定要杀杀她们的傲气，要不然以后还能管得了吗？

然而，又是一件令我意想不到的事情发生了。下午的开学典礼这两名同学竟然没有来参加，也没请假。我在气愤的同时，也感到事情非常严重。开学第一天，靳一卓竟然就做出这么多违纪的事情。眼里根本就没有这个班级和我这个班主任，她本来就没参加军训，没受到部队那种纪律严明的良好作风的影响，如果现在任由她如此散漫自由的话，那后果……

于是，我在考虑再三之后，拨通了她父亲的电话，不过在电话里我还是用非常平和的语气和他父亲进行了沟通。从她父亲那里我得知靳一卓是个非常聪明的女孩子，而且学习也很好，平时并没有迟到、旷课等恶习，只是脾气倔，性子很直。她父亲也答应会和她好好谈谈，找一找这次她犯错的原因。放下电话后，我陷入了深思，回想这一天所发生的事情，我发现靳一卓从早上来好像就对我有很强的抵触情绪。为什么呢？我想到了赵悦彤，在军训时我多次批评她，肯定是她在靳一卓面前说了一些我的坏话，使靳一卓对我有抵触情绪，反过来说，我又何尝不是因为她而对靳一卓早就有了成见呢。我决定第二天要找靳一卓好好谈谈，像她这种女孩子一般自尊心都特强，我不能直接批评教育，而是发掘优点表扬她，进而引导她自己认识错误，改正错误。

第二天，我晨读时点名，又有一名迟到者，竟然还是靳一卓，我本来已平息的怒火一下子又上来了。正在这时，她推门而入，我大喊一声："站着！"她本来低着的头突然仰起："我迟到是有原因的，为什么站着？"

我本来以为她和家长谈完之后会有所收敛，可是没想到气焰还是这么嚣张。为了不在同学们面前失态，我把她叫到了办公室，而我则继续安排同学们的其他课程。其实，这既是给她时间，也是给我时间调整心态和情绪。果然，等我过两节课再回办公室时，她的态度已平和许多，我没有马上提昨天和今天早上的事情，而是从她来旅游学校的学习开始谈，夸她学习好，聪明。不久，她就一点抵触情绪都没有了，主动向我承认了错误，而且也承认了确实是受赵悦彤的影响，第一天故意跟我作对，通过昨天跟父亲的谈话已经认识到错误了，准备第二天早上来向我认错的，没想到早上没赶上车又迟到了，这才又引起我们之间的一场冲突。

这次谈话之后，靳一卓没有迟到过，而我也逐渐发现她的英语特别好，于是让她当英语科代表，鼓励她带动全班同学学好英语。而她发现我对她真的没有偏见，也非常高兴，还主动帮助文娱委员组织我班在运动会上表演的健美操。

尽管现在开学时间不长，在她身上也还存在着许多缺点，但我相信她会在老师的表扬声中茁壮成长，不断进步。

【访谈录】

问：牛老师，你在日常班级管理中始终贯穿了"好学生是表扬出来的"这一教学理念，取得了满意的成果，请具体谈谈你的这一理念是如何产生的？

答：我觉得学生再大，也毕竟是个孩子，他还没有形成对自我的正确定位，在自我评价方面还是很不稳定的。对自我行为的认定也往往凭一时的情绪，很容易陷入自我中心的误区，过高或过低地评价自己。作为教育者，应该引导其正确评价自己，树立自信，良好的心态是成功的保证。适宜的表扬是每一个人都愿意听到的，这不仅是对他努力的认可，更是一个人前进的动力。良好的舆论和氛围是引导的方向，也是成长中的"定式"。

问：在新生报到的第一天，赵悦彤和靳一卓故意迟到，你怎样看待这种行为？

答：我觉得这是一种公然挑衅的行为。因为在军训期间，我曾多次批评过赵悦彤，她心里不满，故意把这种不满情绪传染给靳一卓，因为这个同学很叛逆。她们是想把这种不满情绪表现出来，向我示威，看我会如何表现。

问：我想每个班主任对待这样的事情都难以保持内心的平静，但你还是表现得很理智、很冷静的，你平时都是这样沉着、镇定吗？

答：她们毕竟还是孩子，还不成熟，有时做事会很偏激。但我们是教育者，有能力去分析心理问题，用自己的经验和智慧化解偏激的情绪。在这种时候，教师一定不能丧失理智。那样不但不能很好的解决问题，反而会使矛盾更加激化，下一步就没法谈了。

问：接下来靳一卓又多次违犯纪律，你为什么没有直接批评本人，而是先和她的家长通话？

答：因为我觉得自己应该先把事实的根源调查清楚，全面了解学生的心理动态，抓住症结所在，然后再谈话，就可以知己知彼，百战不殆了。

问：在你和靳一卓的父亲通过话，她父亲和她谈过之后，她再一次迟到了，而且态度还很强硬，好像心里很委屈。如果这时你责备她，那可能就不会有后来成功的谈话了，是吗？

答：是的。孩子毕竟是孩子，需要成长，需要我们给他们提供成长的时间。有些事情急不得，得让孩子有自己思考的空间，他们已经初步具备了自我教育的能力。我们给他们一些机会反省剖析自己，这本身也是对他们人格的尊重。

问：是不是每个孩子都可以用这种教育方法呢？

答：人无完人。我们每个人的一生，都是不断地追求自我完善的过程。这个过程是辛苦的，就连我们成年人都会需要别人欣赏与扶持，更何况未成年的孩子。当然我们在表扬与激励的同时也要让学生懂得一分为二地看问题。没有任何教育思想处处适用的，我们应该根据教育对象的特点灵活运用，但表扬与激励确实非常重要。

案例评析

这是一个典型的高中生由于不能正确评价自己而导致行为乖戾的案例。这种现象普通学生中是很常见的，在一些"问题学生"的身上体现得更加明显。其主要源于学生内心失衡，这样的学生在心理上都有两种强烈的矛盾情结——自傲与自卑。她（他）们在记忆当中都会有一些刻骨铭心的一幕，那就是他们曾受到过的一些不公正对待，所以对这些记忆念念不忘，耿耿于怀，以至于对周围的人怀有一种敌对情绪，随时处于战备状态。一旦遭到批评，就会反应强烈，根本不会配合教育者。牛老师的可贵之处在于他能够非常从容地去面对学生的一些过激行为，冷静地思考对策，使问题的解决一直朝向良性的方向转化。

本案例中牛老师的做法有许多值得我们学习的地方：

一是她能够冷静地分析问题的根源所在，然后抓住主要矛盾去解决。

二是她充分地调动各种教育力量，能够和学生的家长即时取得沟通，让矛盾逐步缩小范围，自己也得到了有力的援助，使学生的心理有了调整转化的契机，为后来的成功谈话做了充分的铺垫，并奠定了坚实的心理基础。

三是把握学生特点，抓住契机，发挥表扬作用，使学生正确认识自己、评价自己，以良好的心态和高度的自信，在各个方面不断进步，健康发展。

难点十六　如何对学生进行批评

对学生错误言行进行批评，这是班主任经常性的教育方法之一，但如何科学地使用这件武器，有些班主任却没有给予足够的重视。事实上批评也像其他工作方法一样，蕴藏着高深的科学道理和高超的技巧，能否正确掌握和运用，使之符合时代的要求，直接关系到班主任的班务工作水平的高低。

批评和表扬一样，属于激励的一种方法，其目的是为了限制、制止或纠正某些不正确的行为。然而，批评却是一种相当难以运用的工作方法。犹如在别人身上动手术，出了偏差就会伤人，甚至会置人于死地。班主任应努力学习研究批评方法，并成功运用之。

1. 弄清问题真相。批评是一种严肃的事情，不能道听途说，无凭无据就指责学生，也不能轻信个别学生的反映。批评必须有确凿的证据，还要认真仔细地分析产生问题的原因、当事学生的态度、有关教师和学生的反映等。这样对学生的批评才可能准确无误，恰如其分。如果批评错了，就要放下老师的架子，诚恳地向当事人道歉。

2. 分清批评的界限。批评的目的是帮助被批评者认识错误，改正错误，积极向上。因此，凡是不批评也能改正的缺点或错误，如通过讨论、参观、榜样示范等方式能提高觉悟，得到纠正者，就不必提出批评；犯错误的学生已深刻地认识了自己的问题，痛下了改正的决心，就不必再批评；班、团（队）干部由于缺乏工作经验，工作中造成了失误，或者了解的情况不准确，向老师提供的信息不全面，也不应轻易批评。

3. 选择合适的机会。批评一方面要及时，在问题发生后即要进行批评。这样做有两大好处：一是如果不及时，等问题发展到严重的程度，影响扩大了，会造成更大的损失；另一个是时过境迁，当事学生的记忆可能不那么清楚了，再提出批评，他可能感受不那么深切，甚至可能认为是班主任在和他算老账，导致严重的逆反心理。批评应选择合适时机的另一原因是，在特殊情况下，学生的行为本身是错误的，但自身又深信其正确时，班主任在制止了这些言行之后，不要急于批评，而应要求学生自己对其行为思考一定的时间，当学生有所认识时，再进行批评，避免造成学生与班主任的情绪对立。

4. 区别不同对象。不同年级、不同家庭、不同性格、不同环境的学生，其经历、知识、心理特征各具特色，接受批评情况有很大差异。班主任要根据不同学生的特点区别对待，采取不同的批评方式。如对于性格比较温顺的学生宜用"温和的批评"；对于惰性心理、依赖心理和试探性心理较强的学生宜用"触动式批评"；对于自尊心较强，主观见解难以改变的学生宜用"渐近式批评"；对于脾气暴躁、行为容易被语言所激的人宜用"商讨式批评"；对于性格机敏、疑惑心理较重的学生宜用"提醒式批评"；对于性格内向，善于思考的学生宜用"发问式批评"；对于逆反心理严重的学生宜用"缓冲式批评"。

5. 主动替犯错误的学生承担责任。学生的缺点错误常常与班主任教师的工作有一定的关系，如布置工作不明确，安排活动不具体，要求过高等。即使是完全由当事学生个人负责的缺点错误，班主任也有教育不够的责任。所以，当学生出了毛病不能只是批评学生，班主任教师要主动承担责任。这样，一方面有利于班主任从教育者角度接受经验教训，改进工作；另一方面也能感动当事学生主动地检讨自己，改正错误；同时，也有利于教育大家，接受教训，以免重蹈覆辙。

6. 保持良好的心境。学生犯了错误，给班集体造成了损失，使班主任工作遇到障碍，班主任当然着急，这是可以理解的。但是，无论如何，班主任在对学生进行批评时，一定要保持良好的心境。因为发怒并不能解决问题。劈头盖脸地向当事学生发泄一通，不但效果不大，还会引起学生的不满。发怒的原因除了为工作损失着急以外，有时是对学生早有看法，现在看他犯了错误，便怒从心来；有时是出了毛病的学生态度不好，不仅不承认错误，还强词夺理，因而愤怒油然而生。这时，班主任要想到批评的目的是为了帮助学生改正错误，而不是为了其他。要明白批评的对象虽是你的学生，但在人格上他与你是完全平等的，不能采取封建家长式的态度对待学生，更不能与学生争吵，或者讽刺挖苦，伤害学生的自尊心。

7. 不可以权压人。班主任握有批评学生和纠正学生错误的权力，但是不能仰仗这个权力来压制学生。有些班主任和学生争论起来爱说："到底是你说了算，还是我说了算？"或用处分、撤销干部职务和开除等来威胁学生，采用这种压服手段，往往会压而不服。

8. 不可全盘否定。对犯错误的学生的错误言行，班主任应恰如其分地指出来，是什么说什么，有多少说多少。不能夸大事实，形容过分，更不能抓住一点，否定全面，甚至否定整个人。"不可救药"、"死木头疙瘩"等类言词绝不能用，相反，要鼓励学生提高勇气，面向未来。

9. 一般不可当别人的面批评。有别人在场时，会增加学生的心理负担，而且会影响他们接受批评的态度。班主任批评学生通常应和学生个别交谈，这时他会体会到老师对他的关怀和体贴，有利于学生认识自己的问题。有些错误言行必须当众批评时，可在事先或事后做好学生的思想工作，帮助他打消顾虑和抵触情绪。

10. 不可背后批评。对犯有缺点错误的学生的批评一定要当面指出，这样能够让他听清班主任的意见，明确班主任的态度，也便于双方意见得到交流。背后批评，不仅起不到应有的作用，而且经别人的口转达，很可能有误传，这样常会造成误解。

11. 不可算总账。批评应针对当前发生的问题，帮助学生提高认识、改正错误。对于过去的缺点错误，不要陈谷子、烂芝麻全部拉扯出来。有些班主任为了说服学生认识缺点错误，把平时积在心里的一串"事件"像流水账一样都数落出来。这样会使学生认为，你一直在注意搜集他的缺点，这一次是在与他算过去的账，从而产生对立情绪。

12. 不可一味批评。在某些情况下批评是必要的，但切忌成天没完没了的批评指责。批评如果反复地进行，将失去刺激作用。在有些时候，不采取批评的手段，同样也能达到预期的目的，这是一种高超的班主任工作艺术。

13. 先表扬后批评。批评只有被受批评者接受方能有效。学生对于批评产生拒斥的最主要的心理障碍，是担心批评者会伤害自己和损害自己的利益。为此，在批评之前要帮助学生打消这个顾虑。最好的办法是先表扬后批评，这样被批评者会觉得批评者是善意的，对问题的分析是全面的，而且不会产生抬不起头来的感觉。有时也可以先批评后表扬，这要根据具体需要来确定。

14. 批评时要请学生坐下。一般学生均把批评理解为挨骂受训，总有一种排斥、反感甚至敌对心理，因此，批评者与被批评者之间总是存在着一定的矛盾。班主任在批评学生时，请学生坐下来，有利于解决这种矛盾。具体地说，请学生坐下，可以创造一个较融洽的批评情境，师生促膝而谈，体现出师生间的民主、平等关系，缩短了师生之间的距离。请学生坐下，可以减轻学生的心理负担，平衡学生的内心矛盾，有可能排除学生不必要的疑虑和无理狡辩三分的想法，便于教师了解学生的内心世界，以便"对症下药"。另外，请学生坐下，可以为学生提供自我辩解的条件。学生做错一件事，一般情况下，总有自己的想法和"正当理由"，给学生一个辩解的机会，更能加强学生的自我教育。

15．批评要有说服力、感染力和吸引力。批评的说服力就是指在批评过程中，必须始终坚持说理充分、准确、无懈可击的特点。说理是否充分是批评的基础。学生认识的提高，思想上的转变，固然是内因发生作用的结果，但不可否认真理的说服力则是促使内因起作用的外因条件。批评要有说服力，就是把理说得准确、充分，说得透彻、深刻，有根有据，采用以理服人的方法。批评的感染力指批评的语言要具有形象生动，能够引起人们"共鸣"的特点。例如"打比方"、"举例子"等，有人有事，从事到理，由此及彼，由表及里，启迪被批评者的思想觉悟。一般来说，批评具有了说服力和感染力，也就能吸引被批评者，即产生强烈的吸引力。

16．批评后的工作。在这方面最常见的弊病就是批评了学生以后，班主任就认为任务已经完成，便将其束之高阁了。事实上批评这种事并不是一种工作结局，而常常是一件工作的开始。受到批评的学生，在心理上和学习上都会有变化，有些学生担心班主任对他改变了看法。为此，在批评之后，班主任要细心观察被批评者各方面的变化，对他表示关心和体贴。做出了成绩应及时给予鼓励和表扬。这样，便能使批评发挥积极的促进作用，而不会因此造成师生间的隔阂，或使学生变得意志消沉或学习成绩下降。

一般的批评方式有：

1．期望式批评

教师针对学生的缺点或错误，不从正面提出批评，而从侧面施以期望，给予鼓励，同样会起到预期的效果。如某班一学生干部学习成绩和工作积极性都不错，就是劳动不积极。教师对他说："要是你在劳动上也像学习一样给同学们带好头，那同学们就会更信任、更佩服你了，相信你一定会努力赶上的。"这饱含信任和期望的批评，使这名同学很快克服了自己的缺点。

2．商讨式批评

心平气和地与学生商讨，能缩小师生之间的距离感，使他们既感受到教师批评的诚意，又能为自己的不良行为感到惭愧。如上课时发现学生打瞌睡，可先摇醒他，待下课后再批评他："是因为老师讲得不好，还是昨晚有事没睡好，以致今天打瞌睡了?"先从教师的自责、谦虚开始，经过交谈、沟通，直到学生表示惭愧和悔改。

3. 激将式批评

激将法是促进感情和智力发展的一个重要动力。环境中若没有挑战性的因素，学生就会失去求改变求进步的动机。如学生做作业字写得不够端正，教师可请字写得端正的同学为他写上几个范字，并对他说："你能写得比他好吗?"当该学生有进步后，便及时表扬他。

4. 提醒式批评

大多数学生犯错误是无意识的，作为教师要从善意的立场出发，及时给予提醒和暗示，使之意识到错误，避免再犯。有一名同学把果壳随意扔在教室里，教师见了，便对他说："我们教室里如果没有这些果壳，那该有多干净啊!"听了这提醒式批评，那名同学马上自觉地捡起地上的果壳。

5. 调侃式批评

幽默可以减少批评者和被批评者之间的紧张气氛，但运用时必须把握好时机，幽默的成分也不能超过真正要说明的道理。如一名同学因贪玩而忘了擦黑板，上课时教师调侃地说："今天老师只好插空写了。"同学们虽然都笑了，但那名同学还是为自己的疏忽而脸红了。

6. 告诫式批评

用公正理智的态度向学生指出，若不改正坏的行为习惯，就可能产生不良后果，使他认识到确有改正的必要。如某班一同学平时好自我吹嘘，教师便告诉他说："自高自大的人是没有人愿意和他交往的，老师不喜欢，同学也不爱和他接近。这样下去就会觉得越来越孤立。"

7. 沉默式批评

教师用严肃的表情、冷漠的态度和沉默的注视使受批评者感到教师的不满和责备，造成一种心理压力，促其自我反省，认识到自己的错误，收到"无声胜有声"的效果。如有学生在上课时做小动作或故意起哄时，就可用沉默替代有声的批评。

223

8. 谴责式批评

对错误严重、影响恶劣的学生要进行公开严厉的批评，让他认识到错误的严重性，理解和体会教师的良苦用心。有一次，某班一同学在操场欺侮小同学，把小同学摔倒在地。教师对事情了解清楚后，便以严肃的表情、激愤的措辞批评他以大欺小、恃强凌弱的行为，使其心灵得到震撼，真诚地向小同学道歉。

总之，实施批评，方式运用上要因人而异、因事而施、有的放矢、对症下药，这样才能取得预期效果。

教育机智篇

难点十七　如何巧妙地处理班级突发事件

　　班主任在组织和领导班集体对全班学生的教育工作中，如何运用教育机智，正确处理多种多样的突发事件，是一个值得研究、探讨的课题。

　　班主任对学生实施的教育过程是一个动态的活动过程，对象是具有主动性的学生，他们个性不同，气质各异，身心都处于不断变化之中。一个班级有四五十名学生，随时都可能引发出一桩又一桩的突发事件。所谓突发事件，是指在教育过程中突然遇到的事先难以预料的特殊的遭遇、特殊的事件，如个别学生上课突然捣乱，学生之间突然打架，班级或学生的东西突然丢失，干部突然闹情绪撂挑子，学生由于某种原因突然离家出走等等。要正确处理这些突发事件，班主任必须充分运用教育机智和教育艺术，让学生感受到老师炽热的心肠，闪光的智慧和高尚的品格，从而接受教育，使突发事件得到妥善的解决。

　　教育机智，就是教师在教育学生的实践中，能够透过纷繁的表面现象，抓住关键环节，当机立断，灵活机敏，随机应变地处理各种教育问题的能力，它是智慧、理智、胆识和意志四者的独特结合和巧妙运用。它在处理班级突发事件上有其不可忽视的作用。现结合众多教师的教育实践谈几点看法。

　　（一）捕捉教育的时机

　　突发事件一旦发生，就会在班级集体、突发事件的当事者和其他学生心中造成震荡性效应，引起思想上的尖锐矛盾和情感上的强烈体验。学生往往会产生一种强烈的需求，而形成思想品德发展的一个"燃点"。"燃点"即是学生内在因素的矛盾斗争"起火点"，抓准了"燃点"，也就抓住了教育的良好时机。

那么，如何把握"燃点"呢？请看下面的案例：

一次，学生小杨的父母吵架闹离婚，他面对即将崩溃的家庭，一气之下离家出走。老师、同学、家长找遍了车站、码头、市区多个角落都不见他的身影。一个星期日，起风降温，班主任担心小杨受冻挨饿，费尽周折，找到小杨一位外校的好友，不出所料，他知道小杨的下落。班主任便拿出衣服和钱，请他尽快交给小杨，并转告小杨：大家到处找他已经好几天了。听天气预报说，晚上有大风，会降温，还是回来吧！另外，从今晚起，老师家不上锁，小杨可以随时来老师家住宿……

奇迹出现了，第二天，小杨自己回到了学校，全班同学热烈鼓掌欢迎他的归来。

学校教育与社会、家庭有着密切的联系，社会上的不良现象，学生家庭中发生的变故等都会不断对学校、学生产生影响，带来干扰。上例"小杨出走"就说明了这一点。它能得到妥善解决，关键在于班主任熟谙教育机智，抓准"燃点"，及时捕捉教育时机，采取了以情感人的"策略"，才收到了理想的教育效果。

俗话说，机不可失，时不再来。教育学生，同样有个时机问题。班主任捕捉刮大风、降气温这种时机，设法给小杨送衣服、送钱，这是真正关怀心疼学生的表现；寒冬的夜晚，老师家不锁门等待学生来投宿，这是异常信任、尊重学生的举动。苏霍姆林斯基说过："儿童对教师的关怀很敏感，能感觉得出来，并以好心还好心。"在这样的情况下，即使铁石心肠的大人也会为之动心。何况一个未成年的孩子。对此，小杨的内心必然会引起激烈的斗争，必然会为自己的所作所为感到内疚，从而出现矛盾斗争的"起火点"，在此基础上，就必然会对教师的亲切召唤产生反应。事实证明，班主任运用抓准"燃点"这种教育机智，有效地处理突发事件，并使突发事件成为教育集体和个人的契机。

（二）创造事态转机的氛围

当突发事件产生的矛盾是在任课教师与学生之间时，设置"台阶"。让当事学生对班主任的良苦用心心领神会，顺着"台阶"下来，有利于缓解矛盾，以使事态有了转机，最终使突发事件得到正确的处理。

一天，物理课刚上了几分钟，物理老师就来告状："你们班学生这样恶作剧，我无法上课！"班主任即刻来到教室，一眼瞥见讲台上放着一只痰盂，不由得一愣：教室角落的痰盂怎么会跑到讲台上呢？教育实践经验告诉他：现在只有先把痰盂拿下来，继续上课，才是最紧要的事。可是，谁来拿下痰盂？最佳的方案是谁放上去的由谁拿下来。班主任经过仔细的观察和耐心的启发，发现小吕可能是当事者，可他是个爱与老师顶撞，又倔又拧的学生。自尊心特强，恐怕在这种场合不会主动向老师承认错误。这时，班主任巧妙地设置了一个"台阶"，说："我不打算处理谁，但把痰盂拿下来，让老师继续教课是改正错误的第一步。我到教室外等一分钟，希望这位同学能从班级集体利益出发，处理好这件事。"他看看表，走出教室，关上门。教室里立刻声音嘈杂，班主任真切地听到"小吕，快拿下来，好上课。""别把事闹大了。""老师说了，拿下来不处理。"他心里一阵高兴：群众有了舆论，事态就有转机了。

一分钟过去，班主任轻轻推开教室门，讲台上痰盂果然不见了，于是，他表扬了大家，也不点名地表扬了拿走痰盂的同学。班长请来了物理老师，继续上课。

突发事件是一种特殊的矛盾，往往不能依靠常规的方法解决问题。这位班主任处理"痰盂事件"可谓别具心裁：它设置"台阶"，给当事者留下了面子，使事态出现了转机。

学生的脸皮就像一个气球一样，越大越薄，老师只能保护它，不能碰破它，否则一旦破了，老师就难以解决了。班主任如在课堂上硬逼着小吕上讲台拿痰盂，那小吕肯定会产生逆反心理，与班主任严重对立，事态发展将不可收拾。上例中，班主任根据学生爱面子的心理特点。随机应变巧设"台阶"，引发集体舆论，使学生能较体面地拿下痰盂，师生矛盾得到缓解，为恢复正常的教学秩序创造了条件，同时，它既保护了犯错误学生的自尊和面子，又形成了进步的集体舆论，一石三鸟，表现了班主任高度的教育机智。

（三）控制无益的情绪冲动

人是有感情的，喜怒哀乐，七情六欲，人皆有之。班主任更是感情丰富的人。班里出现不该出现的坏事，不激动，不发怒，那是不可思议的。但是，当你作为教师出现在学生面前时，就不能不顾及到自己的感情、行为对学生所产生的影响，就不能不预见一下自己的教育措施所产生的效果。在突发事件出现时，很重要一点是班主任要控制自己的情绪，以理智战胜感情，以理智指挥行动，对突发事件进行"冷处理"。现举例说明之。

第二节课后，小红伤心地告诉班主任和同学，她爸爸给她买的一支崭新的金笔第一节课间时不见了。同学们听到班里出现这种不光彩的事，都纷纷提出："搜书包，准能查出是谁偷了金笔！"

班主任此时的心情比学生更不平静：一个先进班，竟发生这种令人不能容忍的事！要揭露偷笔的人确实不难，只要一个"搜"字出口，估计就可水落石出，可是，那将会出现什么后果呢？班主任心乱了。

就在这时，班主任让全班同学唱了两支歌。在学生唱歌的时间里，他抑制了无益的情绪冲动，使自己的心情平静下来，认真思考着对策，并注意观察班里同学的表情和内心反应，不久，他心里有了谱，便对学生说："可能是哪位同学太喜欢那支金笔，拿来看看没有及时送还，老师相信这位同学会很快将笔送回原处的。"接着，老师又讲本班同学拾金不昧的事迹，然后指出：犯错误不要紧，改了就是好学生。老师希望下午上课前，能够物归原主。一位男生悄悄向班主任讲清了事情的经过，并作了深刻的检讨，保证今后不再犯。"金笔失窃"的事件也就被巧妙地平息了。

班级里不同类型的突发事件总会发生，班主任总会有发怒的时刻。在情绪激动时处理问题，往往会失去分寸，难以约束自己的言语，对处理突发事件不利。而这位班主任面对"失窃事件"，在那种场合，带领全班同学先唱了两支歌，使自己翻江倒海的情绪得以平静，能在非常清醒的心境下"冷处理"这个突发事件，这不能不说是个很明智的选择和合情理的处置，它最大限度地保护了犯错误的孩子，使他今后仍然可以同全班同学样学习、活动。事实上，该生从此再也没有出现类似的错误，毕业后考取了重点中学。反之，如果班主任一怒之下，在全班同学要求搜书包时真的那么做了，最终虽查出了那个男生偷了金笔，但结果会怎样呢？那个一时糊涂，偶尔犯了错误的孩子，将如何在集体里继续学习下去？师生之间又怎样相处？后果不言而喻。

对突发事件进行"冷处理"，无疑是一种值得称道的教育机智。

（四）采取"迂回战术"

所谓"迂回战术"，就是当教育时机还不成熟时，另辟解决矛盾冲突的蹊径的一种教育手段。它避开突发事件产生的直接原因，调整学生的心理状态，激发学生的情感，并从现有矛盾的消极因素中找出积极的因素，使学生的情绪发生变化，以形成解决矛盾的有利契机，然后另辟蹊径，在新情境中解决纠纷。下面的事例，就是班主任运用这种教育机智去处理突发事件的。

小王、小林两名学生课间打篮球时发生争吵，互不相让，结果扭打起来。上课进教室时，小林恶狠狠地说："你等着，放了学咱俩再算账。"看来，"仇恨"还挺深的。

正好是班主任上语文课，他看在眼里，记在心上，但没有表态，只让他们先好好上课。下课后，班主任在布置下午大扫除时，故意回避他们的纠纷。笑着对他们说："你们两人都喜欢体育，热爱集体，要求进步，下午大扫除，我想让你俩共同完成刷围墙的任务，怎么样？"不等他们回答，老师又鼓励说："我相信你们一定能出色完成任务。"这时，两学生的对立情绪已有缓解，各自默默回家了。

下午劳动时，他们配合默契，很快把围墙刷得干干净净。班主任看见，及时地表扬了他们，并且当着许多同学的面，要他们谈谈干得这么好的感受。小王说："这是小林的功劳，是他从家里带来洗衣粉和刷子。"小林抢着说："小王还从学校附近的亲戚家借来了小桶。"这时班主任欣慰地插上一句："是你俩齐心协力团结得好。"他俩高兴得脸上像开了花，一场风波烟消云散。

这里，班主任用的就是"迂回战术"。他对这两名学生打架，先不简单地就事论事去评价是非，而是从打架这消极因素中寻找到积极因素，肯定他们积极参加体育锻炼、热爱集体、要求进步的优点，使学生把在打架中形成的激愤的兴奋感转化为发现自己有进步的愉悦感，并为自己仍有缺点而觉得惭愧。同时，老师布置他们共同完成一项大扫除的任务，把他们的注意力转移到为集体做事上来，在他们合作成功时又给予表扬。结果使矛盾消除，纠纷得到解决。

班主任这一"迂回战术"犹如增添了能够圆满解决矛盾的催化剂，体现了他高超的教育机智和干练的教育技巧。

难点十八　如何巧妙地对学生进行青春期教育

一、青春期教育的主要内容

青春期教育的内容主要有以下四个方面：

1. 青春期生理知识和卫生保健知识教育

目的是使学生了解青春期发育的生理特点，身体出现生理变化的原理，掌握青春期的卫生保健及疾病预防知识，培养良好的生活习惯和健美的体型。特别是要使学生了解青春期性意识发展的一般规律，破除愚昧落后的性观念；帮助学生克服由于性生理的发育变化而产生的心理障碍，正确认识性欲和提高控制性欲的自制力，防止由于性禁锢或性放纵造成心理变态。

2. 青春期心理教育

目的是使学生了解青春期心理发展变化的特点，能够正确认识自己心理上可能出现的变化，防止由于片面认识可能导致的心理障碍，帮助学生顺利度过青春期。重点是使学生了解性生理变化可能带来的心理问题，学会正确认识自我、控制自我和发展自我。

3. 青春期道德观念教育

随着青春期的到来，学生之间异性接触交往逐渐增多。青春期道德观念教育的目的是使学生学会正确看待异性间的友谊，认识人的性心理与行为的社会性，正确对待生理性冲动；通过加强人生观教育、理想教育和性道德教育，使学生明白性爱的社会责任；指导学生培养自己的健康人格，遵守异性道德规范，学会在与异性的交往中互尊互爱，文明礼貌，做到自尊自重，成为感情的主人。

4. 青春期恋爱观教育

目的是使学生懂得爱情的真谛，摆正爱情与事业的关系，精神生活与物质生活的关系，个人幸福与他人幸福的关系，一时享乐与终身幸福的关系。使学生明白爱情总是包含着对理想、情操和道德的追求，真正的爱情必须以正确、一致的人生观、价值观为基础，懂得这是人类爱情与动物性爱的本质区别。

二、青春期教育的基本原则

1. 正面启发疏导的原则

青春期教育往往涉及生活和思想中最隐秘、最敏感的领域，是一项细致、复杂的教育工作，要求施教者必须具有真诚的态度和掌握循循善诱的教育艺术。这一原则要求施教者：

（1）尊重学生的人格和自尊心，既要洞察学生思想深处的活动，又不能粗暴地闯入他们不愿被人窥视的神秘心灵。对学生在青春期所表露的现象和问题，既不能放任不管，也不能粗暴干涉。用简单的训斥和制止去处理这种微妙的问题，只能把事情搞得更糟。

（2）以坦率、真诚、沉着、冷静、关怀、爱护的态度，与学生进行推心置腹的交流，细致、耐心地指导和帮助他们。

2. 互相渗透的原则

这是要求青春期教育要渗透到德、智、体、美、劳诸育之中，形成各"育"共抓的局面。

青春期教育所要解决的是处于青春期的学生必须要面临的最实际的问题，这需要一定知识的武装与思想指导，是其他教育代替不了的。不能指望仅仅通过一门学科、一两次讲座、一两次活动就能解决有关青春期的问题。一定要与日常的道德、理想、纪律、法制等教育有机地结合起来，渗透到教学、团队活动、课外活动和社会实践等各个方面。只有这样，才能帮助学生确立正确的人生观和世界观，使其正确对待青春期的有关问题。

3. 个别教育的原则

这一原则要求青春期教育应结合学生的具体情况，着重于进行个别指导，通过个别谈话、心理咨询等形式，解决学生具体的实际问题。

4. 适时、适度的原则

这一原则要求针对青春期学生身心发展的具体情况，既不要过早进行青春期教育，以免在某种程度上变成一种诱因，又不要过晚进行这一教育，丧失教育时机。教育内容要有选择、有分寸，对不同的学生要区别对待。一般而言，当全班学生中有60％—70％进入青春期时，进行教育是适时的，对他们讲授生理解剖知识、心理健康标准和相应的行为规范也应是适度适量的。

5. 注重导向的原则

该原则要求通过丰富多彩的文体活动和科技活动，培养学生对科学、文艺的浓厚兴趣，转移其兴奋点，置换其追求目标，把他们旺盛的精力引导到正确方向上。

6. 掌握分寸，严肃教育的原则

青春期教育中性教育是十分复杂而且十分敏感的问题，必须严肃慎重。在开展教育时要考虑各地的民族风俗、文化传统等因素，考虑学生和社会的心理承受能力。不仅要注意科学性，而且要讲究思想性，防止产生负面效应。不分场合与对象，随便使用人体图像与具体描绘性的语言进行性教育的做法，往往会产生消极的后果。

7. 防微杜渐、主动教育的原则

该原则要求施教者要留心观察，善于捕捉学生的一些反常现象，经过深入调查，在确切了解学生心灵的秘密之后，再不失时机地晓之以理，动之以情，束之以规，导之以行。将隐患消除于萌芽状态。

8. 学校、家庭、社会同步教育的原则

青春期教育涉及好几门学科，涉及学校多方面的工作，需要班主任与任课教师密切配合，也需要学校各个部门齐抓共管。尤其需要学校、家庭、社会三方面互相配合，互相支持，形成协调一致的合力。班主任应充分发挥自己在任课教师、课内外、校内外教育中的纽带、桥梁作用，使各方面的教育力量统一、协调起来。

三、青春期教育的基本方法

1. 课堂讲解法

我国目前的课程方案中包括生理卫生课，这是使学生认识自身生理结构与功能的重要途径。班主任应与任课教师密切联系，共同做好有关人体结构与功能的教学工作。针对该课程在性心理与性道德方面存在的阐述不足的缺陷，班主任应适当、有针对性地在班会时间内对学生讲解正确的性心理和性道德知识，或针对某个具体的性概念进行讲解。但应注意深度，要让学生能正确理解。

2. 说服教育法

中学生在青春期可能出现的许多心理障碍和不良行为，都与缺乏正确的道德知识和必要的教育引导有关。所以教师要及时了解学生的思想状况，摆事实，讲道理，循循善诱，以理服人。

3. 情感陶冶法

情感是师生心灵沟通的纽带和桥梁，也是学生思想品德形成的重要因素，可以转化为巨大的教育力量。如果教师"动之以情"，赢得了学生的亲近和信任，学生就会自觉地把教师的要求转化为行动。反之，教师如果对学生冷漠、歧视，就会使学生产生戒备甚至敌意心理，拒绝教师的教育帮助。因此，教师要主动关心、尊重和理解学生。只有使学生首先"亲其师"，才能进一步"信其道"。

4. 实际锻炼法

中学生的思维虽然有了一定程度的发展，但仍有待成熟完善。况且他们的意志力仍很薄弱，因而容易出现"言行不一"、"言行脱节"的现象。作为教师，要组织学生参加丰富多彩的文体活动和各种社会实践活动，给学生创造一定的道德情境，提供一定的道德实践机会，培养学生遵纪守

233

法、表里如一、言行一致的良好道德品质和行为习惯。

5. 榜样示范法

青少年学生可塑性大，受暗示性强，喜欢模仿。好的道德榜样有助于他们良好道德品质的培养，反面的道德形象则会对他们思想品德的形成和发展发生消极影响。比如，一些女生模仿影视歌星，一味追求怪异打扮；一些男生模仿功夫武打小说和电影中的人物，打架斗殴，寻衅闹事，不安心学习，影响学校和社会秩序。因此，教师一方面要以身作则，身体力行；另一方面要以革命领袖、英雄模范和先进学生的优秀事迹感染、教育学生，给他们提供先进、优秀的道德榜样。

6. 个别教育法

针对学生不同的性别差异和个性心理特征，教师必须采用不同的教育方法，重视对学生的个别教育和指导。

首先，要了解每个学生不同的个性特征和心理状况，针对他们各自不同的兴趣、能力、情感、需要、气质、性格等提出不同的教育要求，采用不同的教育方式和教育手段。

其次，重视做好后进生的思想转化工作。通过深入细致的思想教育工作，帮助学生找出错误根源，提高思想认识，实现思想的转变。

最后，进行青春期教育时，实行"男女有别"。对男生和女生区别对待，针对各自身心特点进行个别教育，有利于学生减少心理障碍，取得良好的教育效果。

难点十九　如何巧妙地与学生沟通

苏姆霍姆林斯基曾经说过："请你记住，教育——首先是关怀备至地、深思熟虑地、小心翼翼地去触及年轻的心灵。"师生之间沟通能够促进师生关系良好地发展。沟通的方式有很多，下面我们以两个案例为代表，浅谈一下教师如何巧妙地与学生沟通。

案例1

巧用谈心簿

我在班上设立谈心簿，以它来了解学生，与所有同学保持经常的接触、沟通。有一段时间，因工作忙，来不及批，就只写一个"阅"字。对此，有名学生在谈心簿上写道：

"老师，每当您发下谈心簿时，同学们都迫不及待地想看看您对我们的批语。当只看到一个'阅'字时，不免有种失望感。只要您批上几个字或者一句短语，都会给我们带来力量和信心，激起我们对未来的向往。希望敬爱的老师在百忙之中，在每次所谈心里话的后面，批上几句话，哪怕是稀稀的几个字也好。"

此后我的批语就再没有中断过。通过谈心簿与学生进行坦诚地交流，同学的心扉也陆续对我敞开。

一名来自农村的女同学，幼年时被父亲遗弃了，从此失去了童年的欢声笑语。后来，随母亲来到继父家。继父虽然待她不错，但闲言碎语也刺伤了她的心。她写道：

"想亲人，想亲生父亲，可却离得太远，只有孤独和寂寞与自己相伴。老师，我把这些告诉您，因为您是我最信赖的亲人。"

我在这位女同学的心里话后面写道：

"希望你能坚强地生活，集体会给你温暖。父辈的事，子女没有必要去断是非。两个父亲都要认，要请养父相信，你会记住他的养育之恩；生父也要认，让他得到心理上的宽慰和平衡。"

经过一段时间的谈心，她抑郁、孤僻、消沉的性格渐渐变得开朗。在那年的寒假，她认了从外地来看她的生父。生父被感动了，他感觉到女儿身上跳动着的一颗纯洁晶莹的心。

通过谈心簿，可以对学生存在的问题及时地进行批评和引导。有一次，我获悉几个同学在外面玩了一个通宵没有回家，便在班上公开批评了这件事。同时，也在谈心簿上对"通宵会"的召集人进行了批评：

"你们出于好奇，想亲身体验一下通宵是什么滋味，这种想法可以理解。但你们却没有设身处地去想一下，这样热闹的'通宵会'，会给同学、家庭和邻居造成什么影响？对自己的身体有何益处？"

事后，这名同学在谈心簿上写道：

"老师，我对您撒了谎。没有理解到您的焦急心情，没有听您的教导。老师请您原谅我们吧！我们还不懂事，需要您的理解和指导。"

读着这些自责和内疚的话，我也感动了，写道：

"我理解你们，但你们自己必须努力啊！"

在谈心簿上，学生也可以对老师的工作提出意见。有名同学在谈心簿上写道：

"上星期一的晚自习，楼上同学太吵，静不下来。您批评他们很严厉，大家知道您是恨铁不成钢。可您知道吗？您每句话都重重敲在我们心上。有个同学甚至以为您是在说我们，因为我们有时也吵闹过。在这里，我讲这些并没有其他意思，只是想让老师与问题学生之间，在心灵上能相互沟通，深入了解。因为问题学生往往比好学生更需要鼓励和理解，更需要增强信心和勇气，而且他们对别人评价更为敏感。"

读着学生的心里话，我很高兴，便在谈心簿上写道：

"能听到你的心声，我很高兴，感谢你提的宝贵意见，在今后工作中，我一定要注意自己的言行，尤其对学困生，努力争取和他们交朋友。"

谈心簿——让我了解更多的未知世界……

【访谈录】

问：你是怎么想到采用谈心簿与学生沟通的？

答：1. 适应中学生的特点。随着年龄的增长，中学生自我意识有了进一步的发展，性格内向的学生，特别是一些来自农村的学生，闭锁心理增强，思想认识有问题，不愿用言语向老师表露心声，喜欢用文字方式表达，我就想起让他们把心事写出来。

2. 节省时间。一个班主任面向几十位同学，个别谈话的时间有限，常常会使思想教育失去及时性、针对性，其效果可想而知。用谈心簿则可以面向全体学生，让他们一齐诉说，我用批语和他们交流、沟通，节时又有效。

3. 给学生提供平等交流的机会。我采用这种方式与学生沟通，使每个同学都有平等表达自己的机会。每周我在谈心簿上针对同学表露出来的思想、见解、要求，写下我的看法和建议做"批语"，完成与所有学生间的有效沟通。

问：你认为使用谈心簿应该注意哪些事项？

答：最关键的是要认真、坦诚地对待每一个学生，尤其是问题学生和学困生，决不能有半点疏忽。否则会招来像案例中某学生的意见，甚至于会失去学生对老师的信任和感情，导致其继续封锁内心，不再向你敞开心扉。

另一方面在日常工作中要注意"对症下药"，对谈心中需要解决的问题要及时给予落实和指导，消除学生的问题障碍，赢得学生对老师的尊重和爱戴。当然还要注意对部分内容的保密，讲究一定的艺术，否则会事与愿违。

问：你采用谈心簿与学生沟通已有好多年了吧？感受如何？

答：我是从1989年开始采用谈心簿的。我的感受很深。多年来，我通过谈心簿，让做人的道理像涓涓细流，不断地渗入学生的心田，使社会的需要变成为学生自身的需要，进而发展为积极向上的内驱力。

比如，通过谈心簿中发现的问题，为我提供了深入细致开展工作的线索。有一次，我班有名学生，可以说是调皮"尖子"，也是体育"尖子"。我在谈心簿上发现了他的雄心壮志："不做四肢发达、头脑简单的人。要像苏格拉底一样，既是足球明星，又是医学博士。"我挥笔留下了自己的激动："你的向往，我非常钦佩。但不能只写在纸上。"后来这位同学的学习和锻炼都更加自觉认真，现在是一所重点大学的学生。

谈心簿成了我做班主任工作的一种有效方式，我从中感受到学生一颗颗淳朴的、进取向上的年轻的心。我也深受感染，感觉自己也年轻了许多。

案例分析

了解学生的内心世界，与学生充分交流思想，是做好班主任工作的重要前提。为了达到这个目的，可以有多种多样的工作方法。案例中的教师采取"谈心簿"的方式，架起一座与学生沟通心灵的桥梁，是很有创造性的工作方法。这位教师采用这种方法所以取得成功，原因有二：

第一，他善于体察学生的心理。针对学生心理的闭锁性，用这种办法使学生不见面而又能说"悄悄话"。对学生反映的问题，也针对各个学生的不同情况给予教育和引导。可以想象，当学生内心存在着苦闷和困惑的时候，有一个能够尽情倾诉而又得到真诚帮助的机会，他会感到多么可贵。在这种时机给予学生的教育，往往会使学生留下深刻难忘的印象。

第二，他具有师生平等、民主沟通的作风。在"谈心簿"中名副其实地谈心，学生既可以无所顾虑地陈述心中的秘密，也可以指出班主任工作中的缺点，教师回答他们的是循循善诱地教育，默默无闻地改进自己工作。他平等、民主的工作作风，使之成为学生心目中的良师、益友，有心里话愿意告诉他，希望从他那里得到帮助，给自己"带来信心和力量"。

案例 2

无言沟通

我班有一个文静、可爱的小女生叫田乐，初一刚入学时，她脸上总洋溢着甜甜的微笑，和她的名字十分吻合。可是不久，笑容便从她脸上消失了，她每天默默地坐在位子上，很少言语，对班级的事也漠不关心。起初，我并没有在意，认为这或许就是她真实性格的表现。后来有一天，我在上课时，目光与田乐相遇，她正用极其冷漠的眼神和黯然的表情面对着我。猛然间，我内心一震，火一样的热情一下子被泼上了一盆冷水，充满了挫折感。我的直觉告诉我：她不快乐与我有关。

我开始对她做侧面了解，得知她在小学时很出色，是个备受器重的学生。上中学以来，始终没有得到老师的青睐，才华没有得到发挥，有种被冷落的感觉。而她内心的失落和惆怅又无法排解。只好用"黯然"来抗议新班主任对她的忽视。我决定重新激发她心中的热情，为她争取了一个代表班级参加演讲比赛的名额，让她充分展示自我，恢复田乐本来面貌。为了鼓励和信任她，我笑着拍拍她的肩膀，忽然，我发现，她脸上露出了久违的笑容。

于是，在参赛前的日子里，我时而寻找时机注视她，用目光向她传递情感；时而用微笑对她点点头。她上台演讲时，我和我们班全体同学为她热烈地鼓掌，给她助威；她演讲结束后，我由衷地竖起大拇指，称赞她出色的表现。这一次她为班级捧回了"第一名"的奖状。

田乐变回了自己，成了班级的活跃分子，尽管她依旧那样文静，但却多了一份热情和自信。她在日记中写道："老师，是您用无声的鼓励，给了我自信和勇气，唤醒我对中学学习生活的热爱，谢谢您！"

【访谈录】

问：你认为不说话也能沟通？

答：以前，我对"沟通"二字的理解是不全面的，认为老师只有和学生谈话才叫沟通。后来我发现，无声的言语同样可以发挥沟通的效能，而且往往比有声的语言更便捷、有效，是师生沟通中不可缺少的方式。

问：你知道田乐需要什么吗？你认为让她参加演讲能满足她的需要吗？

答：其实她的需要非常简单：一个是为她提供展示自我的平台，释放她的才华；更重要的是得到老师和同学们的关注，激发她的信任和勇气。

据说她在小学时才华出众。尽管她性格内向，平时言语很少，但很稳定、沉着，有深刻的内涵，经常参加各种活动，如演讲、表演等，成绩非常好。这说明她有一定的激情和爆发力。我相信她内心的激情一定会为她、为我们班赢得成功。果然，她站在演讲台上，表情丰富而自然，言语充满激情，完全没有了平日里的自卑和冷漠。

问：你和田乐间始终没有语言交流，是因为她的个性，才采取这种无声沟通的方式吗？

答：田乐是个性格腼腆、心思细腻、不太善于表现自我的女孩，尤其是在陌生的环境中，更是缺乏主动表现自己的勇气和信心，因此常常容易被忽视。我采取无声的语言与她进行交流，正好符合她的个性特点：含蓄而不张扬。老师用真诚的眼神、表情和行为对她表示关注，会给她莫大的勇气和鼓励。从她后来的日记中可以看出，她非常理解和受用我的无言的沟通方式。

问：你认为无言沟通的作用在哪儿？

答：无言沟通可以使师生间产生你中有我，我中有你的效果。尝试随时随地运用无声的语言和学生沟通，可以关注到任何一个学生，即使一天当中，我和某个学生没有谈上一句话，但我的无声的语言也会及时告诉他，我并没有忽视他的存在。

案例分析

这个事例表明，良好的师生关系也可以在无言沟通中建立。对教师而言，正像裴斯泰洛齐曾说过："每一种好的教育都要求用母亲般的眼睛，时时刻刻、准确无误地从孩子的眼、嘴、额的动作，来了解他内心情绪的每一种变化"，教师要了解学生所有变化，并根据变化做出正确的判断。对学生而言，教师所做的每一件事都是在与他们进行沟通，一举一动，一颦一笑，说话的语气声调，面部的表情气色，甚至是作业本上老师画出的红道道，都在向学生传递一种沟通的信息。因此，师生之间的沟通实质上是师生双方整体信息的沟通，每时每刻都在不间断地进行着。教师除了在某一特定时间、特定环境下通过语言与学生进行交流外，还可以随时随地用无声的语言与学生进行交流。这些无声的语言对学生会产生积极的暗示作用，使学生感受到老师对自己的关注、理解和信任，从而表现出积极的情绪和行为。这样师生之间才能建立彼此接纳、相互理解、心灵共振的关系，班主任策划的教育活动才能使学生产生兴趣并积极参与，从而达到良好的教育效果。

难点二十　如何巧妙地评价学生

美国的教育学家本尼斯说过："学生知道老师对他抱有很大希望，仅此一点就足以使学生的智商分数提高25分。"巧妙地对学生进行评价，能够使学生树立信心，促进学生的身心发展。通过下面两个案例，浅析一下如何巧妙地评价学生。

案例 1

一种花开两样红

"铃……"期末考开始了，马上就要进行第一科的语文考试了，同学们都匆匆走回教室。突然，有人在后面叫住了我，我回头一看，是班主任朱老师向我走来。我叫了一声"朱老师"，也向他走去，心里却很紧张。老师却已先开口了：

"怎么样，都准备得不错吧！"

我稍稍松了一口气，可是对于这样的问题，我向来不知该如何回答，只好对老师笑了笑。老师接着说：

"好好考，你期中考试没有完全发挥出来，相信你这次考试一定可以做得更好，争取进入前三名吧。"（我期中考试是第八名的成绩）

听了老师的话，我顾虑顿消，同时心里充满了力量与感动。我是本学期才转来就读的，和老师、同学都很生疏，一个学期以来，在班里都是默默无闻的。可是没想到，老师一直都在关注着我，而且他对我是那样信任，那样寄予厚望。老师说话语气中肯，笑容亲切，是发自内心的，让我感受到真诚。霎时，我感到自己真是有能力，而且，做了那么多年学生，还是第一次得到老师对我真诚的鼓励。我带着老师的期待，带着对自己更高能力的肯定，带着心中那份无限的感动进入了考场。那次期末考，我的成绩真的进入了前三名，在这高手如林的学校，这是我自己都不敢想的。

可是我还没从朱老师带来的那份感动中完全平静下来，新的学期就开始了，转眼自己就变成了初二的学生，班主任也换了一位黄老师。黄老师和朱老师一样，把班级管理得井井有条，而且他的课上得很好，我最爱听，我一直认为他是一位极好的班主任，可是那件事使我对他的看法完全改变了。

那一天，黄老师把我们全体班干部叫到办公室，讨论班里的学风及学习情况，并让班干部带好头。他拿出刚刚期中考试成绩的排名表，逐个对照分析我们班干部的学习情况。当轮到我时，我见他看着我的成绩沉默了好一会儿，我以为他会像对前面的同学一样，给我一点学习上的意见。终于他开口了："徐妍，你的成绩一直都是在那个阶段（上初二后我的成绩一直排在六、七、八名之间），我怀疑你初一的成绩是怎么来的。"

我愕然了，我想不到他竟说出这样的话，我原是希望从他那里得到肯定、鼓励和帮助的，可他却怀疑我的能力，怀疑我所取得的成绩，原来他是那样不信任我。一种被怀疑的愤懑与无奈支配了我，我说不出话，当了这么多年好学生，第一次有老师认为我的"好"是假的。

我想起了朱老师。同样都是老师啊，在相同的事情上，朱老师做得那么艺术，他激励他的学生，挖掘学生的潜能，而我也真的做到了。而黄老师呢，他的做法太伤害我了，为什么我那时的成绩不如现在，朱老师都那么信任我，鼓励我，而黄老师却这么不相信我。

从此，我对黄老师产生了抵触情绪，既然不相信我，我们之间也就没有信任可言了。班干部工作我也不做了，你不能让一个你不信任的人做你的班干部吧。每当遇见黄老师，我也将我的不满写在脸上。黄老师对这种变化也有所察觉，进行过一次家访。

这一次，他表现得很真诚。虽然事后我重新担任了班干部。但心里始终还是有一块疙瘩，不知道黄老师是否清楚：他学生的这种变化完全是因为他的一句话呢？

【访谈录】

问：朱老师叫你，为什么感到意外？

答：我很少有被老师找的经历，尤其是我是那个学期才转来就读的，和老师、同学都感到生疏，一个学期下来，在班里都是默默无闻的。现在老师在考试前来找我，不知有什么事。当时我拼命在脑子里搜索我最近是否有什么不当的行为。

问：你就不曾想过黄老师的那句话只是无意说说？

答：没有，我当时非常愕然、愤懑和无奈，我就认为他不信任我，是在污辱我。我不认为那仅仅是一句无意的话，而是对我的一种刺激和伤害。我也因此和老师产生了抵触情绪，并给予无声地反抗。尽管后来老师

242

也很诚恳，但也很难改变我对他的印象了。

问：你"一种花开两样红"最终想说明什么？

答：我希望黄老师也和朱老师一样，热爱关注学生，给学生信任和勇气，而不是用一句话，就扼杀学生的一切表现，打击学生的积极性。而且我想告诉所有的老师，学生时代更需要尊重、信任、鼓励和支持，哪怕是一点点，都会产生很大的力量，激发学生努力向上。否则哪怕是一点点伤害，也会使学生产生抵触情绪，打上心结的。

问：做了老师以后，你感觉自己做得如何？

答：我一直不忘这件事，始终以此为戒，努力做到维护学生的自尊心，信任学生，坦率地与学生进行沟通，平等地对待每一名学生，现在我的学生都很信任我。

案例分析

青少年的心思情感，不仅特别敏感执著，而且还特别微妙细腻。诸如"在乎细节、追求完美"，"杯中容不得异物，眼里容不得沙子"；喜欢真实、正直、诚实和坦率，而不喜欢欺骗、虚伪和矫揉造作；喜欢热情鼓励、关怀称赞的话语，不喜欢冷漠淡然、阴阳怪气或冷嘲热讽的态度，这都是其情感、情绪方面的典型特征。

如果能获得他们的信任和尊重，他们的确能够做到"为朋友两肋插刀"、"赴汤蹈火，在所不辞"；相反，对待情感上表示排斥的东西，他们常常显得"嫉恶如仇"，非常执著、认真、逆反和厌恶。

所谓"感情用事、意气用事"的确是青少年"待人接物、为人处世"的一大特点。而这在很大程度上，在很多时候影响着他们对待学习的态度、对待成年人对他们的要求和意见的态度。对此，成年人一定要注意。

故事中两位教师对学生的影响不同，在学生心目中的地位不同，居然仅仅是因为他们的一句话。这绝不是一种偶然现象，它比较典型地说明了青少年的一个具有普遍性的特点。这就告诫我们的教师，教育无小事，一定要根据青少年的上述特点，审慎自己的一言一行啊！

案例 2

如此评价

我是初一的班主任,以下是我在第一学期结束时,给班里三个不同学生写的评语:

杨梦曦:学校很多老师都知道你。想知道为什么吗?因为你聪明伶俐、天真可爱,更因为你自强、自信、积极向上。我时时会自豪地对人说起你的勤奋,时常会体验到你习作中的真情感受。你的热情感染了你身边的每一个人,给他们带来阳光与快乐。因为你的优秀,同学们有了学习的榜样;因为你的到来,为老师带来了无限的欣慰和自豪。

刘梓厚:你是班里最"酷"的男子汉。冷峻的外表下深藏着一颗感受温暖、感受亲情的心。你的《理发》,让同学们体会到学校教育的一片苦心;你的《无言的爱》,让老师感叹着你与姥爷间的深沉挚爱;你的《军训日记》让大家体会出生活的味道⋯⋯感谢你的习作给我们带来的真情体验,因为你,我们的情感世界丰富而多彩。

朱一鸣:好男儿,不要让学习成绩的阴影压得你喘不过气来。你的真诚、你的热情都时时感染着你身边的每一个人。人生的旅途中,不可能一帆风顺,你要相信自己的能力,相信你会在自己的努力、大家的帮助之下,成为茫茫星空中一颗耀眼的星!

【访谈录】

问:你为什么写"如此评价"这样一个案例?

答:在新形势下,教育要求坚持"以人为本"的理念。教师对学生评价也要有所突破:要以关注学生身心健康发展为出发点。即由以往鉴定式评价方法,向努力发掘学生身上闪光点发展,教师要采用赏识性教育,让学生在自我激励、教师鼓励中不断进取。学生形象地称这种评价为前进中的"加油站"。所以我就列举了我给三个不同学生写的评语,起名叫"如此评价"。

问:你认为列举这三个人的评语具有代表性吗?你想说明什么?

答：我列举这三个人的评语，可以说是代表了三种比较普遍的学生群体。其中，杨梦曦代表学习等各方面都比较优秀的学生群体；刘梓厚代表着某方面有特长，但也存在诸多问题的学生群体；朱一鸣则代表着学习成绩一般，生活不平坦的、心理压力较大的学生群体。

问：你在写评语时是怎么想的？写这样的评语，目的是什么？

答：像杨梦曦这样品学兼优的学生，教师为其做评价并不难，老师们会找出许多溢美之词，加以赞赏。

刘梓厚是自尊心极强的男孩子，在他的身上也存在这样或那样的缺点、毛病，如果教师在评价中尖锐地指出他的弱点，他会觉得在同学面前少了颜面。为此我在评价中极力赞美他在习作中的出色表现，以其写作方面的突出表现激励孩子努力向上。在之后与其家长沟通过程中，我了解到：刘梓厚同学对教师给予他的评价非常感动，他认为老师对他多了理解、宽容，同时自己也深刻地反思了自己的不足之处。我想这种形式的评价，会让学生多一份修正自己不足的动力。

而朱一鸣同学是名学困生，由于生活的坎坷，使他平时沉默寡言。为了在评价中不损伤孩子的自尊心，我努力发掘他身上的闪光点，"真诚、热情"，帮助他重拾自己久违的自信，减轻他的心理压力，避免其丧失对学习的兴趣。

我认为在新的教育形势下，教师只有善于发现不同学生身上的闪光点，在尊重和维护学生自尊的基础上，运用不同的评价方式，才能收到意想不到的教育效果。

问：你认为教师在评价学生时，要关注学生身心健康。如何关注学生的健康？

答：我认为现代教师是学生发展的促进者，无论在哪些方面都必须关注学生的身心健康，尤其是评价，教师的一句话，往往会改变学生的一生。因此教师要明确几点：

1. 评价要对学生的生命负责。人类是自然界最高级、最珍贵的生物。中学时代是人一生中最灿烂的时期，因而人们把他们比喻成花朵、花蕾。但这也是生命中最脆弱、最敏感的时期。教师评价中的每一句话，在他们生理、心理上都会或多或少、或好或坏地产生影响。比如，某地教师对本班级一女生的评价是："你学习什么都不是，长得又丑，将来当坐台小姐都没人要。"仅仅这一句评价，使这个花季女孩无地自容，对未来产生了绝望，最终结束了自己年轻的生命。因此，教师要本着对学生生命负责的精神，一定要慎重地斟酌每一句话。

2. 评价要对学生的成长负责。中学生正处在成长时期，他们生理、心理正发生着急剧变化，心理浮躁，情绪不稳定，思想敏感，自尊心很强，爱面子，十分注重和需要他人的认可和赞同。教师要了解中学生的这一成长特点，科学、合理地进行评价，以赏识为主，讲究批评的方法和艺术，保护学生健康成长。

3. 评价要对学生的未来负责。过去教师评价学生都是模式化、功利化，只为自己教学成绩服务，为学生暂时的学习成绩服务，急功近利，很少注意学生的全面发展和学生的未来发展。现代教师应适应社会需要，根据学生表现出来的多种信息进行全面分析、评价学生，激励其个性发展，促进其人格健康向上，使其成为对社会有用、能造福于社会的人才。

问：你认为教师如何注意评价的艺术？

答：我觉得对中学生评价艺术主要注意两点：

1. 教师评价要符合学生的实际情况。教师首先要了解学生的真实学习情况、日常表现及心理状况，根据学生的实际，从不同的角度，对学生进行评价。

2. 教师评价要注意人性化。过去评价学生大都是："三好"就各方面均优，无一缺憾；中等生什么都表现一般，都需要努力；差生什么都差，一无是处。每个学生的评语总共不超过 20 字，千篇一律，毫无人性化可言。新形势要求教师对学生评价要以人为本，进行人性化评价。

问：目前要求班主任对学生要进行发展性地评价。你认为这会增加班主任的工作压力吗？班主任教师要如何应对？

答：实际上，发展性评价学生是对班主任工作的要求高了，难度增加了，班主任当然有压力了。有人说班主任肩负着育人育己的双重任务，我认为非常正确，班主任没有良好的人格、良好的育人功底，是不会有令学生满意的评价的。这就要求教师要做到：

1. 树立终身学习的思想意识。苏霍姆林斯基指出，"学校是书籍王国，刻苦读书是老师的职业要求。只读教材、教参的老师，无论如何不能成为优秀教师。"这就要求班主任不断学习，铸造自我，提升自我，完善自我；刻苦钻研，与时俱进，以书为友，无私奉献。

2. 记住身教重于言教。英国教育家威廉·亚瑟说："平庸的教师只是叙述，较好的教师是讲解，优秀的教师是示范，伟大的教师是启发。"因此，教师喊破嗓子，不如做出样子。校园无小事，事事都育人，班主任无小节，处处为楷模。要求学生做到的，班主任要首先做到；要求学生不做的，班主任首先不做。班主任工作要变指令传播为启发引导，要启发学生思考、探索和创新，如此评价效果才会更好。

案例分析

新形势下，倡导以人为本，多元化发展，教育评价也同样要坚持这一原则，讲究评价的科学性和艺术性。本案例在这方面具有一定的参照性：

1. 维护学生自尊，这是科学评价学生的前提。中学生的心理是十分脆弱的，自尊心很强，很注重自己的面子。教师能在给学生留足面子的前提下，有针对性地进行评价。

2. 赏识教育，这是科学评价的重要手段。老师的赏识教育，让学生觉得有面子，认为教师很宽容、大度，从而尊重教师，给教师留面子。反之教师撕破了脸，学生也会破罐子破摔，使师生间完全对立，评价会产生负面效应。因此，本案例中的教师善于发现学生的不同闪光点，并将这一闪光点作为评价的主题，明确地告诉学生。

3. 激励，这是科学评价的目的。评价的目的是激励学生不断地进步、发展，而不是打击学生、挖苦学生、发泄私愤等。正面评价，往往能使学生反思自我，找到自信、自尊，奋发图强、积极向上，自觉地配合教师，改进自己的不足。

后记

　　班主任作为班级的教育者和组织者，在班集体的发展和学生的健康成长中起着重要的作用。

　　本书综合地应用了教育学、心理学、管理学和应用学等学科的理论，认真总结了广大班主任的实践经验，依据新课改背景下中学班主任工作的特殊性，着重探讨了新时期中学班主任工作职责、自身修养以及对学生的健康教育、道德法制教育等方面的内容，为中学班主任工作提供了一定的理论依据和实践参考。

　　本书在写作过程中，得到了许多教育工作者的无私帮助，在此表示深深的感谢！在撰写过程中，参考和利用了一部分国内外学者的有关研究成果，在此也表示诚挚的谢意！有些资料没有查到出处，希望相关作者看到后及时与我们联系。

　　由于我们的编写水平有限，本书一定存在诸多的不足和问题，真诚地希望广大读者朋友、专家和同行予以指正。

编　者